| 천국 체험 |

EXPERIENCING THE HEAVENLY REALM

Experiencing the Heavenly Realm
by Judy Franklin and Beni Johnson

Copyright ⓒ 2011 by Judy Franklin and Beni Johnson
Originally published in English under the title
Experiencing the Heavenly Realm
by Destiny Image
P. O. Box 310, Shippensburg, PA 17257-0310
All rights reserved.

Korean translation Copyright ⓒ 2011 by Pure Nard
2F 774-31, Yeoksam 2dong, Gangnam-gu, Seoul, Korea

본 저작물의 한국어판 저작권은 Destiny Image와의 독점 계약으로 한국어 판권은 '순전한 나드' 가 소유합니다.
저작권자의 허락 없이 이 책의 일부 또는 전체를 무단 복제, 전재, 발췌하면 저작권법에 의해 처벌을 받습니다.

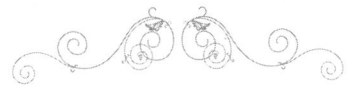

이 책을 내 아들딸 조나단, 다니엘, 그레타 그리고 며느리 수잔나와 사위 제이에게 바친다. 또한 손자손녀인 켄드라, 제시, 에릭, 일리야스, 애셔, 조단, 토빈 그리고 증손자 할란에게 헌정한다. 바라건대 내가 신앙생활을 하며 도달했던 가장 높은 종착역이 너희들의 출발점이 되기를 바란다! 나에게 받은 신앙의 유산을 디딤돌로 삼아서 하나님과의 여정을 시작한다면, 너희들은 내가 다다랐던 곳보다 더 높은 곳까지 갈 수 있으리라고 본다. 이 책을 통해 영원토록 아름다운 하나님과의 여정이 더 깊어지길 소망한다.

너희 모두를 사랑하는
엄마이자 할머니인 주주(Juju)가

천국 체험

초판발행 | 2012년 9월 20일

지은이 | 주디 프랭클린
옮긴이 | 심현석

펴낸이 | 허철
편집 | 김나연
디자인 | 이보다나
인쇄소 | 고려문화사

펴낸곳 | 도서출판 순전한 나드
등록번호 | 제2010-000128
주소 | 서울 강남구 역삼2동 774-31 2층
도서문의 | 02) 574-6702 / 010-6214-9129
편집실 | 02) 574-9702
팩스 | 02) 574-9704
홈페이지 | www.purenard.co.kr

Printed in Korea

ISBN 978-89-6237-126-0   03230

천국 체험

EXPERIENCING THE HEAVENLY REALM

주디 프랭클린, 베니 존슨 지음 | 심현석 옮김

추천의 글

위대한 사도 바울은 고린도 교회의 성도들에게 다음과 같이 말했다. "형제들아 신령한 것(영적 은사)에 대하여 나는 너희가 알지 못하기를 원하지 아니하노니"(고전 12:1). 사실 '은사'라는 단어는 성경의 헬라어 원전에 등장하지 않는다. 왜냐하면 바울은 단지 은사에 대해서만 가르치려고 했던 것이 아니라 영적인 세계 전반에 대해 즉, 영계가 어떻게 작동하는지를 설명하고자 했기 때문이다(개역개정 및 개역한글 역본은 해당 원어인 '프뉴마티콘'을 '신령한 것'으로 번역했으나, NIV를 비롯한 다양한 영어 역본은 '영적 은사'로 번역해 놓았다).

포스트모던 시대의 교회는 그동안 영적 세계로의 진입로를 잃어버렸다. 우리는 '가치 있는 것'을 '눈에 보이는 것'과 맞바꿔 왔다. 결국 이성적이고, 논리적이며, 가촉(可觸, tangible)적이고, 예상 가능한 것만을 최고로 여기게 되었다. 그 결과 오늘날의 교회는 하나님 아버지와 참된 영적 교제를 하도록 사람들을 이끌어 주지 못하게 되었다. 반면에 교회의 무능력한 모습에 큰 힘을 얻은 악한 영들은 구도자들을 자신의 손아귀에 넣으려고 한다. 결국 무능력한 교회가 악의 진영에 커다란 소용돌이를 만들어 준 셈이 되었고, 수많은 사람들이 그 소용돌이 속으로 빨려 들어가게 되었다.

본서를 통해 주디 프랭클린은 잠자는 교회를 흔들어 깨운다. 그리고 교회의 근본 사명인 '영적 세계의 삶'으로 회귀할 것을 주장한다. 이 책은 보물지도와 같다. 이 보물지도를 따라가 보라. '두려움'의 감옥을 박차고 나와 초자연적인 경험 속으로 들어갈 수 있을 것이다. 주디는 우리에게 신비한 왕국의 문 열쇠를 건넸다. 아버지의 집으로 되돌아갈 길을 보여 준 것이다.

휘장을 지나, 감춰진 천상의 영역으로 들어가기를 원하는가? 그렇다면 이 책은 당신을 위한 보물지도가 될 것이다!

크리스 밸러턴
'벧엘교회'의 협동 책임자 / '벧엘 초자연적 사역학교'의 공동 창립자
《왕의 자녀의 초자연적인 삶》,《순결》의 저자

나는 주디 프랭클린을 수년간 알고 지냈다. 매번 만날 때마다 주디는 내게 자신의 체험담을 전해 주곤 했는데, 하나님 아버지와 만났던 그녀의 특별한 경험을 듣고 있으면, 내 영혼이 풍성해지는 것을 느낄 수 있었다.

자신의 얄팍한 영적 이해의 테두리 안에 안주하며 그 바깥으로 나서기를 두려워하는 사람들은 종종 초자연주의자들을 외면한다. 이러한 이유로 초자연주의자들은 비현실적인 사람, 혹은 비밀스런 일에만 집착하는 사람으로 치부되곤 한다. 그러나 내가 아는 주디 프랭클린은 매우 신중한 사람이며, 자신의 경험을 성경에 비추어 상고할 줄 아는 사람이다. 실로 그녀는 성경을 배우는 일에 열정을 다하는 사람이다. 이러한 그녀가 자신의 처녀작을 출판함으로써 우리 모두를 새로운 차원의 세계로 인도한다. 그녀가 말하는 하늘의 체험을 통해 우리는 아버지의 신선하고 무조건적인 사랑을 바라보며 체험할 수 있다.

당신은 이 책을 통해 오염된 종교의 근시안적인 한계를 벗어나 더 높은 차원으로 비상할 수 있을 것이다. 책에서 전하는 담백한 간증의 진실성, 그리고

이를 통해 발견되는 하늘 아버지의 무한한 긍휼을 깨닫는 순간, 영적인 사모함이 더욱 강렬해질 것이다.

랜덜 월리
헤드워터스 미니스트리 설립자

    이 책은 주디 프랭클린이 하나님 안에서 체험했던 일들을 기록한 책으로서, 매우 시의적절한 책이라고 할 수 있다. 이 책은 조금도 복잡하지 않다. 그러나 거룩한 지혜에 깊이 뿌리 내린 계시들로 가득한 참으로 놀라운 책이다. 하지만 그 무엇보다 중요한 것은, 천국이 제공하는 모든 것을 받아 누리려는 한 여인의 거룩한 갈망이 여과 없이 기록되었다는 점이다.

    이 책을 읽은 후, 나는 인류를 향한 하나님의 심장박동을 느낄 수 있었다. 우리가 천상의 영역을 바라보며 살기를 원하시는 하나님의 애절함을 느낄 수 있었다. 여기에서 한 가지 경고를 하고자 한다. 이 책을 읽으면 하나님의 사랑에 깊이 감염될 수 있다. 그렇기 때문에 피상적인 기독교인에게는 정말 위험하다는 사실을 강조한다!

래리 랜돌프
《영으로 대화하시는 하나님》, 《다가올 전환》, 《하나님의 호흡》의 저자

    만일 당신이 나와 같다면, 환상으로 가득한 이 책은 당신의 마음을 송두리째 흔들어 놓을 것이다. 불일듯이 일어나는 열정을 못 이겨 당신은 자신의 성막을 수선할 것이다. 찬란하기 그지없는 아버지의 형상을 보다 열정적으로 주시하게 될 것이다. 나는 이 책을 높이 평가하며 강력하게 추천한다. 이 책은 하나님과 직접 만난 사람들만이 얻을 수 있는 지혜와 계시가 가득한 책이다.

마크 스티비 박사
The Father's House Trust의 창립 리더

지금 우리가 체험하고 있는 성령의 역사는 그 어느 때보다 강렬하다. 오늘도 하나님은 이 땅 가운데 역사하신다. 교회를 일깨워 '하나님을 아는 지식'의 깊이를 더해 가도록 촉구하신다. 바로 이러한 때에 하나님은 당신의 종들을 일으켜 백성들을 세워 나가신다. 하나님과의 친밀한 관계 안으로 우리를 이끌어 낼 '목소리들'을 일으키신다. 주디 프랭클린이야말로 이러한 목소리의 주인공이라고 할 수 있다.

이 책에서 주디 프랭클린은 권위 있는 음성으로 하나님의 나라를 소개하고 있다. 뿐만 아니라 하나님과 만났던 자신만의 독특하고 신선한 체험들을 말해준다. 나는 그녀의 간증이 우리 교회와 지역 사회에 어떤 영향을 끼치며 어떤 열매를 맺고 있는지 직접 목격하고 있다. 이 책에 담긴 것은 교회가 하찮게 여기는 지엽적인 내용이 아니다. 각 장은 하나님과의 강력한 교제를 밑거름으로 하고 있는 놀라운 사건들의 연속을 다루고 있다. 따라서 모든 독자들은 이 책의 내용에 깊은 영감을 얻게 될 것이다. 그리고 위대한 사랑으로 자녀를 돌보시는 하나님께 온전히 헌신하게 될 것이다. 그러므로 이 책을 읽으면서 "과연 주디 프랭클린이 경험한 것의 일부를 나도 경험할 수 있을까?" "정말로 이런 일이 내게도 일어날 수 있을까?"라는 생각만으로 끝나지 않기를 바란다. 부디, 이 책을 계기로 아버지의 품에 안기는 인생의 여정이 시작되기를 기도한다.

배닝 립스처
벧엘교회 '예수 문화' 담당자 / 《지저스 컬처》의 저자

주디 프랭클린이 내놓은 것은 '책'이 아니다. 그녀가 쓴 것은 자신의 '삶'이다. 이 책을 읽는 동안 나는 천국을 느낄 수 있었다. 천국, 곧 하나님 그분을 말이다! 평안한 마음으로 책장을 넘기고, 고개를 끄덕이며 미소를 지을 수밖에 없었다. "결국 주디가 해냈군!" 그녀는 하나님의 성품, 그분의 모든 선하심을 '언어'라는 틀 안에 담았다. 내가 가장 사랑하는 '친구' 예수 그리스도를 종이

와 활자 속에 담은 것이다. 주디는 하나님이 얼마나 유머감각이 있는 분인지도 잘 그려냈다. 하나님이 이 책을 보시고 기뻐하며 미소 지으시리라고 믿는다. 주디에게 감사의 마음을 전한다.

▌젠 존슨
벧엘교회 워십리더

간단히 말하면 주디 프랭클린의 책은 저자 자신의 영적 기행문이다. 하나님의 임재의 실체를 찾아 떠나는 내용이 주를 이루는 가운데, 그분의 부드러운 음성을 실제로 들었던 다양한 간증들이 있다. 주디가 이 책을 집필한 주된 의도는 본인의 간증을 통해 우리의 영적인 눈과 귀가 열리도록 격려하는 것이라고 생각한다. 하지만 그녀는 자신의 간증을 나눌 뿐 아니라 독자 스스로가 거룩한 상상을 통해 자신만의 여행을 떠나도록 이끌어 주고 있다.

분명히 간증문이지만 그 안에는 '이야기'만 있는 것이 아니라 값진 '교훈'도 담겨 있어 상호간의 긴밀한 조화를 이루고 있다. 단순한 정보를 얻고자 하는 독자들도, 주디의 체험담에 도전을 받아 '거룩한 상상'을 시도하게 될 것이다. 반면에 체험만을 추구하는 독자라면(어쩌면 '체험'이 본서의 공공연한 주제이겠으나) 이 안에 담긴 영적인 교훈에 깊은 감동을 받게 될 것이다. 이 여정에 당신을 초대한다.

▌데이비드 크랩트리
DaySpring 교회의 최고 리더

EXPERIENCING THE HEAVENLY REALM

권위의 말씀을 전하는 최상의 방법은 하나님과의 만남을 통해 받은 영감 그대로를 전하는 것이다. 이러한 영감은 쉽게 사라지지 않는다. **하나님이 주신 말씀**(영감)은 우리의 삶에 지대한 영향을 미친다. 그 어떤 것도 그 영향력을 앗아 갈 수는 없을 것이다. 살면서 배우고 암기한 것은 잊을 수 있다. 아무리 중요한 문구나 핵심 슬로건이라도 우리 뇌리에서 잊혀질 것이다. 하지만 **하나님과의 만남은 결코 잊을 수 없다.**

✽ 빌 존슨(Bill Johnson)

감사의 글

빌 존슨과 베니 존슨 부부에게 감사드린다. 이들은 내가 아는 중, 가장 아름답고 놀라운 부부이다. 하나님과 더 깊은 사랑에 빠지도록 나를 인도해 주었고, 내게 많은 은혜를 베풀어서 은혜가 무엇인지 직접적으로 가르쳐 준 분들이다. 이 부부의 사랑과 도움이 없었다면 지금의 나도 없을 것이다.

베니 존슨에게 다시 한 번 감사의 마음을 전한다. 이 책의 첫 장과 마지막 장의 글을 흔쾌히 기고해 준 것에 대해 기쁘게 생각한다.

크리스 밸러턴에게 감사드린다. 그는 내게 귀한 가르침들을 전해 주었다. 또한 내 삶을 지금의 모습으로 다듬어 준 분이다. 그에게 이렇게 말하고 싶다. "당신은 참으로 멋진 분입니다!"

랜덜 윌리에게 감사드린다. 하나님이 내게 날개를 만들어 주셨다면, 이분은 그 날개에 계속해서 깃털을 달아 주셨다. 그래서 내가 더 높이 날 수 있었던 것 같다.

밥 존스에게 감사드린다. 그는 내게 영적 자양분을 끊임없이 나누어 주었고, 더 높은 곳에 오를 수 있도록 용기를 북돋아 주었다.

바네사 챈들러, 다이앤 브라운, 줄리아 로렌, 앨리슨 아머딩, 팸 스피노시에게 감사드린다. 이들이 다양한 소재를 제공해 주었기에 이 책을 집필할 수 있었다.

배닝 립스처에게 감사드린다. "간증집으로 만들지 말고 '훈련 지침서'로 만들어 보는 것이 어때"라는 조언을 해주었기에 용기를 내어 이 책의 집필 방향을 수정할 수 있었다.

댄 퍼랠리가 내게 주었던 영감은 값으로 따질 수 없다. 진심으로 감사드린다.

이 책에 간증을 게재도록 허락해 주신 모든 분들께 감사드린다.

마지막으로 줄리 윈터에게 감사드린다. 솔직히 그녀가 없었더라면 이 책은 세상에 나올 수 없었을 것이다. 그녀의 우정 어린 격려가 내게 얼마나 큰 도움이 되었는지 모른다! 그녀는 내가 이 책의 집필을 완전하게 끝내지 못했을 때에도 책에 대한 확고한 신념을 갖고 격려해 주었다. 마음 깊이 고마운 마음을 전한다.

목차

06_ 추천의 글 | 12_ 감사의 글 | 17_ 서문_ 빌 존슨
21_ 시작하는 글 | 26_ 여는 글_ 천국을 체험해야 하는 이유는 무엇인가

제 1부 하나님이 직접 보여 주신 생생한 천국, '하늘이 열리다!'

CHAPTER 1	전인격적인 치유를 경험하라 _ 베니 존슨	40
CHAPTER 2	하나님의 '순전한 사랑'	52
CHAPTER 3	과거의 상처를 치유하라	57
CHAPTER 4	하나님의 '진짜 모습을' 만나다	64
CHAPTER 5	천상의 영역을 보는 눈이 열리다	70
CHAPTER 6	장애물을 넘어 '바라보다'	79
CHAPTER 7	거절의 상처를 치유하시는 주님	89
CHAPTER 8	하나님 아버지의 무릎에 앉다	95
CHAPTER 9	빛의 왕국에 들어서다	101
CHAPTER 10	생명수가 있는 '아름다운 정원'	106
CHAPTER 11	성령의 검으로 무너뜨리는 '견고한 진'	112
CHAPTER 12	하나님의 도성 안에서 일어나는 일	123
CHAPTER 13	도성 안에서 배운 보석 같은 교훈들	128
CHAPTER 14	'나의 연인, 예수님'의 십자가	135

제 2부 이 땅에서의 신비한 천국 체험,
'진정한 자유와 완전한 평화 안에 거하다'

CHAPTER 15	세상에서 가장 듣고 싶었던 말	150
CHAPTER 16	사랑과 순종의 십자가	156
CHAPTER 17	세상을 이기는 강력한 공격 무기	162
CHAPTER 18	하나님의 소유가 되는 법	167
CHAPTER 19	삼위 하나님의 심장을 덧대다	172
CHAPTER 20	하나님 정원에서의 즐거운 시간	179
CHAPTER 21	정글 탐험을 위한 지도와 세상의 빛	191
CHAPTER 22	축복들, 그리고 또 다른 정원 체험	202
CHAPTER 23	생수의 근원 안에서 두려움 이기기	216
CHAPTER 24	사람들을 천국으로 인도하다	222
CHAPTER 25	삼층천 체험과 크리스탈의 천국 여행	235
CHAPTER 26	더 많은 사람들의 천국 여행기	243
CHAPTER 27	하나님을 하나님 되게 하라 _ 베니 존슨	263

274_ 닫는 글 | 276_ 미주

Experiencing the Heavenly Realm

서문

"배부른 자는 꿀이라도 싫어하고 주린 자에게는 쓴 것이라도 다 니라"(잠 27:7). 어떤 사람은 쉽게 하나님의 영역 안으로 들어가는 '깊은 체험'을 하는 반면에 그렇지 못한 사람도 있다. 그 이유가 무엇인가? 어쩌면 위의 잠언 말씀이 이 질문에 대한 적절한 답변일지도 모르겠다. 사실, 배부르고 만족할 때 우리는 비판자가 되기 쉽다. 반면에 무언가를 깊이 갈망하는 사람은 작은 것에도 기뻐하며 감사한다. 이렇게 볼 때, 갈망의 부재는 참으로 안타까운 일이다. 하지만 더욱 안타까운 것은 갈망의 결핍이 분별력의 감퇴로 이어진다는 점이다. 예수님이 공생애를 시작하셨을 때, 수많은 종교 전문가들이 그분을 알아보지 못했던 것 역시 이러한 이유에서이다. 그들은 자신이 지닌 기득권과 종교 시스템에 만족한 나머지 하나님의 위대한 역사를 갈망하지 않았다. 그리고 영적 분별력도 잃어버렸다.

지금은 새로운 시대이다. 과거의 어느 때보다도 현재, 하나님이 교회를 통해 하시는 일이 더욱 흥미진진하게 펼쳐지고 있다. 물론 교회는 나름대로 여러 가지 어려움을 안고 있다. 하지만 하나님에 대한 갈망만큼은 최고조에 달했다(갈망 역시 하나님이 주신 선물이다). 그리고 이러한 갈망은 온 세계로 퍼져 나가고 있다.

전염병처럼 확산되는 갈망으로 인해 자신의 목숨까지 내걸며 하나님을 믿는 성도의 수가 늘고 있다. 이들은 크신 하나님의 발아래 사탄이 있음을 알고 있다. 게다가 성경이 주창하고 있고 선진들에 의해 경험되었던 복음, 곧 참된 복음에 대한 갈망이 지금 수많은 사람들 안에서 뜨겁게 불타오르고 있다. 감사하게도 완전하신 우리 하늘 아버지는 구하는 모든 자에게 언제든지 성령을 주실 준비가 되어 있으시다. 그러므로 성령을 향해 깊은 갈망을 불태우는 사람들은 이제 새로운 체험으로 하나님을 만나게 될 것이다.

주디 프랭클린과 베니 존슨은 성도의 갈망에 부응하는 시의적절한 책을 펴냈다. 이 책은 갈망에 대한 일종의 해답을 선사하고 있다. 우리가 가진 갈망은 '하나님에 대한 간절함'이다. 우리는 하나님과의 만남을 학수고대한다. 하지만 때때로 '훌륭한 신학'에 만족한 채 하나님과 친밀한 교제를 하지 못할 때가 많다. 물론 신학은 그 자체로 놀랍다. 그러나 아무리 좋은 신학이라고 해도 신학은 어디까지나 신학일 뿐, 그 자체로 하나님과 더 깊고 신선한 만남을 갖게 해주지는 못한다. 일례로 "또 함께 일으키사 그리스도 예수 안에서 함께 하늘에 앉히시니"(엡 2:6)라는 말씀을 살펴보자. 이 말씀은 단순한 교리나 신학으로 풀 것이 아니다. 왜냐하면 하나님의 입장에서 이 말씀은 우리가 반드시 '체험' 해야 할 실재(實在)이기 때문이다. 하나님은 우리에게 자신과 동행할 것을 명령하셨다. 그러므로 이 말씀은 하나님과의 만남을 권하는 초대장과 같다. 그러나 하나님과의 만남을 체험해 본 적이 없기 때문에 우리는 그저 이 말씀의 내용을 상상할 뿐이다. 하나님은 '신'(神)이라는 개념도 아니고, 특정 공식도, 제의(祭儀)도 아니다. 하지만 우리는 개념, 공식, 종교의례 안에 하나님을 가둔다. 기억하라. 하나님은 우리가 만나야 할 인격이시며, 교제해야 할 분이시다.

주디와 베니 두 사람은 이 주제를 다룰 만큼 충분한 자격을 갖추었다. 하나님에 대한 체험을 글 속에 담아내려는 이들의 열정은 어느 누구보다도 크고 강하다. 이렇게 극찬하는 것을 보며, 독자들은 이 두 사람과 나의 관계를 궁금해할지도 모르겠다. 그렇다. 베니는 내 아내이고, 주디는 내 비서이다. 내 팔은 이미 안으로 굽었다! 하지만 나는 이들의 자격을 조금도 의심하지 않는다. 왜냐하면 이러한 종류의 책을 집필하기 위해 꼭 필요하다고 생각되는 '삶 속의 열매'를 내 눈으로 직접 목격했기 때문이다. 개인적인 생활은 물론 공적인 삶의 영역에서도 이들은 충분히 아름다운 열매를 보여 주고 있다. 뿐만 아니라 이들의 이야기와 경험을 통해 자극받은 성도들 역시 아름다운 열매를 맺고 있다. 이 시대 하나님이 허락해 주신 체험들을 더욱더 갈망하게 된 그들의 모습은 참으로 흥미롭다.

이 책은 그리스도 안에서 우리가 어떤 유산을 받았는지 자세하게 소개해 주고 있다. '하나님과의 만남'은 정말 귀한 유산이다. 그리고 '이 땅에서 천상의 영역을 체험하는 것' 역시 귀한 유산이다. 책을 읽어 보면 알겠지만 저자가 전달하는 교훈에는 놀라운 소망과 약속이 가득 담겨 있다. 페이지를 넘길 때마다 당신은 하나님이 우리 삶에 얼마나 많은 것을 허락해 주셨는지 알고 싶어서 견디지 못할 것이다. 간구하기만 하면 하나님이 모든 것을 허락해 주실 것만 같은 느낌도 받게 될 것이다. "너무 좋은 것은 사실일 수 없다"라는 말이 있다. 하지만 이 책에는 적용되지 않는다. "이 책은 참된 진실을 담고 있는 매우 유익한 책이다!"

책을 읽는 동안 기도하라. 웃으라. 그리고 찬양하라. 당신이 쉽게 잊을 수 없는 여행이 될 것이다.

빌 존슨
벧엘교회 담임목사 / 《왕의 자녀의 초자연적인 삶》, 《하늘이 땅을 침노할 때》의 저자

시작하는 글

이 책에서 '나'라는 대명사는 저자 주디 프랭클린을 지칭한다. 예외가 있다면 1장과 27장이다. 두 장은 베니 존슨이 기고해 주었다.

최근에 빌 존슨 목사님이 이런 말을 하셨다. "지금 교회에 가장 필요한 것 중 하나는 바로 천국 체험입니다. 하나님은 다른 세상(천국)에 마음을 정박시킨 사람들에게 이 땅의 자원을 맡기십니다."

이 책은 천상의 경험을 중심으로 집필되었다. 그러므로 천국에 마음을 정박시킨 사람들에 대한 이야기이다. 바라건대 이 책을 통해 당신도 삼위 하나님과 더욱 친밀한 관계를 맺게 되기를 바란다! 이제 나는 내가 체험한 천상의 경험과 다른 사람이 체험한 천상의 일을 이야기할 것이다. 그리고 이러한 체험을 방해하는 장애물의 실체에 대해 밝히며, 독자들이 어떻게 천국을 체험할 수 있는지 그 비밀을 말해 줄 것이다.

나는 당신이 이곳에 기록된 다양한 간증을 읽으면서 하나님과 더욱 친밀한 관계로 발전되기를 기도한다. 예수님은 당신과 더 깊은 관계를 맺게 되기를 원하신다. 우리에게 자신을 계시해 주기를 원하신다. 그래서 우리가 그분에 '대해서'만 아는 것이 아니라, 그분의 뜻과 그분 자신을 알게 되기를 기대하신다.

사실 '관계'는 누군가와의 연합, 누군가를 향한 감정, 그리고 누군가를 위한 행동으로 정의된다. 이러한 관계를 다른 말로 표현하면 '우정'이다. 이것이 바로 하나님이 당신과 맺고자 하시는 '관계'이다. 사실 어떤 사람에 대한 글을 읽는다고 해서 그 사람을 알 수 있는 것은 아니다. 관계를 형성하기 위해 우리는 그 사람과 만나야 한다. 그리고 대화를 나누며 교제해야 한다.

하루는 주님이 내게 이렇게 말씀하셨다. "로널드 레이건"(Ronald Reagan). 로널드 레이건은 당시 미국 대통령 이름이었다. 나는 하나님이 무엇인가를 더 말씀해 주실 줄 알고 기다렸다. 하지만 그뿐이었다.

"대통령 말씀이신가요?" 나는 하나님께 여쭈어 보았다.

"그렇단다. 너는 그에 대한 글을 매일매일 읽지 않느냐?" 하나님이 말씀하셨다.

"예. 잡지나 책을 통해 매일같이 대통령에 관련된 소식을 읽지요."

"그래? 그렇다면 듣는 것은 어떻지? 그에 대한 소식을 매일같이 듣느냐?" 하나님이 다시 물으셨다.

텔레비전이나 라디오 뉴스를 통해 대통령의 소식을 듣거나 대통령이 하는 일에 대해 사람들과 대화를 하다 보면 그에 대해 많은 정보를 얻을 수 있다.

"그럼요. 주님!" 내가 대답하자마자 하나님이 또다시 물으셨다.

"너는 그가 하는 일에 영향을 받고 있느냐?" 하나님이 계속 물으셨다.

"네. 대통령이 서명한 다양한 법안이 제 삶에 영향을 미칩니다."

"그렇구나." 그리고 하나님의 마지막 질문이 이어졌다.

"그렇다면 너는 그를 얼마나 잘 아느냐?"

이 대목에서 나는 할 말을 잃었다. 왜냐하면 나는 엄밀히 말해서 로널드 레이건이란 사람을 전혀 알지 못하기 때문이다. 물론 그에 '대해서'는 알지만 그 사람을 안다고는 말할 수 없었다.

주님이 말씀하셨다.

"너는 매일매일 나에 대한 글을 읽을 수 있지?"

"네. 성경이나 다양한 신앙서적을 보면 됩니다."

"매일매일 나에 대해서 들을 수도 있지?"

"네. 텔레비전이나 라디오의 기독교 관련 프로그램을 통해서 듣고, 교회에서 설교말씀을 통해서 듣기도 합니다."

"그리고 너는 내가 하는 일에 영향을 받지?"

"네, 맞아요…." 이쯤 되니 대화의 방향에 대한 감을 잡을 수 있었다.

"그렇다면 너는 나를 얼마나 잘 아느냐?"

하나님이 마지막으로 질문하셨다.

그 순간 나는 하나님에 '대해서만' 알고 있다는 사실을 깨달았다. 하나님에 대해서만 알았지 '개인적으로 하나님을 아는 것'은 아니었다.

하나님은 개인적으로 그분을 알아 갈 수 있도록 우리를 초대하신다.

이제부터는 너희를 종이라 하지 아니하리니 종은 주인이 하는 것을 알지 못함이라 너희를 친구라 하였노니 내가 내 아버지께 들은 것을 다 너희에게

알게 하였음이라(요 15:15)

예수님은 우리를 친구로 불러 주셨다. 그런데 친구에 대해 읽고, 들으며, 친구의 행동에 영향을 받는 것만으로는 우정이 형성되지 않는다.

천상의 영역은 우리에게 새로운 차원의 우정을 제시하고 있다. 그것은 미스터리이다. 어떻게 우리가 온 우주 만물의 하나님, 영원하신 하나님, 전지전능한 하나님과 우정을 쌓을 수 있다는 말인가? 하지만 예수님이 말씀하셨다.

이르시되 하나님 나라의 비밀을 아는 것이 너희에게는 허락되었으나 다른 사람에게는 비유로 하나니 이는 그들로 보아도 보지 못하고 들어도 깨닫지 못하게 하려 함이라(눅 8:10)

나는 단지 비유만을 듣는 사람이 되고 싶지는 않다. 나는 비밀을 아는 사람이 되기를 원한다. 당신은 어떠한가? 나는 예수님과의 긴밀한 관계 가운데 하나님 나라의 비밀을 듣게 되기를 원한다.

바로 이러한 관계 안에서 우리는 이 땅과 영계를 연결해 주는 '환상'을 체험할 수 있다. 환상은 우리를 향한 하나님의 순전한 사랑을 계시해 주며, 하나님과 긴밀한 관계를 맺게 해준다.

이러한 체험은 하나님과의 더 깊은 만남을 가능케 해준다. 그리고 하나님에 대한 더 많은 지식을 제공해 준다. 뿐만 아니라 이러한 체험을 통해 치유받고 온전케 될 수도 있다. 그리고 이러한 체험은 하나님과의 친밀함을 가로막는 모든 방해물을 제거해 준다. 하나님의 순전한 사랑을 체험하는 동안 당신은 하나님이 제정하신 '계획' 안으로 들어가게 된다.

언젠가 디트리히 본회퍼에게 바치는 헌정사를 보다가 다음과 같은 글을 읽었다(본회퍼는 2차 대전 중 나치에 의해 사형 당한 독일의 신학자이다).

"체험과 동떨어진 진리는 언제나 '의심' 이라는 영역 안에 머물 뿐이다."

한번 생각해 보라. 진리를 들었어도 그것을 체험해 보지 못하면 당신의 마음에 의심이 생기지 않겠는가? 당신은 하나님이 사람들을 치유하실 수 있고, 또 치유하기를 원하신다는 사실을 알 것이다. 왜냐하면 성경에 그렇게 기록되어 있기 때문이다. 게다가 복음서를 읽었기에 예수님이 자기에게 나아온 환자들을 치료해 주신 사건을 잘 알고 있을 것이다. 그러나 직접 치유를 경험해 본 적이 없어서, 혹은 기도해 주었던 사람의 병이 낫질 않아서 '혹시 하나님이 치유해 주기를 원하지 않으시는가' 라고 의심했던 적은 없는가?

우리 각 사람이 자신만의 '체험을 갖는' 것이 중요하다. 하나님은 사랑이 많으시고 온유하신 분이다. 이러한 하나님이 우리와의 친밀한 관계를 원하신다. 랜들 월리가 말했다. "만일 하나님이 우리의 헌신과 봉사만을 원하신다면 우리를 사람이 아닌 천사로 만드셨을 것이다. 그러나 하나님은 우리와 '관계'를 맺기 원하신다."

이 책을 읽으면서 당신과 관계를 맺기 원하시는 하나님, 당신이 독수리처럼 날아오르기를 바라시는 하나님, 친절하고 사랑이 많으신 하나님을 알게 되기를 기도한다.

여는 글
: 천국을 체험해야 하는 이유는 무엇인가

황금 길을 걷다

어느 날, 나(주디 프랭클린)는 예수님의 인도를 따라 어떤 장소로 이동했다. 그곳에는 황금빛 보도블록 길이 길게 뻗어 있었다. 예수님은 발밑의 길을 가리키시며 "네가 걸어야 할 길이 이것이다"라고 말씀하셨다. 그러고는 내게 손을 내미시며 이렇게 말씀하셨다. "함께 산책하자꾸나." 나는 주님의 손을 붙잡고 황금 길을 걷기 시작했다.

얼마나 시간이 흘렀을까? 한참 걷던 중에, 무언가 이상한 점을 발견했다. 처음에는 길가를 따라 조그마한 말뚝들이 듬성듬성 박혀 있었는데 길을 가면 갈수록 그 수가 점점 많아지는 것이었다. 말뚝의 밑면 지름은 대략 2.5센티미터 정도였고 길이는 저마다 달랐다. 게다가 말뚝은 아주 느린 속도로, 각각 다른 크기로 커져 갔다. 참으로 이상한 말뚝이었다.

이처럼 말뚝의 존재감은 점점 확연해졌다. 하지만 예수님은 그것에 대해 아무런 말씀도 하지 않으셨다. 아예 어떤 관심조차 기울이시지 않는 모습이었다. 여러 개의 말뚝을 스쳐 지났갔을 무렵에 나는 궁금증을 참지 못했다. 그것들을 자세히 살펴보기 위해 붙잡고 있던 손을 놓고 길옆으로 내달렸다. 하지만 자세히 들여다보아도 말뚝의 정체를 알 수는 없었다. 내가 바라보는 동안 그것들의 수는 더 빠른 속도로 늘어날 뿐이었다. 더 자세히 관찰하기 위해서 나는 말뚝의 주변을 천천히 돌기 시작했다. 그때 예수님이 나를 부르셨다. "이리 오려무나." 더 관찰하고 싶었지만 예수님이 부르시기에 나는 그분께로 달려갔다. 다시 주님의 손을 잡고 길을 걷기 시작했다.

'이 말뚝들은 얼마나 크게 자라날까?' 발걸음을 옮기기 시작한 지 채 몇 분도 지나지 않아 다시금 말뚝에 대해 궁금해졌다. 그래서 뒤를 돌아보았다. 주님이 말씀하셨다.

"뒤돌아보지 말아라."

물론 예수님이 협박조로 말씀하시거나 화를 내신 것은 아니다. 하지만 단호한 어조였음은 분명하다. 나는 주님의 얼굴을 올려다보았고 예수님은 허리를 굽히고 나를 응시하셨다.

"저 말뚝들은 네 앞길을 방해하는 장애물들이란다. 네가 저것을 바라볼수록 더 빠른 속도로 커지고, 그 수도 많아지지. 그래서 결국 네 길을 완전히 가로막게 된단다. 물론 장애물들이 크게 자라 네 길을 막더라도 그 위로 기어 넘어가면 돼. 하지만 말뚝들의 크기가 서로 다르기 때문에 발을 내딛기가 아주 힘들 것이다. 일단 그것이 네 길을 가로막으면 상황은 매우 어려워진다고 할 수 있지."

잠시 정적이 흘렀다. 그리고 예수님이 말씀을 이으셨다.

"그렇다고 주저앉을 필요는 없다. 성령께서는 자신에게 도움을 요청하는 사람들을 도와주시니까 말이다."

말씀을 마치신 후 예수님이 길 앞쪽으로 팔을 휘저으셨다. 그러자 내 눈 앞에 여러 갈래의 길들이 나타났다.

"이것은 다른 사람들의 길이란다. 너는 결코 다른 사람의 길을 밟아서는 안 된다."

만일 내가 다른 사람의 길을 걸을 경우 내게는 두 가지 일이 일어날 것이다. 첫째, 그 사람은 내가 자신의 길(사명) 위에 선 것을 보며 낙심할 것이다. '그럼, 나는 안 해도 되겠네'라고 생각하면서 뒷걸음질을 칠 것이다. 둘째, 그는 내가 자신의 영역을 침범했다고 생각하며 내게 화를 낼 것이다. 이처럼 내게 맡겨지지 않은 길을 걸을 때, 나는 다른 이의 사명을 방해하거나 그리스도의 몸 된 교회 안에 불화를 일으키게 될 것이다. 예수님이 말씀하셨다.

"네게는 다른 사람의 길(사명)을 완수할 만한 은사나 재능, 기름부음이 없단다. 너는 너의 길을 가거라. 장애물에 눈길을 주지 말고, 다만 목적지를 바라보면서, 내 손을 꼭 붙잡은 채 앞으로 나아가거라."

이 얼마나 중요한 교훈인가!

나는 내 앞길을 가로막고 있는 장애물에 대해 생각해 보았다. 일단, 모든 죄가 그러한 걸림돌일 것이다. 죄가 나로 하여금 사명을 감당하지 못하도록 방해할 것은 자명한 일이다.

내가 사역하는 동안 자주 목격했던 장애물 중 하나는 '복수심'(offense, 공격)이다. 누군가의 행동과 말 때문에 화가 나거나 기분이 상할 때, 마음에 상처를 입거나 모욕감을 느낄 때, 사람들은 으레 복수를 결심한다. 이것이 사실이라면 각자의 길을 걸어가면서 기억해야 할 가장 중요한 것이 바로 '용서'일 것이다. 내게 상처 입힌 사람들을 용서하는 것 말이다. 만일 용서하지 않을 경우 보복의 장애물이 자라나 내 앞길을 가로막을 것이다. 게다가 예수님의 말씀대로라면, 보복의 장애물을 바라볼수록(보복해야겠다고 다짐하며 복수를 묵상할수록) 장애물은 점점 더 많아지고 커질 것이다.

이 땅에서 어떻게 살아야 하는가

복수와 관련된 이야기가 하나 있다. 프레드(Fred)라는 젊은이가 있었다. 그의 삶은 바로 복수(공격)의 걸림돌이 사명을 가로막는 경우의 전형적인 케이스이다. 그가 마음에 큰 상처를 입은 것은 스물아홉 살이 되던 해였다. 당시 그의 마음은 하나님을 향한 열정으로 뜨겁게 타올랐다. 교회에서 그는 뛰어난 음악적 감각과 재능으로 예배를 도왔고, 또 소그룹을 인도했다. 게다가 자녀들을 기독교 학교에 보낼 만큼 투철한 신앙을 가지고 있었다. 그의 열정과 헌신은 조금도 꾸밈이 없는, 순도 백 퍼센트의 열정과 헌신이었다.

그러던 중 그가 마음에 큰 상처를 입게 되었다(어떤 일이 발생했는지는 모른다). 하지만 자기에게 상처를 준 사람을 용서하지 않은 채 그의 삶에서 1년이라는 시간이 흘렀다. 그리고 프레드는 교회를 떠났다. 용서하지 않고 2년이라는 시간이 지날 무렵, 결국 그는 아내와 가정을 버리게 되었다. 이후로 몇 년간 프레드는 아주 거친 삶을 살았다. 물론, 가끔씩이긴 하지만 우리는 교회를 방문하는 그의 모습을 볼 수 있었다. 자신이 받은 상처를 해결해 보려고 안간힘을 다했으나 잘 안 되는 것 같아 보였다.

얼마 후, 그는 자신의 거친 삶을 청산하기로 마음먹었다. 재혼을 하고 안정된 삶을 살기 위해 노력했다. 하지만 해결되지 않은 쓴뿌리가 다시금 고개를 내밀기 시작했다. 물론 프레드는 자신의 친구들과 가족을 뜨겁게 사랑했다. 하지만 사명의 길에 들어서지는 못했다. 결국 49년의 짧은 생을 마감하고 프레드는 갑작스럽게 사망했다. 너무도 비극적인 일이었다.

나는 프레드의 장례 예배에 참석하여 그의 친구들이 조문을 낭독하는 것을 들었다. 모두들 그가 얼마나 착한 사람이었는지를 언급하며 칭찬을 아끼지 않았다. 예배 중에 나는 프레드가 주님 품에 안겨 있음을 깨닫고 평안함을 느꼈다. 하나님의 은혜에 감사드린다.

그런데 문제는 이것이다. 과연 그가 자신의 사명을 완수했는가? 그렇지 않다. 물론 그가 예수님을 거절한 것은 아니다. 어쨌든 죽음의 순간까지도 그는 성도였음에 틀림없다.

예배가 진행되는 동안 주님이 내게 환상을 보여 주셨다. 나는 프레드가 예수님과 함께 있는 것을 보았다. 너무도 행복해 보였다. 그는 예수님과 함께 얼싸안으며 큰 기쁨을 누리고 있었다. 그때 예수님이 말씀하셨다.

"프레드, 내가 너를 위해 준비했던 모든 계획들을 보기 원하니?"

프레드는 고개를 끄덕였다. 그리고 프레드를 위해 주님이 준비하신 계획들이 하나하나 펼쳐지기 시작했다. 그의 길 위에는 그의 사역을 통해 구원받게 될 수많은 사람들, 치유받고 자유케 될 수많은 사람들이 가득 서 있었다. 그러나 거기에는 길 전체를 덮을 만큼 크게 자라난 걸림돌도 있었다. 프레드가 극복하지 못한 영역들이었다. 걸림돌들을 보고, 자신이 이루지 못한 사명을 바라보면서 프레드는 흐느껴 울기 시작했다. 예수님이 그에게 다가가셨다. 그의 눈에서 눈물을 닦아 주시며 말씀하셨다. "애야, 괜찮다. 지금 이렇게 나와 함께 있잖니?" 예수님은 그에게 화를 내시지도 않았고, 그를 정죄하시지도 않았다. 다만 프레드를 향한 자신의 모든 계획을 보여 주시면서 그를 기뻐하시는 모습이었다.

프레드와 예수님의 모습이 점점 시야에서 멀어졌다. 그리고 다음의 성경구절이 마음에 떠올랐다. "모든 눈물을 그 눈에서 닦아 주시니…"(계 21:4). 과거에 나는 이 구절을 대할 때마다 의문을 품곤 했다. 왜 천국에서 눈물을 흘리는가? 도대체 왜 '눈물이 없어야 할' 천국에서 예수님은 모든 눈물을 닦아 주신다는 것인지, 프레드의 장례식에서 그 이유에 대한 일종의 해답을 찾은 것 같았다.

'천국에 갔는데, 예수님이 우리를 향해 준비해 두신 계획들을 펼쳐서 보여 주신다면 어떠할까?' '우리를 위해 마련하신 그 놀라운 계획들을 낱낱이 보여 주신다면 어떠할까?'

그렇다면 우리는 순간순간 삶의 커다란 걸림돌 앞에 주저앉았던 자신의 나약함도 보게 될 것이다. 사람마다 다르겠지만 어떤 사람의 경우, 장애물을 극복하기는 했으나 그 걸림돌 때문에 사명의 성취 속도가 현저하게 줄었을지도 모른다. 어쨌든 천국에서 우리는 우리의 삶을 가로막았던 걸림돌들을 보게 되고, 그 걸림돌 앞에서 오랫동안 주저앉는 바람에 걸림돌을 더 크게 키웠던 순간들과 마주하게 될지도 모른다. 정말 이러한 일이 일어난다면, 우리는 천국에서도 눈물을 흘릴 수밖에 없을 것이다! 그러나 감사하게도 예수님은 우리의 눈물을 닦아 주시며 이렇게 말씀하실 것이다. "내가 그 모든 대가를 지불했다. 그러니 하나님이 계신 영원한 천국으로 들어오렴."

프레드의 삶과 죽음, 그리고 그가 밟아 보지 못했던 길을 생각하자 나도 모를 눈물이 솟구쳐 올랐다. 주변의 많은 사람들은 내가 프레드를 불쌍히 여겨 울었을 것이라고 생각했을 것이다. 어쩌면 그들의 생각이 옳았는지도 모른다. 어쨌든 그는 너무나 밝은 별이었는데, 안타깝게도 마음속 상처의 걸림돌 때문에 그 빛을 잃었으니까 말이다. 하지만 나의 눈물은 프레드를 위한 눈물만은 아니었다. 나는 나 자신을 위해서도 울었다.

> "예수님! 제발, 제발… 저는 걸림돌 앞에 주저앉기 싫습니다. 주님이 저의 길에 예비해 두신 모든 계획들을 이루고 싶습니다. 예수님, 주께서 제게 주신 이 길을 제 마음에 각인시켜 주십시오. 걸림돌들을 바라보지 않도록 제게 주의를 주십시오. 상처 받은 마음, 보복하고 싶은 마음 때문에 이 땅에서 저의 사명을 놓치는 삶을 살고 싶지 않습니다. 오, 성령님! 제 인생의 도움이시여, 저를 도우소서."

여기 대니(Danny)라는 청년이 있다. 그 역시 마음에 큰 상처를 안고 살았는데, 상처를 입은 것은 그가 열다섯 살 되던 해였다. 사실 프레드와 대니는 모두 동일한 시기에 동일한 사건으로 상처를 받았다. 대니 역시 프레드처럼 그 일 때문에 교회를 떠났다. 그리고 20년 동안 하나님을 멀리했다. 물론 입술로는 하나님을 믿는다고 했으나 그의 삶은 그렇지 못했다. 마약과 술이 그의 삶을 지배했다. 그렇게 20년이라는 시간이 흘렀다. 그는 죽은 것과 다름없는 삶을 살았다. 하지만 오랜 세월이 흐른 뒤, 그는 자신에게 무언가 할 일이 있음을 깨닫게 되었다.

어느 날, 대니는 그의 어머니에게 다음과 같이 물었다.

"도대체 엄마는 무엇 때문에 그렇게 행복합니까?"

그녀는 주님을 사랑하고 섬기는 일 때문에 행복하다고 대답했다. 바로 그 자리에서 그녀는 아들의 삶과 사명에 대해 예언하기 시작했다. 어머니의 기도에 대니는 흐느끼며 울었다. 하지만 그의 삶에는 아무런 변화도 없었다. 그렇게 수개월이 흘렀다.

그러던 어느 주일에 대니는 어머니와 함께 교회에 가게 됐다. 거룩한 성도의 삶을 살기 원하는 사람은 강대상 앞으로 나오라는 목사님의 초청에 대니는 주저함 없이 자리에서 일어나 앞으로 나갔다. 몇몇 목사님이 대니를 위해 기도해 주었는데 그중 한 명이 배닝 립스처(Banning Liebscher)였다. 립스처 목사님은 벧엘 초자연적 사역학교 2학년 과정 중 일부 과목을 담당하신 분이다.

"대니, 우리 학교에 한 번 올 수 있겠니? 그러면 강의실에서 너와 잠시 얘기를 나눌 수 있을 것 같은데…."

립스처 목사님의 제안대로 대니는 그곳을 방문했다. 그날, 학생들은 예언 사역에 대해 배웠고 서로를 위해 예언의 말씀을 나누는 연습을 하고 있었다. 수업 말미에는 자신이 받은 예언의 말씀에 대해 발표하는 시간도 있었다. 그런데 그곳의 학생 중 한 명이 주님으로부터 어떤 이름을 듣게 되었다고 말하는 것이었다. 그가 들은 이름은 다름 아닌 대니의 성(姓)이었다. 그러자 학생들은 너나 할 것 없이 대니에게 강의실 앞으로 나와 달라고 했다. 그리고 그들 모두가 대니의 사명과 삶에 대해 예언기도를 하기 시작했다.

그 다음 날, 대니는 벧엘 초자연적 사역학교에 가겠다고 어머니께 말씀드렸다. 그렇게 입학한 후, 지금까지 그는 2학년 과정을 마친 상태다. 그렇게 대니는 자신의 사명을 알게 되었고 또 열심히 그 길을 걷고 있다. 그것도 아주 행복하게 말이다! 성령의 도우심으로 그는 수년간 높아져 있던 상처의 장벽, 복수심의 걸림돌을 가까스로 넘을 수 있었다. 나 역시 대니의 삶을 바라보며 행복을 느끼고 있다. 왜냐하면 그는 내 아들이기 때문이다!

여기까지가 내가 전하고자 했던 복수(공격)의 이야기이다. 한 사람은 걸림돌을 넘지 못했고, 다른 한 사람은 넘었다. 예수님이 내게 전해 주신 말씀을 기억하는가? 사실 이 말씀은 우리 모두를 위한 말씀이다.

"네 길만을 가라. 목적지를 바라보며 전진하라. 장애물은 신경 쓰지 말고 앞을 향해 가되 내 손을 꼭 붙잡아라."

여기 우리 모두를 격려해 주는 경고의 말씀이 있다. 내 삶의 가장 큰 걸림돌 중 하나는 '거절감'이었다. 천국을 체험하기 시작한 지 벌써 12년이 지났건만 내가 경험했던 아픔들 때문인지 나는 지금까지도 거절감의 독침을 느끼곤 한다. 하지만 내게는 선택권이 있다. 나는 이 걸림돌을 계속 바라봄으로써 더 큰 거절감을 느낄 수도 있다. 반면에 주님을 바라보며 거절감의 상처를 치유받을 수도 있다. 이것은 내 선택에 달렸다. 나는 사도 바울의 충고를 따르기로 선택한다. 그래서 내 생각을 주님께 복종시킬 것을 다짐한다(고후 10:5 참조).

사람들이 우리에게 못된 행동을 하는가? 그렇다. 고의로 하든 부지불식간에 하든 사람들은 우리의 마음에 상처를 입힌다. 이를 사전에 방지할 수 있는가? 그런 방법은 없다. 그러므로 '상처'라는 문제에 있어서는 '사전 방지'가 아닌 '용서'가 해답이다. 사람들을 용서하고 사명의 길을 계속 걸어가라. 예수님은 결코 우리를 거절하지 않으신다. 그분은 사랑과 온유함으로 우리를 보듬어 주신다. 주님의 사랑은 우리의 모든 필요를 온전히 채우고도 남는다.

우리는 종종 "마음에 상처를 받았으니까 '어쩔 수 없이' 걸림돌을 바라보게 되는 것 아닌가?"라고 말한다. 결코 그렇지 않다. 그것 역시 우리의 '선택'이다. 바라건대 부디 선한 것을 선택하는 지혜가 임하길 기도한다(빌 4:8 참조).

더 높이 올라가라

하루는 예수님이 내게 오셔서 어딘가를 함께 가자고 말씀하셨다.

걷기 시작했을 때 나는 눈앞에 아주 높은 산이 서 있는 것을 보았다. 꼭대기까지 올라간 후 예수님은 능선을 따라 내려가기 시작하셨다. 하지만 나는 매우 피곤했기 때문에 잠시 쉬었다가 가면 안 되는지 예수님께 여쭤 보았다.

"그래. 잠시 쉬자꾸나."

예수님은 인디언 스타일로 다리를 꼰 채 자리에 앉으신 후 나를 들어 자신의 무릎에 앉히셨다.

예수님의 무릎에 앉아 내가 걸어온 길을 돌아보았다. 맨 처음에 천국 여행을 시작했을 무렵 마주쳤던 커다란 구렁과 그 사이를 잇는 다리가 저 멀리 모습을 드러냈다. 황금빛이 찬란한 아름다운 땅도 보였고, 정원과 성소 그리고 여러 가지 사물과 정글, 과수원까지 모든 것이 한눈에 들어왔다. 이 모두를 가로질러 흐르는 하나님의 영광의 강도 볼 수 있었다. 내 시선은 강줄기를 따라 현재 내가 앉아 있는 곳까지 이동했다. 그 강줄기는 산 밑자락에서 멈추는 것 같아 보였다. 하지만 나는 이 강물이 산 아래로도 계속해서 흐른다는 것을 알았다.

이 모든 장소를 뒤로하고 떠나야 한다는 사실이 너무 슬펐다. 천국 여행을 하면서 이 모든 장소가 편안하게 다가왔기 때문이다. 그러나 그곳에는 더 이상 아버지나 성령님이 계시지 않았다. 그렇다. 하나님을 만날 수 없는 곳에는 머물고 싶지 않았다. 내가 아는 바, 하나님은 '저 앞에서' 나를 기다리고 계신다. 그리고 예수님은 나를 그곳으로 데려가신다.

이제, 처음부터 체계적으로 천국 체험에 대한 총체적인 이야기를 해보도록 하겠다. 처음에 천국 여행을 시작해서 마지막 여정을 마무리할 때까지의 과정을 통해 주님이 주신 교훈과 성령의 음성을 놓치지 않기를 바란다. 이 귀중한 진리들을 당신의 삶에 적용하고, 하나님이 당신에게 펼쳐 보이실 천국 체험을 사모하는 마음이 임하길 바란다. 더불어 천국의 놀라움과 신비와 장엄함을 경험함으로써 미래의 소망을 키우며, 본향 집 천국을 사모하는 마음으로 현재의 삶을 보다 의미 있게 살기를 바란다.

1부

하나님이
　직접 보여 주신
생생한 천국,
'하늘이 열리다!'

Experiencing the Heavenly Realm

CHAPTER 1

전인격적인 치유를 경험하라

_베니 존슨

＊하나님의 뜻은 무엇이며, 어떤 것을 갈망하시는가? 그것은 바로 우리를 만나고, 우리를 치유해 주시며, 우리를 사랑하는 것이다. 우리를 만나기 위해서라면 하나님은 그 어떤 것도 불사하실 것이다. 우리를 자신에게로 이끌기 위해 심지어는 하늘까지 절반으로 가르실 분이다. 우리가 하나님을 갈망하는 것 이상으로 하나님은 우리를 갈망하신다. 그러므로 한 영혼이 자신의 품으로 인도되는 것보다 하나님께 더 큰 기쁨은 없다.

수년 전, 우리 부부는 어떤 목사님과 깊은 대화를 나눈 적이 있다. 당시 그 목사님은 말하자면, 벼랑 끝에 선 상태였다. 그는 이렇게 말했다. "그동안 하나님께 기도하며 응답을 받기 위해 제가 할 수 있는 모든 것을 다 하며 인도하심을 간구했습니다." 하지만 그가 기대하는 응답과 가르침은 없었다고 한다. 그래서 그의 심신은 지치고 고갈된 상태였다. 그는 힘없이 말했다. "무엇을 더 해야 할지, 전혀 모르겠다고요."

우리는 좀 더 이야기를 나눴다. 그리고 마지막 순간 나는 그를 바라보며 이렇게 말했다.

"당신은 흠뻑 젖어야 합니다!"

순간 그가 호기심 어린 눈빛으로 나를 바라보았다.

"흠뻑 젖어야 한다니, 그게 무슨 말씀인지 설명해 주시겠습니까?"

"편안한 경배 찬양 음악 CD를 틀어 놓고 바닥에 누우십시오. 그저 바닥에 누워 있으면 됩니다. 굳이 하나님과 대화하려고 시도하지 않아도 좋습니다. 또 하나님께 무엇인가를 말해야 한다는 부담감을 느낄 필요도 없습니다. 다만 편안한 자세로 하나님의 임재에 젖으면 됩니다. 그 상태로 하나님의 음성을 들으십시오."

그는 한동안 나를 뚫어지게 쳐다보더니 이렇게 소리쳤다. "맞아요. 그게 바로 제가 원했던 겁니다!" 그의 표정이 어떻게 변화되는지를 보게 된 것은 매우 즐거운 일이었다.

사실 우리가 하나님을 만나고자 하는 갈망보다 하나님이 우리를 만나시려는 갈망이 더욱 크다. 나는 이러한 하나님의 갈망을 강하게 느낀다. 그러므로 우리는 하나님이 우리를 만나 주실 때까지 그 자리에 멈춰서 기다려야 한다. 모든 염려와 근심, 심지어 상한 마음까지 내려놓고 하나님의 안식과 평안으로 들어가 그분을 만나야 한다. 결론부터 말하면, 하나님과의 만남을 통해서만 온전한 치유를 경험할 수 있다.

부활하신 예수님이 승천하여 하늘 아버지의 우편에 앉으시기 전, 우리에게 다음과 같은 명령을 하셨다.

> 예수께서 나아와 말씀하여 이르시되 하늘과 땅의 모든 권세를 내게 주셨으니 그러므로 너희는 가서 모든 민족을 제자로 삼아 아버지와 아들과 성령의 이름으로 세례를 베풀고 내가 너희에게 분부한 모든 것을 가르쳐 지키게 하라 볼지어다 내가 세상 끝날까지 너희와 항상 함께 있으리라 하시니라(마 28:18-20)

20절에 기록된 '모든 것'은 무엇을 가리키는가? 마태복음 10장 8절에 의하면 우리는 예수님의 명령에 따라 '병든 자를 고치며 죽은 자를 살리며 나병환자를 깨끗하게 하며 귀신을 쫓아야' 한다. 그런데 이런 일들은 오직 예수님의 권세가 있어야만 할 수 있는 일이다. 예수님은 아버지로부터 권세를 받으신 후 제자들을 향해 "너희가 가라. 너희가 이 모든 것을 행하라"고 명령하셨다(권세의 주인이신 예수님이 제자들과 함께하실 것이기 때문에 이 일의 수행이 가능하다: 역자 주).

다시 한 번 마태복음 10장 8절을 읽어 보라. '병든 자를 고치며'라는 대목을 접할 때 대부분의 사람들은 거의 자동반사적으로 '육체적인 치유'를 떠올린다. 그런데 헬라어 원전으로 이 구절을 읽는다면 새롭고 놀라운 깨달음을 얻게 될 것이다. 사실 '병든 자'에 해당하는 헬라어는 '아스데눈타스'인데 그 뜻은 '병 든, 심신이 무기력한, 마음

이 유약한' 이다.1)

그 말씀을 읽을 때마다 나는 육체적인 질병을 앓는 사람은 물론 심리적인 고통이 심한 사람까지도 '병든 자'에 포함되어야 한다고 생각한다. 하나님은 자신의 자녀들이 건강한 마음과 건강한 신체를 유지하기를 바라신다. 하나님의 치유는 육체의 질병에만 국한되어 있지는 않다. 마음이 연약한 사람, 무기력한 사람, 상처 입은 사람 역시 치유의 대상이 된다. 바꿔 말하면 이들 역시 하나님으로부터 치유받을 수 있다는 뜻이다.

무기력한 상태가 되어 '인생이 공허하다'고 느끼며 활기찬 삶을 살지 못하는 사람이 많다. 이들에게는 마음의 연약함을 고쳐 줄 하나님의 임재가 절실히 필요하다. 혹시 당신은 이러한 사람을 만나면 도와주고 싶은가? 굳이 먼 곳에서 찾지 않아도 된다. 치유를 갈망하는 사람은 당신의 주변에서 쉽게 발견되기 때문이다. 마치 성도들이 하나님과의 만남을 갈급해하듯이, 수많은 사람들이 지푸라기라도 잡고 싶은 심정으로 목회자를 찾아간다. 어떤 사람은 하루를 버틸 만한 힘조차 없기 때문에, '하루를 버틸 힘'을 공급받고 싶어서 애태우기도 한다. 이처럼 자신을 구해 줄 그 무언가를 찾아 헤매다가 상할 대로 상한 마음을 부여잡고 목회자를 찾아가는 것이다. 그런데 예수님이 자신의 권세를 우리에게 의탁하시며 도움이 필요한 사람에게 힘이 되어 주라고 명령하셨으니, 참으로 놀랍지 않은가? 심신이 유약한 사람들과 지극히 거룩하신 하나님과의 만남을 주선하도록 우리를 부르신 것이다. 하나님이 그들을 얼마나 사랑하시는지를 가르치라고 우리를 파송하셨다. 당신은 이 사실이 놀랍지 않은가?

일전에 이사야 61장 1-9절을 연구해 본 적이 있다(깊은 연구는 아니었다). 그리고 나는 몇 가지 흥미로운 사실을 발견했다.

주 여호와의 영이 내게 내리셨으니
이는 여호와께서 내게 기름을 부으사
가난한 자에게 아름다운 소식을 전하게 하려 하심이라
나를 보내사 마음이 상한 자를 고치며
포로된 자에게 자유를,
갇힌 자에게 놓임을 선포하며
여호와의 은혜의 해와
우리 하나님의 보복의 날을 선포하여
모든 슬픈 자를 위로하되
무릇 시온에서 슬퍼하는 자에게 화관을 주어
그 재를 대신하며
기쁨의 기름으로 그 슬픔을 대신하며
찬송의 옷으로 그 근심을 대신하시고
그들이 의의 나무 곧 여호와께서 심으신
그 영광을 나타낼 자라 일컬음을 받게 하려 하심이라
그들은 오래 황폐하였던 곳을 다시 쌓을 것이며
옛부터 무너진 곳을 다시 일으킬 것이며
황폐한 성읍 곧 대대로 무너져 있던 곳을 중수할 것이며

외인은 서서 너희의 양 떼를 칠 것이요

이방 사람은 너희 농부와 포도원지기가 될 것이나

오직 너희는 여호와의 제사장이라 일컬음을 받을 것이라

사람들이 너희를 우리 하나님의 봉사자라 할 것이며

너희가 이방 나라들의 재물을 먹으며

그들의 영광을 얻어 자랑할 것이니라

너희가 수치 대신에 보상을 배나 얻으며

능욕 대신에 몫으로 말미암아 즐거워할 것이라

그리하여 그들의 땅에서 갑절이나 얻고 영원한 기쁨이 있으리라

무릇 나 여호와는 정의를 사랑하며

불의의 강탈을 미워하여

성실히 그들에게 갚아 주고

그들과 영원한 언약을 맺을 것이라

그들의 자손을 뭇 나라 가운데에,

그들의 후손을 만민 가운데에 알리리니

무릇 이를 보는 자가 그들은 여호와께 복 받은 자손이라 인정하리라(사 61:1-9)

몇 해 전, 우리 교회의 협동 목사님 중 한 분과 사역하며 아픈 과거를 지닌 사람들을 보살핀 적이 있었다. 그들 중 몇몇은 너무나 큰 상처와 충격 때문에 몸과 마음이 '만신창이'가 된 상태였다. 슬픔과 상처를 감내하지 못해 스스로의 인격을 조각내어 그 속에 숨어 버린 이들도 있었다. 그리고 현실의 어려움을 외면하거나 현실로부터 도피

하기 위해 다중인격의 성향을 나타낸 사람도 있었다. 말 그대로 그들의 마음이 산산조각 났던 것이다. 우리는 그들이 온전한 인격으로 회복될 수 있도록 '치유의 기회'를 마련해 주고자 했다. 이를 위해 기도하고 또 그들과 상담도 했다.

그러던 어느 날 이사야 61장 1-9절을 묵상하게 된 것이다. 이 구절은 성육신하실 예수님이 장차 행하실 사역을 언급한 예언의 말씀이었다. 나는 곧 그 구절에 기록된 몇몇 단어들의 뜻을 찾아보기 시작했다. 1절에서 '마음이 상한 자를 고치며'라고 번역된 부분 중, '고치다'에 해당하는 헬라어 원어의 의미는 '싸매다'이다. 그리고 '마음이 상한 자'에 해당하는 헬라어 원어의 의미는 '산산조각 난 마음'이다.[2] 앞에서 언급했듯이, 이 구절은 이사야 선지자가 수백 년이 지난 후에 이 땅에 오실 예수님의 사역을 예언한 부분이다. 이 말씀을 원어로 살펴본 결과 예수님이 담당하실 중요한 사역 가운데 하나는 상처 난 부분에 붕대를 감아 치료하듯이 산산조각 난 마음을 싸매는 것이었음을 알게 되었다.

뿐만 아니라 슬퍼하는 사람들을 위로해 주시고, 재(ash)를 뒤집어 쓴 사람들에게 화관(아름다움)을 주시며 그들에게서 근심을 제하시고 찬송의 옷을 입혀 주실 예수님의 모습도 예언되었다.

3절에 이르면 드디어 변화의 기색이 감지된다. 하나님이 마음이 상한 사람들에게 정체성을 부여해 주신다. 그러면 전에는 그저 '마음이 산산조각 난 사람들'이었으나, 예수님이 만져 주신 후에는 '의의 나무'로 일컬어지게 된다. 하나님이 자신의 영광을 위해 직접 심으신

'의의 나무'가 그들이 부여받은 새로운 신분이다. 상처를 치유받은 사람은 하나님의 영광을 만방에 전파하는 의의 나무로 변화된다.

4-7절에는 새 신분을 받은 사람들이 하나님으로부터 새로운 삶의 목표를 부여받게 되는 내용이 담겨 있다. 다시 한 번 그 부분을 주목해 보기를 바란다.

그들은 오래 황폐하였던 곳을 다시 쌓을 것이며
옛부터 무너진 곳을 다시 일으킬 것이며
황폐한 성읍 곧 대대로 무너져 있던 곳을 중수할 것이며
외인은 서서 너희의 양 떼를 칠 것이요
이방 사람은 너희 농부와 포도원지기가 될 것이나
오직 너희는 여호와의 제사장이라 일컬음을 받을 것이라
사람들이 너희를 우리 하나님의 봉사자라 할 것이며
너희가 이방 나라들의 재물을 먹으며
그들의 영광을 얻어 자랑할 것이니라
너희가 수치 대신에 보상을 배나 얻으며
능욕 대신에 몫으로 말미암아 즐거워할 것이라
그리하여 그들의 땅에서 갑절이나 얻고 영원한 기쁨이 있으리라

이 말씀을 통해 하나님이 어떻게 우리를 치유해 주시고, 어떻게 회복시켜 주시는지를 알 수 있다. 하나님은 단지 회복시키실 뿐만 아니라, 우리에게 새로운 신분을 부여해 주시고 또 장래의 목적까지 제

시해 주신다.

제임스 모팻(The James Moffatt) 역본은 본문 7절을 다음과 같이 번역해 놓았다. "그동안 그들은 두 배의 수치를 당해 왔다. 학대와 모욕이 그들의 분깃이었던 것이다. 하지만 그들은 자신의 땅으로 되돌아왔으니 이곳에서 두 배의 보상을 얻게 될 것이다. 이제 그들의 분깃은 영원한 기쁨이다."

이 구절에서 말하는 바는 명확하다. 마음의 상처를 치유받은 사람은 삶의 위대한 목적을 향해 나아갈 수 있다. 이들은 자신의 삶 속 황폐한 성읍, 무너진 영역, 대대로 무너져 있던 곳을 중수하며 하나둘 회복해 나갈 것이다. 물론 이것만으로도 충분히 고무적이다. 하지만 여기에서 끝나지 않는다. 그들은 기쁘고 행복하게 보내다가 결국 영원한 기쁨까지 분깃으로 받게 될 것이다!

이것은 마치 그들에게 엄청난 권세가 주어진 것과 같다. 물론 사탄은 계속해서 우리를 파멸로 이끌고자 할 것이다. 산산조각 난 우리의 마음이 치유되지 못하도록 방해할 것이다. 그러나 예수님은 우리에게 이렇게 말씀하신다. "여기, 내가 있다. 나를 영접하라. 나는 네게 너의 참 모습을 보여 주기 원한다. 너를 치유하고 희망이 가득한 미래의 모습을 보여 주기 원한다."

하나님이 육과 혼과 영의 질병으로부터 당신을 해방시켜 주셨다면, 이제 당신은 다른 사람을 해방시키기 위해 주님의 권세를 행할 수 있게 된다. 당신과 동일한 질병으로 고생하는 사람들이 치유받도록 도와줄 수 있다.

아주 오래전, 나는 우울증을 심하게 앓았다. 그때 '자기 연민'은 내 절친한 친구였다. 지금 내가 이야기하는 우울증은 얕은 증상의 우울증이 아니다. 내면 깊숙이 침투하여 존재감마저 잠식해 버리는 깊은 우울증이다. 내 속사람은 완전히 절망감에 빠져 버린 상태였다. 그러나 하나님은 특별한 사건을 통해 그 모든 증상으로부터 나를 구원해 주셨다. 나는 결코 그날의 사건을 잊을 수 없다. 욕실 문을 나서는데, 갑자기 내면 깊은 곳에서 다음과 같은 외침이 울려나는 것이었다. "하나님, 이 우울증에서 나를 건져 주세요. 그렇지 않으면 제가 어떤 일을 저지를지 저도 알지 못합니다." 나는 큰 소리로 울기 시작했다. 이것을 오해하지 않기를 바란다. 하나님을 부하 직원처럼 여기거나 하나님을 협박하여 내 소원을 관철시키려는 의도는 없었다. 다만 나는 하나님의 도움을 절실히 필요로 한 것뿐이었다.

나는 정말 간절한 마음으로 하나님께 도움을 요청했다. 바로 그때였다. 욕실 문턱을 나서는 순간 내 마음에 출처를 알 수 없는 자유가 찾아왔다. 그리고 바로 그 자리에서 우울증은 사라졌다. 그날 내게서 떠난 우울증은 이후 단 한 번도 나를 다시 찾아오지 않았다. 하나님이 주신 자유는 영원했다. "이것이 자유구나!" 모든 그리스도인들이 이러한 자유를 함께 만끽할 수 있기를 바란다!

그리스도 안에서 신앙이 성숙해지면서 나는 다음과 같은 사실을 깨닫게 되었다. 하나님이 내게 권세를 주셨다면, 이는 다른 사람들이 자유를 얻을 수 있도록 옆에서 도우라는 목적에서일 것이다.

만일 하나님이 어떤 질병(마음의 상처)으로부터 누군가를 해방시켜 주신다면, 이후 그는 하나님의 뜻대로 살아갈 것이다. 어디 그뿐인가? 치유받은 사람은 자신에게 허락된 하나님의 뜻과 기름부음을 따라 살면서 자기와 같은 상황에 있는 사람들에게 도움의 손길을 내민다. 깊은 상처와 절망감에 사로잡힌 사람들이 하나님께 나아가 자유를 얻는 과정을 옆에서 돕는 것은 참으로 기쁘고 즐거운 일이다. 이처럼 자유가 임하는 곳에는 긍휼히 여기는 은혜가 있다. 이것이 바로 사랑의 길(道)이자 우리 아버지께서 일하시는 방법이다.

내가 이 모든 내용을 언급한 것은 다음의 내용을 말하기 위해서였다.

앞으로 상처를 치유받은 후 하나님의 뜻대로 살면서 자신만의 독특한 기름부음과 은사를 발휘하여 주의 일을 수행하는 사람들의 수가 점점 많아질 것이다. 이 책의 저자인 주디 프랭클린처럼, 각 사람이 자신의 독특한 임무를 수행해 나갈 것이다. 그런데 이들은 그리스도의 몸(교회) 안에서 자신의 은사를 십분 발휘할 수 있는 기회와 공간을 필요로 한다. 또한 이들을 이끌어 주고 이들의 사역을 안전하게 지켜 줄 리더십도 있어야 할 것이다. 나는 주디 프랭클린의 사역을 통해 수많은 사람이 자유케 되는 것을 목격했다. 그리고 무엇보다 기뻤던 것은 '천국 체험'이라는 정말 단순한 사건을 통해 수많은 사람들이 삼위일체 하나님과 깊은 사랑에 빠지는 것을 목격할 수 있었다는 점이다. 이것이 바로 주디 프랭클린의 강점이다.

상처가 치유되는 역사가 일어날 뿐 아니라 이웃과 하나님과의 참된 교통을 갈망하는 사람들에게 '천상의 영역'은 항상 '열린 문'이 된다! 하나님은 자신의 나라를 우리에게 보여 주기를 원하신다. 또한

'하나님과 동행하는 삶'의 실체가 무엇인지 우리에게 알려 주기를 원하신다. 예수님의 재림을 기다리는 동안, 아니 우리 본향으로 돌아가기 위해 이 땅에서 사는 동안, 천상을 체험해 보는 것은 어떠한가?

CHAPTER 2

하나님의 '순전한 사랑'

＊하나님의 임재와 그의 영광 속에, 인간의 머리로는 도저히 이해할 수 없는 사랑이 존재한다. 이 사랑은 고린도전서 13장의 사랑과도 견줄 수 없는, 놀라운 사랑이다. 그것은 인류가 영원토록 갈망해 왔던 사랑이며, 그토록 목말라했던 사랑이다. 우리가 상상해 낼 수 있는 그 어떤 것보다 더 좋은 사랑, 더 크고 위대한 사랑이다.

나는 하늘에서 시작된(하나님이 주도하신) 천국 여행 중, 이 사랑을 체험했다. 그것도 아주 진하게 말이다. 나는 이 사랑이 나를 위한, 당신을 위한, 그리고 우리 모두를 위한 사랑임을 확신한다. 우리가 선하든 악하든 상관없이 하나님은 여전히 우리를 사랑하신다. 그의 사랑은 온전하다. 누구를 더 사랑하거나 덜 사랑하는 불완전한 사랑이 아니다. 하나님의 심장은 온전한 사랑으로 고동친다. 하나님 자체가 참된 사랑이시기 때문이다. 나는 그 사랑을 안다. 내 삶에서 그 사랑을 느꼈고, 눈으로 보았으며, 맛보았다.

사랑이 나를 눕히다

이 사랑은 어떤 느낌인가? 내가 체험한 바를 말로 표현하자면 '놀라움' 아니, 그 이상이었다. 처음 이 사랑을 경험한 것은 캘리포니아 레딩에 소재한 우리 고향 교회, 벧엘교회에서였다.

일전에 토론토 에어포트 크리스천 펠로우쉽(Toronto Airport Christian Fellowship) 교회를 방문한 적이 있었다. 이후 벧엘교회에서 담임목사님이 그곳 토론토에서의 체험을 교회 성도들 앞에서 간증해 달라고 하셨다. 그래서 나는 단상에 올라 토론토에서 체험했던 예수님에 대해 이야기하기 시작했다. 문제는 간증이 끝난 직후에 발생했다. 솔직히 말하면 당시에 어떤 일이 일어났는지, 나는 알지 못한다.

눈을 떴을 때, 나는 바닥에 누워 있는 상태였다. 그것도 고향 교회의 온 회중이 지켜보는 앞에서 말이다. 어떤 이유에서인지는 모르겠으나, 갑자기 웃음이 터져 나왔다. 이런 일을 처음 겪다 보니 어떻게 처신해야 할지 잘 몰라서 그랬던 것 같다. '재빨리 일어나서 아무 일도 없었다는 듯이 자리로 돌아가야 할까? 단상을 기어 나와야 할까? 아니면 옆으로 굴러서 내려와야 할까?' 여러 가지 생각이 떠올랐다. 하지만 여전히 나는 단상에 누워 있었다. 그리고 이러한 내 모습에 아랑곳하지 않는 양 예배는 계속 진행되었다. 더 이상은 그 상태로 있을 수 없다는 생각이 들었다.

결국 천천히 몸을 일으켜 앉아 있기로 결심했다. '어쩌면 내 옆에 앉아 있던 캐런이 달려와서 이 총체적인 난국을 헤쳐 나갈 수 있도록 도와줄지도 몰라.' 내심 기대하는 마음이 들었다. 어쨌든 강대상에 앉아 있기로 마음을 먹고 몸을 움직여 보려고 했다. 그러나 더 큰 문제가 발생했다. 내 몸이 꿈쩍도 하지 않는 것이었다. 마치 단상 바닥에 '찰싹' 달라붙어 있는 느낌이었다. 결국 앉아 있기로 했던 결심마저 포기해야 했다. '이대로 누운 채 끝까지 예배를 드려야겠군.' 하지만 하나님께는 다른 계획이 있었다.

그곳에 누워 있을 때, 하나님은 내게 환상을 보여 주셨다. 한 손으로 커다란 바위 하나를 들고 계신 하나님의 모습이 보였다. 곧 하나님은 다른 한 손으로 그 바위를 내려치셨다. 바위 표면에 금이 가고 갈라지더니 이내 계란 껍데기처럼 산산조각이 나기 시작했다. 여기저기 돌조각들이 흩어지고 사라지자, 바위 안에 감춰져 있던 무엇인가가 그 모습을 드러냈다. 바로 심장이었다. 하나님의 손에 심장이 놓여 있었다. 그런데 그 심장은 어두운 암갈색 빛이었다. 박동하는 기미도 전혀 없었다. 하지만 하나님이 그 심장을 만지시자 본연의 색으로 돌아왔다. 이후 조금씩 움직이더니 빠른 속도로 수축과 이완을 반복하면서 고동치기 시작했다. 하나님이 말씀하셨다. "이것이 바로 내가 교회 안에서 하는 일이란다. 바로 마음속 단단한 것을 제거하고 생명을 회복하는 일이지."

빛

이후 나는 지금까지 보지 못한 강렬한 빛, 가장 아름다운 빛을 보게 되었다. 나는 그 빛의 아름다움에 흠뻑 빠져 있었다. 그래서 환상 중에 캐런에게 반복해서 말했다. "봐! 참으로 아름답지 않니?" 그런데 갑자기 그 빛이 내게 가까이 다가오기 시작했다. 빛의 크기도 점점 커졌다. 어떻게 그런 일이 일어났는지는 알 수 없지만, 그 빛이 하나님의 영광이라는 것만큼은 확연하게 알 수 있었다. 그 빛은 바로 하나님의 임재였다.

전에도 이런 빛을 본 적이 있었다. 기도하던 중에 큰 성문이 열리더니 빛이 흘러나와 나를 감싸는 환상이었다. 나는 그 빛의 아름다움에 매료되어 하나님을 예배할 수밖에 없었다. 물론 지금은 그 빛이 하나님의 임재와 영광을 나타내고 있음을 알지만, 당시에는 이 사실을 몰랐다. 이후 3개월 동안 매일같이 그 빛이 나를 찾아왔으나 나는 그것이 어떤 의미인지 알지 못했다. 또한 왜 그런 일이 일어나는지 전혀 감을 잡지 못했다.

단상에 누워 있는 동안, 그 영광의 빛이 내게 가까이 나가왔다. 손을 뻗으면 만질 수 있을 것만 같았다. 얼마나 부드럽고, 얼마나 놀라웠는지 모른다! 그 빛은 점점 더 가까이 다가왔다. 그런데 그 강렬함에 눈이 부셨다. 눈을 뜨고 있는 것조차 힘들 지경이었다. 그래서 나는 손으로 그 빛을 가려 보았다. 그러나 손가락 사이로 새어 나는 빛마저도 강렬했다. 나는 두 눈을 질끈 감고 말았다. 눈을 감지 않으면 시력을 잃을 것만 같았다. 여전히 빛은 내게로 다가오고 있었다. 내 모든 호흡은 그 빛을 빨아들이고 있었다. 폐 속을 가득 채운 빛은 이후 나의 전 존재로 스며들어 갔다. 하나님의 영광은 무거웠다. 이미 바닥에 누워 있었지만 그 빛이 자꾸만 내 몸을 아래로 짓누르는 것 같앉다. 빛이 무겁게 느껴졌다.

더 이상 내 몸으로는 이 빛을 감당해 내지 못할 지경에 이르렀다. 곧 죽게 될 것 같은 느낌이 들었다. 하지만 두렵지는 않았다. 사실 죽음에 대해 신경 쓸 겨를도 없었다. 이 얼마나 놀라운 일인가! 나는 나지막한 소리로 하나님께 말씀드렸다.

"하나님, 저 지금 죽는 거 맞죠?"

그분의 임재 안에 머문 채 조용히 '죽음'을 기다리는데, 영광이 서서히 사라지기 시작했다. 처음에는 그 빛이 사라지고 있음을 알아채지 못했다. 하지만 어느샌가 빛의 강렬함이 사그라졌고 두 눈을 뜰 수 있었기 때문에 빛이 내게서 떠나간다는 사실을 알 수 있었다. 물론 이후에도 희미하게나마 그 빛을 볼 수 있었고, 그 빛줄기 사이로 손을 넣고 흔들 수도 있었지만 빛은 내게서 멀어져만 갔다. 나는 하나님께 외쳤다.

"가지 마세요! 가시려거든 저를 데려가 주세요!"

그분의 임재가 없이 어떻게 살아갈 수 있다는 말인가? 내가 경험한 것 중에서 가장 순수한 사랑, 내 모든 감각을 채워 준 순전한 사랑, 그 사랑으로 다가온 하나님의 영광 없이는 단 하루도 살고 싶지 않았다.

마침내 나는 단상에서 몸을 일으킬 수 있었다. 그즈음 예배도 마무리되었다. 한 달 정도 지난 후, 나는 내게 일어났던 이 놀라운 체험을 성도들과 나누었다.

Chapter 3

과거의 상처를 치유하라

✱ **앞에서** 일어난 그 사건은 나로 하여금 인생에서 처음으로 순전한 사랑을 느끼게 해주었다. 그동안 나는 아무도 나를 사랑하지 않는다고 느꼈다. 뿐만 아니라 나 자신까지도 내가 사랑받을 자격이 없다고 착각했다. 그 결과 나는 사랑을 '받아들이는' 것에 익숙하지 않았다. 어떠한 사랑도 쉽게 받아들이지 못한 것이다. 어쩌면 독자들에게는 '말도 안 되는, 어리석은' 이야기처럼 들릴지도 모르겠다. 하지만 나는 정말로 사랑을 받지 못하는 사람이었다. 내 삶을 뒤돌아볼 때, 이는 엄연한 사실이다.

아픈 기억

성장하면서 내 머릿속 깊숙이 자리 잡은 생각 가운데 하나는 이것이다. '내 아버지는 나를 원하지 않으셔.' 아버지는 다른 자녀에게는 귀엽고 사랑스런 별명을 지어 주셨다. 그렇지만 나를 부를 때는 '꼴통'(whang-brain, 직역하면 '얼어터진 뇌')이라고 하셨다. 만일 식탁에서 토스트를 먹다가 우유를 쏟을 경우(자주 그랬던 것 같다), 아버지는 내 음식 접시를 마룻바닥에 내려 놓으셨다. 단정하지 못하기 때문에 개처럼 먹어야 한다는 것이 그 이유였다. 그래도 마룻바닥은 양호한 편이었다. 욕조에 가둔 채 식사를 하라고 하신 적도 많았기 때문이다.

아버지는 나보다 오빠를 훨씬 더 좋아하셨다. 함께 어디를 갈 때에도 오빠에게는 "자, 내리거라. 나랑 같이 가자꾸나"라고 말씀하셨다. 반면에 나에게는 "너는 차에서 기다려"라고 말씀하시곤 했다. 내가 어린 나이였음에도 불구하고 아버지가 나를 부끄럽게 여기신다는 것을 알 수 있었다. 하지만 그 이유는 잘 몰랐다.

내가 아홉 살 때쯤이었던 것 같다. 나는 '디어 애비'에 편지를 쓴 적이 있었다(Dear Abby, 1956년 폴린 필립스가 애비게일 밴 뷰런이라는 필명으로 시작한 신문의 상담 코너란). 나는 올바르게 행동하려고 노력하는데 왜 아버지가 나를 사랑해 주지 않는지 정말 궁금했기 때문이었다. 물론 그 편지를 발송하지는 않았다. 다만 어머니가 그 편지를 읽고 아버지께 전해 드렸을 뿐이다.

지금도 그때의 기억이 생생하다. 나는 침대 한쪽 끝 모서리에 앉아 방문 너머로 희망 어린 소식이 들려오길 기다리고 있었다. 아버지가 편지를 읽고 내 마음을 헤아려서 나를 사랑한다고 말해 주길 간절히 원했다. 기대하는 마음으로 한참 동안이나 귀를 기울였다. 그러나 내 귀에 들려온 것은 아버지의 고함소리뿐이었다. '만일 내가 그렇게 무식하지 않았다면 아버지는 나를 사랑했을지도 몰라.' 결국 나는 나의 '무식함'을 내가 사랑받지 못하는 이유로 결론 내리고 말았다. 이후 내 머릿속에서 떠나지 않는 생각은 이것이었다. '나는 무식하다. 그리고 무식한 사람은 사랑받지 못한다.'

초등학교 1학년이 되자 모든 것은 더욱 명확해졌다. 나는 학급 내 다른 아이들만큼 명석하지 못했다. 하지만 그것은 시작에 불과했다. 8학년(한국의 경우 중학교 2학년: 역자 주) 때 학력 검사를 받았고, 그 결과 '학습 장애' 판정을 받게 되었다. 그러자 학교 당국에서는 나를 '지진아 반'으로 보냈다. 당시에는 학습 장애 학생들을 따로 모아 교육했던 학급을 가리켜 '지진아 반'이라고들 불렀다. 그렇다. 나는 똑똑하지 못한 아이였다. 이것이 우리 아버지가 나를 부끄럽게 여긴 이유였다.

불행하게도 나는 어머니로부터도 사랑받는 느낌을 받지 못했다. 내 어머니 역시 자신을 제대로 추스르지 못하는 사람이었다. 상황이 이렇다 보니 나를 향한 아버지의 비정상적인 태도를 어머니가 막아 주시리라고 기대할 수 없었다. 한번은 이런 일도 있었다. 내가 대여섯 살쯤 되었을 때였다. 하루는 어머니가 부엌 벽을 페인트칠하다가 실수로 테레빈유를 담은 컵을 식탁 위에 남겨 둔 채 작업을 마무리하신 것이다. 그날 오후 나는 낮잠을 자고 일어나서 목이 말라 곧장 부엌으로 달려갔다. 그리고 식탁에 놓인 것을 물인 줄 알고, 벌컥 마셔 버렸다. 다음 이야기는 말을 하지 않아도 잘 알 것이다. 병원 응급실에서 위세척을 해야 했다. 하지만 근본적인 문제는 해결되지 않았다. 응급실에서 돌아온 직후, 내 신장이 기능을 멈춰 버린 것이었다.

나중에 알게 된 사실이지만, 당시 어머니는 의사에게 왕진을 요청했으나 치료비를 부담할 수 없었기 때문에 이렇게 말했다고 한다. "선생님, 죄송합니다. 이 아이가 사는 날 동안 한 달에 10센트씩 드리겠습니다. 도와주십시오." 참고로 1950년대 초반에는 매달 10센트씩 지불하는 것도 어려운 일이었다. 어쨌든 의사 선생님은 이러한 처지에 놓인 나를 불쌍하게 여겼다. 그래서 무료로 항생제 치료를 해주었기에 내가 살 수 있었다. 이후 내가 열네 살이 되었을 때, 어머니는 '갈 때까지 간' 알코올 중독자가 되었다. 정말이지 육체적으로나 정신적으로나 감정적으로 '살아 있는' 분이라고 할 수 없을 정도였다.

테레빈유 사건이 일어난 이후 친할머니가 우리와 함께 살기 시작했다. 이것 역시 나중에 알게 된 사실이지만 할머니는 어머니를 무척 싫어하셨다. 그래서 아버지에게 이혼을 종용하셨다고 한다. 할머니가 나와 오빠를 돌보아 주셨는데, 하루는 나를 자기 무릎에 앉히더니 이렇게 말했다. "네 엄마는 네가 미워서 그날 일부러 페인트 신나(thinner)를 식탁 위에 올려놓은 것이란다." "네가 아무리 착한 일을 해도 네 엄마는 너를 미워할 거야. 네 엄마란 사람은 원래가 악한 여자란다."

그렇게 나는 아무에게도 사랑받지 못한 채, 스스로를 무식하다고 자책하며 자랐다. 그래서 내가 아무런 가치가 없는 사람이라고 생각하며 성장했다.

결혼하고 나서 수년이 흘렀을 때였다. 할머니가 암에 걸렸다는 소식을 듣게 되었다. 살 날이 얼마 남지 않았음을 아신 후, 할머니는 자신 때문에 상처 입은 모든 사람들에게 일일이 용서를 구하기 시작하셨다. 죽음이 임박했음을 아셨을 때는, 나를 만나게 해달라며 가족들에게 애원하셨다고 한다. 가족들이 내게 면회 와줄 것을 요청했지만, 때는 이미 늦었다. 내가 병실에 도착했을 때 할머니는 이미 혼수 상태였다. 할머니는 내게 아무런 말씀도 하지 못하셨다. 하지만 할머니가 그토록 나를 간절히 찾았던 것은 내게 용서를 구하고 싶어서였을 거라고 생각했다. 그래서 그곳에서 나는 할머니를 용서했다.

원수의 거짓말

물론 우리 모두는 어리석은 행동을 저지르면서도 그것을 잊어버리며 살아간다. 그러나 내 경우는 달랐다. 어리석은 행동을 할 때마다 나는 계속해서 '그래, 내가 그렇지 뭐. 나는 사랑받을 자격이 없어'라는 자괴감에 빠지곤 했다. 심지어 결혼을 하고 아이를 낳은 후에도 남편이 나를 사랑한다는 사실을 믿지 못했다. '남편이 어떻게 나 같은 여자를 사랑한다는 말이지? 나는 여전히 어리석은 행동을 하는데 말이야!'

당시 아이들과 함께하는 시간이 참으로 행복했다. 나는 아이들을 사랑했고, 아이들 역시 나를 사랑했다. 그러나 마음 한편에서는 절망적인 생각이 피어올랐다. '언젠가 이 아이들도 자라면 내가 무식하다는 걸 알게 될 거야. 그러면 나는 이 아이들에게 사랑받지 못할 텐데

어쩌지?'

나는 나의 무식한 모습에 스스로 당황하고, 또 이를 수치스럽게 여긴 나머지 도통 입을 열지 않았다. 사람들과 잘 어울리지도 못했다. 내가 입을 열면 사람들이 곧 나의 무식함을 알게 될까 봐 두려웠던 것이다. 이러한 사실이 밝혀지는 것은 상상하는 것조차 싫었다. 나는 그렇게 두려움에 사로잡혀서 살았던 것이다. 나 자신을 수치스러워하며 상처받지 않으려고 침묵하며 살았다. 결국 나는 숨는 법을 터득한 것이다. 내 주변 사람들은 내가 무슨 생각을 하며, 어떤 감정을 갖고 있는지 알지 못했다. 그런데 놀랍게도 이것은 우리의 원수 사탄이 일하는 방법과 일치한다. 사탄은 수치심과 두려움을 조장하여 우리를 침묵하게 만들고 숨어서 지내게 만든다.

그러나 내게 임하는 하나님의 사랑을 느끼고, 보며, 몸으로 체험했을 때, 그 사랑이 내 삶을 송두리째 바꿔 버렸다. 누군가가 나를 사랑한다는 사실이 내게는 놀랍고도 놀라웠다. 이후 나는 나를 사랑하시는 그분과 깊은 사랑에 빠졌다. 그 결과 나는 아버지를 얻게 되었다. 그리고 오빠와 선생님, 동반자와 친구들까지도 얻게 되었다. 그분은 내게 '어디에서 읽어 본 적이 있는' 누군가가 아닌, '만나서 아는' 누군가가 되었다. 하나님은 내 머리로는 도무지 이해할 수 없는, 그런 사랑으로 나를 사랑해 주셨다. 나는 그 사랑을 머리로 이해한 것이 아니라 전 존재로 체험했다. 그래서 나는 이 사실을 확신한다.

내가 확신하노니 사망이나 생명이나 천사들이나 권세자들이나 현재 일이나 장래 일이나 능력이나 높음이나 깊음이나 다른 어떤 피조물이라도 우리를(나

를) 우리(나의) 주 그리스도 예수 안에 있는 하나님의 사랑에서 끊을 수 없으
리라(롬 8:38-39, 괄호 안은 '우리' 대신 '나'를 넣은 것임)

물론 이와 같은 강력한 확신이 즉각적으로 마음을 가득 채운다고 할 수는 없다. 내게 일어났던 일은 다만 치유 과정의 시작이었을 뿐이다. 그렇다고 해서 즉각적인 치유가 없다고도 말할 수 없다. 어떤 사람은 즉각적인 치유를 경험할 것이기 때문이다. 하지만 적어도 내게 치유는 '순간'이 아니라 '과정'이었다.

어쨌든 중요한 것은 우리의 마음이 새롭게 되어야 한다는 것이다(롬 12:2 참조). 그래야 거짓말이 아닌 진리를 받아들이게 되기 때문이다. 다윗은 이렇게 말했다. "내 부모는 나를 버렸으나 여호와는 나를 영접하시리이다"(시 27:10).

이후 나는 내 부모님도 역기능 가정에서 성장했고, 그들의 부모로부터 거절당하며 성장했다는 사실을 알게 되었다. 이러한 사실을 알고 나니, 부모님을 용서하는 것이 한결 더 쉬워졌다.

또 한 가지 중요한 사실을 깨달았는데, 용서가 열쇠라는 것이다. 내가 많은 죄를 용서받았기 때문에, 나를 거절해 온(적어도 거절한 것처럼 보이는) 내 부모님을 용서할 수 있었다. 이제 나는 나를 온전히 사랑하시고 결코 나를 거절하지 않으시는 아버지가 계시다는 사실을 알고 있다.

CHAPTER 4

하나님의 '진짜 모습'을 만나다

＊**영원토록** 변함없는 순전한 사랑을 체험했기에, 나도 이제 다른 사람에게 그 사랑을 전해야 하는 사명이 생겼다. 삶의 현장에서 만나는 수많은 사람들에게 하나님과의 만남을 '주선' 해 주었다. 그런데 하나님 아버지께서 우리를 얼마나 많이 사랑하시는지 깨닫지 못하는 사람들이 헤아릴 수 없이 많다는 사실에 놀라야만 했다. 때때로 종교는 하나님의 말씀보다 원수의 말이 더욱 신뢰할 만하다고 주장한다.

만일 성경 전체를 살피지 않고 구약의 몇몇 가혹한 본문에만 집중한다면 '우리를 벌하시는 하나님' '복수에 굶주리신 하나님' 을 하나님의 이미지인 것처럼 오해할 수도 있다. 하지만 우리를 사랑하신다는 하나님의 선포는 신약뿐만 아니라 구약에도 넘쳐난다. 게다가 지금 우리는 하나님의 은혜로 말미암아 새로운 언약의 시대를 살고 있지 않은가? 이처럼 엄연한 사실들을 외면한다면 우리의 전 존재를 사랑하시는 하나님 대신 호된 훈련관으로 인식될 수밖에 없는 하나님을 만나는 데에서 그칠 것이다.

> 내가 사람의 방언과 천사의 말을 할지라도 사랑이 없으면 소리 나는 구리와 울리는 꽹과리가 되고 내가 예언하는 능력이 있어 모든 비밀과 모든 지식을 알고 또 산을 옮길 만한 모든 믿음이 있을지라도 사랑이 없으면 내가 아무 것도 아니요 내가 내게 있는 모든 것으로 구제하고 또 내 몸을 불사르게 내줄지라도 사랑이 없으면 내게 아무 유익이 없느니라 사랑은 오래 참고 사랑은 온유하며 시기하지 아니하며 사랑은 자랑하지 아니하며 교만하지 아니하며 무례히 행하지 아니하며 자기의 유익을 구하지 아니하며 성내지 아니하며 악한 것을 생각하지 아니하며 불의를 기뻐하지 아니하며 진리와 함께 기뻐하고 모든 것을 참으며 모든 것을 믿으며 모든 것을 바라며 모든 것을 견디느니라 사랑은 언제까지나 떨어지지 아니하되 예언도 폐하고 방언도 그치고 지식도 폐하리라…그런즉 믿음, 소망, 사랑, 이 세 가지는 항상 있을 것인데 그중의 제일은 사랑이라(고전 13:1-8, 13)

사랑의 힘

"그중의 제일은 사랑이라." 하지만 어떤 이유에서인지 우리는 하나님의 사랑에 의문을 표한다. "정말 하나님이 나를 사랑하시는가?

나는 '완벽'한 사람이 아닌데….." 사랑을 믿기는 어렵지만, 이와 반대로 충분히 훌륭하지 못하기 때문에 부적합하다는 느낌이나 죄책감을 갖기는 더욱 쉽다.

하나님은 나를 사랑하신다. 그러므로 나 역시 바울처럼 다음과 같은 고백을 할 수 있다.

> 내가 이미 얻었다 함도 아니요 온전히 이루었다 함도 아니라 오직 내가 그리스도 예수께 잡힌 바 된 그것을 잡으려고 달려가노라 형제들아 나는 아직 내가 잡은 줄로 여기지 아니하고 오직 한 일 즉 뒤에 있는 것은 잊어버리고 앞에 있는 것을 잡으려고 푯대를 향하여 그리스도 예수 안에서 하나님이 위에서 부르신 부름의 상을 위하여 달려가노라(빌 3:12-14)

"하나님이 나를 사랑하신다"는 말씀이 성경에 기록된 것은 참으로 놀라운 일이 아닐 수 없다. "보라 아버지께서 어떠한 사랑을 우리에게 베푸사 하나님의 자녀라 일컬음을 받게 하셨는가"(요일 3:1). 나는 하나님이 나를 사랑하신다는 사실을 안다. 먼저는 그 사실이 성경에 기록되어 있기 때문이다. 또한 하나님이 직접 내게 사랑한다고 말씀하셨기 때문이다.

나는 하나님의 말씀을 사모한다. 벧엘 초자연적 사역학교의 성경교사인 버니 울리는 이렇게 말했다. "하나님의 말씀은 포장지에 싸여 있어서 반드시 벗겨 내야 이해할 수 있습니다." 성경에는 하나님이 우리를 사랑하신다는 말씀이 있다. 그리고 사랑은 인내하는 것, 사랑은 온유한 것이라는 말씀도 있다. 혹시 '인내' 라는 단어의 본래 의미를 생각해 본 적이 있는가? 사전을 찾아보면 '견디는 자질, 꾸준히 추구함, 오래 참음, 소리 없이 부지런한 면모를 나타냄' 이라고 설명되어 있다.1) 그러므로 하나님이 우리를 사랑하신다면, 하나님은 우리를 참아 주시며 '인내' 하실 것이다. 우리를 사랑하신다는 말은 곧 우리를 꾸준히 추구하신다는 뜻이다.

'온유' 라는 단어도 한번 생각해 보라. 그 뜻은 '선한 면모, 부드러운 태도' 혹은 '선행을 나타내다, 행복을 나누다, 상처나 고통을 안기는 것은 삼가다' 이다. 그러므로 하나님이 우리를 사랑하신다면 우리에게 선한 면모를 보여 주실 것이다. '인내' 와 '온유' 의 성품은 하나님이 우리에게 보이신 성품이다.

만일 당신이 천상의 영역을 체험하기 원한다면 먼저 하나님의 인내와 온유하심을 믿어야만 한다. 그렇지 않으면 하나님을 무서워하게 될 것이기 때문이다. 만일 그리스도께서 당신을 위해 행하신 일을 믿지 않는다면, 당신의 마음속 두려움이 당신을 심판할 것이다. 하나님의 온유하신 성품, 오래 참으시고 인내하시는 성품을 결코 가볍게 여기지 말라. 우리를 회개로 이끄는 것은 다름 아닌 하나님의 '온유하심' 이기 때문이다(롬 2:4 참조).

온유(친절)

죄를 고백하고 회개해야 할 필요성을 느낄 때마다, 나는 내 삶에 변화를 가져다주는 것이 하나님의 가혹한 심판이 아니라 그분의 온유하시고 선하신 성품임을 기억한다. 하나님은 선하신 분이다. 하나님은 내가 상처 입는 것을 원하지 않으신다. 심지어 나를 질책하실 때에도 협박하거나 공포심을 조장하는 방법을 사용하지 않으신다. 어느 날, 하나님이 내게 환상을 통해 아주 높은 곳까지 닿는 계단을 보여주셨다. 그 꼭대기는 보이지 않을 정도로 높은 곳까지 이어져 있었다. 나는 그 꼭대기에 무엇이 있는지 알고 싶어서 한참 동안 목을 빼고 쳐다보았다. 층계 꼭대기에는 문이 있었다. 새로운 장소로 연결되는 문처럼 보였다. 나는 새로운 곳을 가보고 싶은 마음에 계단을 밟고 올라가기 시작했다. 계단을 오르고 또 올랐다. 계속해서, 한참을 올라갔다. 그러나 계단은 끝이 없었다. 아무리 올라가도 제자리를 맴도는 것만 같았다. 얼마나 시간이 흘렀을까? 갖은 노력을 다해 마침내 층계참(層階站) 꼭대기에 다다랐다. 이제 손잡이를 돌려 문을 열면, 문 건너편에서 펼쳐질 신세계의 기쁨이 나를 환영할 것이다! 그런데 바로 그 때 아버지께서 말씀하셨다.

"애야, 미안하구나. 너는 들어갈 수 없다. 어쩔 수 없지만 들어갈 수 없단다."

'뭐라고요? 들어갈 수 없다니 무슨 말인가요?' 나는 생각했다. '이렇게 힘들게 올라왔는데 들어갈 수 없다니요? 겨우 이런 말을 들으려고 이 높은 곳까지 올라온 줄 아세요?' 어쨌든 나는 이유라도 알아야겠기에 하나님께 여쭈었다.

"제가 들어가지 못하는 이유가 무엇입니까?"

주님이 대답해 주셨다.

"너는 지금 누군가에게 화가 나 있지 않느냐? 그래서 못 들어간다는 것이란다."

나는 잠시 생각했다. 하나님이 말씀하신 의미를 알 수 있을 것 같았다. 사실 그날 일찍 어떤 일 때문에 누군가에게 화가 난 상태였다. 하나님께 기도하는 순간에도 여전히 내 마음에는 분노가 남아 있었던 것이다.

죄 때문에 주님이 보여 주기 원하시는 새로운 영역으로 들어가지 못한다는 사실이 나에게는 커다란 충격이었다. 물론 하나님은 내게 화를 내시거나 윽박지르지 않으셨다. 다만 부드럽고 나직한 음성으로 주님과의 동행을 가로막는 장애물이 무엇인지 설명해 주셨을 뿐이다.

하나님이 당신에게 화를 내지 않으신다는 사실을 알면, 회개하는 것이 더욱 쉬워질 것이다. 하나님은 우리를 사랑하시고 우리에게 무엇이 최선인 줄 알고 계시기 때문에 윽박지르거나 호되게 야단지지 않으신다. 이것이 바로 사랑을 기반으로 하는 관계이다. 내가 회개하는 이유는 성경에 '그렇게 해야만 한다'는 글귀가 적혀 있기 때문이 아니다. 내가 회개하는 이유는 사랑의 관계 때문이다. 예수님이 나를 위해 엄청난 대가를 치르셨다는 사실을 알기 때문이다. 또한 성령께서 나를 의의 길로 이끌기 원하시며 그 길을 걷는 내내 위로해 주신다는 사실을 알기 때문이다.

당신도 나와 함께 이 여정에 동참하기 바란다. 순전한 사랑의 왕국에는 우리가 찾아야 할 것들이 수없이 많다. 그러나 무엇보다 먼저 우리 앞에 거치는 장애물을 제거하자. 그래야 사랑의 왕국 안에 무엇이 있는지 살펴볼 수 있지 않겠는가?

CHAPTER 5

천상의 영역을 보는 눈이 열리다

✽**당신은** 영적인 눈으로 천상의 영역을 들여다볼 수 있다. 에베소서 말씀을 살펴보자.

> 너희 마음의 눈을 밝히사 그의 부르심의 소망이 무엇이며 성도 안에서 그 기업의 영광의 풍성함이 무엇이며(엡 1:18)

나는 특히 '부르심의 소망'과 '기업의 영광의 풍성함'이라는 대목을 좋아한다. 그러나 그 무엇보다 내 마음을 강하게 두드리는 대목은 '마음의 눈'이다. 위 말씀에 기록된 '마음의 눈'은 '머리에 달린 눈'과 다르다. 머리에 달린 눈으로는 물질세계를 보고 이해할 뿐이지만, 마음의 눈으로는 물질세계는 물론 영적인 세계도 지각할 수 있다.

물론 우리는 가끔씩 우리의 육안으로 영적인 사건들, 예를 들면 천사의 출현 등을 목격하기도 한다. 다시 말하면 우리는 마음의 눈을 통해 자연적인 것, 그리고 초자연적인 것을 모두 감지할 수 있다는 뜻이다. 그렇다면 위의 말씀을 어떻게 해석할 수 있겠는가? 내 생각에 바울은 하나님이 우리 영혼의 눈을 열어 주시기를 바라는 마음으로 이 말씀을 기록한 것 같다. 여기에서 중요한 질문을 하고 싶다. "당신은 이러한 눈을 가지고 있는가?" 짐 골은 다음과 같이 말했다.

> "거듭난 성도들에게는 두 종류의 눈이 있다. 첫째, 육안이다. 보통 사람과 마찬가지로 성도들 역시 육안을 통해 주변 사물과 물질세계를 지각한다. 둘째는 마음의 눈이다. 바울은 영적인 진리를 감지할 수 있는 마음의 눈에 대해 언급했다."[1]

예수님이 거듭 말씀하셨다. "귀 있는 자는 들을지어다"(마 11:15, 막 4:9, 23, 7:16, 눅 8:8, 14:35). 원래 귀는 들으라고 있는 것 아닌가? 굳이 "들을지어다"라고 명령하지 않더라도 귀가 있으면 소리를 들을 수밖에 없는 것 아닌가? 물론 들을 수 없는 청각장애인도 더러 있지만 대다수의 사람들은 소리를 듣는 데 별로 어려움이 없다. 그렇다면 예수님이 하신 말씀은 어떤 의미이겠는가? 혹시 예수님이 우리의 '영적인 귀'를 염두에 두고 하신 말씀이 아닐까?

바울은 다음과 같이 말했다. "방언을 말하는 자는 사람에게 하지 아니하고 하나님께 하나니 이는 알아듣는 자가 없고 영으로 비밀을 말함이라"(고전 14:2). 같은 장 14절에서 그는 이렇게 부연 설명을 한다. "내가 만일 방언으로 기도하면 나의 영이 기도하거니와…" 우리가 영적인 존재임은 부인할 수 없는 사실이다. 로마서 8장 16절이나 고린도전서 2장 11절의 말씀을 포함하여 많은 성경구절을 통해 이 사실을 확인할 수 있다. "성령이 친히 우리의 영과 더불어 우리가 하나님의 자녀인 것을 증언하시나니"(롬 8:16). "사람의 일을 사람의 속에 있는 영 외에 누가 알리요…"(고전 2:11). 그렇다면 우리에게는 영적인 귀가 있지 않겠는가? 인간 존재는 육신, 지정의로 구성된 혼, 그리고 영으로 구성되어 있다. "영혼 없는 몸이 죽은 것같이…"(약 2:26).

초자연적인 영역

당신의 영이 영적인 영역에서 어떤 일을 할 수 있는지 알고 있는가? 결론부터 말하자면 당신의 영은 영적인 눈과 귀와 목소리를 통해 내적(internal) 시력, 청력, 음성을 활용할 수 있다. 이러한 사실을 깨달은 후, 그동안 가졌던 의문점이 하나둘씩 풀리기 시작했다. 하지만 영적인 영역을 체험하는 데에 어려움을 느끼는 사람에게는 이 개념이 쉽게 이해되지 않을 것이다.

우리는 '영적인 영역을 들여다보는 것'이 일반적인 '상상' 행위와 다르다는 점부터 이해해야 한다. 밥 존스는 '성결한 상상력'이라는 용어를 사용하여 이를 설명하였다. 그리고 이에 대해 빌 존슨은 "성결한 상상력은 당신에게 꿈과 환상을 안겨 줄 것이다"라고 말했다.

당신이 '상상'이라는 행위를 하는 과정은 다음과 같다. 먼저 당신은 마음속에 특정한 이미지를 떠올릴 수 있다. 즉, 생각이라는 체제를 통해 비현실적이거나 초현실적인 이미지를 '바라보는' 것이다. 여기까지가 일반적인 의미의 '상상'이다.

하지만 지금 내가 말하려는 상상은 이와 다르다. 여기에서 말하는 상상은 자의적인 생각이나 의도를 가지고 마음속에 특정 이미지를 투영해 내는 '공상'의 과정이 아니다. 오히려 자신도 모르게 특정 이미지들이 마음속에 떠오르는 과정으로서의 상상을 말하는 것이다. 그러므로 이 같은 상상은 작위적이지 않다. 아마도 당신은 이러한 상상을 경험했을지도 모르겠다. 짐 골은 자신의 책 《네 안의 선견자를 발견하라》(Discovering the Seer in You)에서 다음과 같이 말했다. "나는 모든 성도가 선견자적인 능력을 발전시킬 수 있다고 확신한다."[2]

여기까지 설명을 들은 후 사람들은 이렇게 말하곤 한다. "헛된 상상 아닙니까? 어떤 문제를 놓고 기도하다가 갑자기 마음속에 무언가가 번뜩였다고 해서 그것이 해답이라는 보장은 없지 않습니까?" 물론 상상에 의존할 경우 오류를 범할 수 있는 위험성도 있다. 이 점을 나도 인정한다. 하지만 오류를 범하는 것이 두렵다는 이유로 이를 헛된 일이라고 치부한다면 강력하고 거룩한 체험을 놓치는 오류를 범할 수도 있다. 뿐만 아니라 하나님이 정결하다고 하신 것을 불결하다고 결론지어 버릴 위험성에 대해서도 생각해 봐야 할 것이다.

나는 하나님이 내 영을 살리셨고, 말씀으로 내 생각(혼)을 '씻으셨다'고 믿는다. 물론 죄와 흠이 없고 완벽한 삶을 살아야만 영적 체험이 가능하다고 말하려는 것이 아니다. 모든 사람은 죄인이다. 여기에 예외는 없다. 하지만 내 죄성(sin nature)은 그리스도와 함께 십자가에 못 박혔다. 그러므로 이전에는 죄를 범하는 것이 자연스러운 일이자 '일상'(日常)이었던 반면에 예수님을 구세주로 영접한 후에는 죄를 짓는 것이 '비상'(非常)이 되었다(롬 6장 참조). 하지만 유감스럽게도 여전히 나는 죄로부터 자유롭지 못하다. 그러나 예전과 같지는 않다. 적어도 이제는 내가 범죄하는 것이 더 이상 자연스러운 일이 아니기 때문이다! 이처럼 나는 예수님이 십자가를 통해 이루신 일을 뼛속 깊이 신뢰한다. 새로움을 입은 생각과 마음, 그리고 죽음에서 살아난 내 영은 이 사실을 안다. 영원토록 내주하시는 성령을 통해 예수님이 나를 인도해 주시리라고 확신한다. 우리의 생각과 마음과 영은 그리스도의 보혈과 말씀으로 깨끗함을 받았다!

뿐만 아니라 성경말씀은 항상 우리 마음의 상상력을 발동시킨다. 선지서나 시편에는 수많은 이미지가 기술되어 있다. 일례로 스가랴서에는 '날아가는 두루마리'가 등장하는데, 그 이미지는 오직 '마음의 눈' 앞에 '두루마리가 날아가는 장면'을 떠올려 봄으로써 이해될 것이다(슥 5장 참조).

이 외에도 하나님이 이스라엘에 보내신 여러 선지자들의 경우를 살펴보자. 그들은 하나같이 백성을 향해 경고의 말씀을 외쳤는데, 그 내용은 언약을 지키지 않을 경우에 받게 될 심판을 '상상' 해 보라는 것이었다. 험한 일을 당할 것을 마음으로 떠올려 보라는 엄포인 것이다. 그리고 언약대로 준행할 때 받게 될 축복도 상상해 보라며 언약의 준행을 촉구했다. 하나님은 선지자들의 입을 통해 '언약의 준행 여부에 따른 심판과 축복' 이라는 정보를 주셨다. 정보를 들은 순간 백성의 마음에는 심판과 축복의 이미지가 그려졌다. 하나님은 이러한 이미지를 통해 백성들이 회개할 것을 기대하셨다. 여기에서 말하고자 하는 바는 '상상' 역시 언어나 음악처럼 하나님이 우리를 만나 주시는 또 다른 접촉점 역할을 한다는 것이다.

오늘날의 선지자들은 '환상은 과연 누구로부터 시작되는가? 하나님인가? 아니면 우리인가?' 라는 주제로 열띤 토론을 벌이고 있다. 환상이라는 방법으로 사람들에게 하나님과의 만남을 주선할 때 나 역시 이와 동일한 질문을 받곤 한다. 하지만 하나님은 환상 혹은 인간의 상상력을 매개로 우리와 대화하시는 것에 별로 큰 어려움을 느끼지 않으신다. 우리 역시 환상을 통해 하나님에 대해 생각해 볼 수 있고 또 하나님을 만나는 것이 가능하다고 생각하는 경향이 있지 않은가? 하지만 생각과 실제는 다르다. 만일 누군가가 "나는 환상을 봤어!"라고 말하는 순간 우리의 마음은 불편해지기 시작한다. "환상을 봤다고?" "그렇다면 스스로의 노력으로도 초자연적인 경험을 할 수 있다는 말인가?" 이러한 의문을 갖기 십상이다.

내 생각에 적어도 우리는 하나님께 이러한 경험을 요청할 수 있다. 또한 이러한 경험을 인정하고 받아들일 자세를 갖출 수 있다. 앞으로 내가 전할 간증을 읽으면 알겠지만, 내 경우 환상(체험)은 어떤 때는 '전혀 예상치 못한' 사건이었고 또 어떤 때는 예상치 못한 일이 '일어나길 기도하고 기다렸던 결과' 이기도 했다.

오늘날 우리가 경험하는 환상(혹은 상상)이 성경에 기록된 환상과 동일한 종류인가? 바울이 삼층천에 올라간 경험(환상)이나 에스겔이 보았던 환상과 비교될 수 있는가? 굳이 비교하고자 한다면 할 수는 있겠지만, 내가 본 환상이 성경에 기록된 환상과 동일한 권위를 지닐 리 만무하다. 솔직히 말하자면, 내가 보았던 환상 중 아직 이해할 수 없는 것도 많다. 게다가 아직까지, 아니 앞으로도 계속, 남에게 말하고 싶지 않은 환상도 몇 개 있다. 그러니 내 경험을 토대로 어떤 교리나 신학을 정립한다는 것은 말도 안 되고, 또 그럴 생각도 없다. 나는 다만 환상을 '보았을' 뿐이다. 게다가 모든 환상이 고무적이지만도 않다. 책의 후반부에서도 언급하겠지만 나는 내가 봐서는 안 될 것이라고 나름대로 생각했던 것을 본 적도 있다. 이후에 성령께서 괜찮다고 말씀해 주셨지만, 그 당시에 나는 "망했다"라고 통탄하기까지 했다.

성경에는 다양한 종류의 초자연적인 경험들이 기록되어 있다. 나 역시 다른 사람들처럼 환상을 보았다. 환상을 보다가 '이제 그만 멈추었으면 좋겠어'라고 생각했더니 거기서 멈춘 적도 있었다. 또 한참 동안을 헤어나오지 못했던, 그런 환상도 있었다. 어떤 환상이든 그 속에서 나는 항상 어딘가를 향해 '이동되고' 있었다. 내 뜻대로 내가 발걸음을 옮기는 것이 아니라 누군가가 나를 인도했다. 이런 측면에서 볼 때, 환상은 내가 시작하는 것이 아니라고 말할 수 있다. 물론 환상 중에 나는 하나님께 질문할 수 있었고 또 무언가를 요청할 수도 있었다. 그렇다면 적어도 질문하고 요청하는 '행위'에 있어서는 내 뜻이 반영될 수 있다는 말이 될 것이다.

결론을 말하자면, 이것은 하나님과 내가 '함께' 동행하는 여정인 것이다. 앞으로 몇 페이지에 걸쳐 나의 여정을 이야기할 것이다. 독자들에게는 이것이 단순한 이야기로 들릴지 모르나 그 모든 체험은 내 삶에 깊고 심오한 영향을 미쳤다. 당신도 이와 동일한 경험을 하게 되기를 바란다.

혹시 속는 것은 아닌가

처음에는 '속는 것'에 대한 두려움도 많았다. '내가 본 환상이 하나님으로부터 온 것이 아니면 어쩌지?' 이러한 두려움을 가득 안고 빌 존슨 목사님께 상담을 요청했다. 당시에 존슨 목사님은 내 이야기를 다 들은 후에 이렇게 대답하셨다.

"그렇다면 자매님이 믿는 하나님은 너무 작고, 반대로 사탄은 너무 큰 것이 아닙니까?"

나는 내가 성삼위 하나님을 사랑한다는 사실을 안다. 그리고 성령께서 친히 내 길을 인도하시고 올바른 가르침으로 훈계해 주실 것을 믿는다. 주께서 나를 책임져 주시며 의의 길로 인도해 주신다는 사실을 믿기에 실수를 두려워할 필요가 없다. 그러므로 이제 나는 담대한 마음으로 이 여정을 진행하며 내 주변 사람들에게도 바른 길을 제시하기 원한다. 나는 하나님의 말씀을 안다. 말씀으로 분별하기 때문에 더 이상 '속는 것은 아닌가?' 하고 두려워하지 않는다. 게다가 두려움은 사탄에게서 기인한 것이 아닌가? 사실, 두려움에 사로잡힐 쪽은 사탄이다. 왜냐하면 그는 우리가 하나님을 경험하게 될까 봐 두려워하기 때문이다. 예수님은 내 마음을 감찰하시며 나를 올바른 길로 인도하실 능력의 주(主)이시다. 유다서 1장에서는 다음과 같이 말한다.

> 능히 너희를 보호하사 거침이 없게 하시고 너희로 그 영광 앞에 흠이 없이 기쁨으로 서게 하실 이(유 1:24)

영적인 일에 있어서 속는 것이 가능한가? 분별없는 행동을 서슴지 않고 하는 것이 가능한가? 물론이다. 그렇다고 해서 아예 침묵해야 한다는 말인가? 사실, 사탄이 왜곡하지 못할 것은 없다. 그의 거짓말에 속아 사람들은 서로를 속이고 또 속는다. 하지만 속을까 봐 두려운 나머지 쓸모없는 것과 함께 중요한 것을 버릴 수는 없다. 우리는 생선살은 씹어 삼키고, 가시는 발라낼 줄 알아야 한다. 빌 존슨 목사가 말했다. "실수에 대한 과민반응은 종종 보다 더 심각한 실수를 낳곤 한다." 궁극적으로 우리는 자기 자신의 행동에 책임을 지게 되어 있다. 그러므로 나와 다른 생각을 개진하는 사람들에게 곱지 않은 시선을 보낼 필요도 없고, 그들을 두려워할 필요도 없다. 두려움 때문에 내게 이득이 될 것마저 걸림돌처럼 여길 이유가 없지 않은가?

CHPTER 6

장애물을 넘어 '바라보다'

어린아이 같은 믿음

어떻게 영안으로 보는 법을 배울 수 있는가? 무엇보다 먼저 당신은 어린아이 같은 믿음으로 하나님께 나아가야 한다. 하나님이 당신을 자기에게로 이끌어 안아 주실 것을 믿어야 한다. "내가 진실로 너희에게 이르노니 누구든지 하나님의 나라를 어린아이와 같이 받들지 않는 자는 결단코 그곳에 들어가지 못하리라 하시고"(막 10:15). 우리는 이 말씀을 '죽은 후에 가는 천국'에만 적용하지만 예수님은 이렇게 말씀하셨다. "회개하라 천국이 가까이 왔느니라"(마 3:2, 4:17, 10:7, 막 1:15 참조). 예수님의 말씀에 따르면 천국(하나님의 나라)은 지금 이곳에 있다. 이 사실을 깨닫기 위해 우리에게 필요한 것은 어린아이 같은 믿음과 태도이다.

역사를 생각해 보자. 하나님이 이 땅을 창조하셨다. 자신의 뜻대로 이 세상의 질서를 바로잡아 가셨다. 그런데 어느 날 피조물인 인간이 창조주 하나님을 반역했다. 하지만 하나님은 우리의 모든 죄와 허물을 사하시기 위해 그의 아들 예수를 이 땅에 보내셨다. 이 모든 역사의 흐름 속에서 하나님은 스스로를 아버지로 계시해 주셨고 우리를 당신의 자녀로 불러 주셨다.

그러므로 우리는 하나님이 우리의 아버지이심을 믿어야 한다. 하늘 아버지께서 우리에게 최선의 것을 공급해 주신다는 사실도 믿어야 한다. 이것은 우리가 우리의 자녀에게 최고의 것을 주기 원한다는 사실만 보더라도 쉽게 이해할 수 있다. 만일 이러한 아버지께서 우리에게 무언가를 시킨다면, 그 의도가 무엇이겠는가? 그것은 우리에게 복을 가져다주는 일이기 때문에 허락하신 것이다.

당신이 부모라면 자녀에게 해가 될 일을 시키겠는가? 몸이 다치거나 감정이 상할 일을 시키겠는가? 당연히 해를 입히지 않는 일을 시킬 것이다. 하지만 그 일이 자녀에게 최상의 유익을 가져다주지 않는다면, 일부러 그 일을 시키지 않는 것이 부모의 마음 아니겠는가? 인간의 부모가 이 정도라면 하늘에 계신 우리 아버지, 우리를 사랑하시는 하나님 아버지는 어떻겠는가? 자녀에게 선물을 줄 때, 나는 아이들이 선물 포장지를 뜯으며 어떤 표정을 짓는지 유심히 바라본다. 아이들이 선물을 받고 기뻐할 때, 나 역시 뿌듯함과 만족감을 느낀다.

하늘 아버지는 우리에게 각양 좋은 선물(은사)을 주고자 하신다. 하나님이 우리에게 맡기신 일이 있다. 그 일을 올바르게 수행하려면 여러 가지 도구가 필요한데, 하나님은 언제든 우리에게 그 도구들을(은 사) 선사하실 것이다. 당신은 이 모든 사실을 이해할 수 있는가?

통계치가 있는 것은 아니지만, 주로 어린아이 같은 믿음이나 그러한 태도를 지니지 못한 성도의 경우 하나님을 경험하는 데 어려움을 느끼는 것 같다. 그러나 오해하지는 말라. 나는 지금 "그러니까 절대 성숙하지 말라"고 권하는 것이 아니다. 왜냐하면 성숙한 신앙인이어야만 어린아이 같은 믿음을 가질 수 있기 때문이다. 성숙한 신앙인은 어린아이 같은 믿음으로 하나님을 신뢰하며 어린아이 같은 태도로 주님께 나아간다.

먼저 자신이 용서받았음을 믿고 남을 용서하라

하나님을 체험하는 일에 있어서 가장 큰 걸림돌은 온전한 용서를 믿지 못하는 '불신'일 것이다. 우리는 흔히들 '용서'의 교리를 믿는다고 말한다. 하지만 온전한 용서의 '진리'는 우리 마음 깊은 곳까지 닿는 것 같지 않다. 물론 사람들 앞에서 "나는 온전히 용서받았습니다"라고 고백하며 입술로는 믿음이 있는 척 할 수 있다. 하지만 겉모습으로 꾸미는 데에는 한계가 있다. 마음에 '없는' 믿음이 행동과 태도에 반영될 리 만무하기 때문이다. 많은 사람이 온전한 용서를 믿지 못한다. 그래서 주님께 나아가지 못한다. 그들은 이렇게 말한다. "나는 겨우 이 정도밖에 안 되는 사람인데 주님을 만날 수 있을까?" 용서받지 못한 느낌과 더불어 '나는 겨우 이 정도밖에 안 된다' 라는 체념은 짝을 이루어 우리의 발목을 죄어 온다.

나와 함께 기도했던 사람 중, 먼발치에서 주님을 봤다는 사람이 더러 있다. 내가 그들에게 이렇게 말했다. "좀 더 주님 계신 곳으로 다가가지 그러세요?" 그러자 그들 모두는 "저는 그렇게 할 수 없습니다"라고 대답했다. 그들에게 다시 물었다. "혹시 마음속에 해결되지 않은 원한이 있습니까? 아직 용서하지 않은 사람이 있나요? 물론 자신을 포함해서 말이에요." 너무 많은 잘못을 저질렀기에 예수님께 다가갈 수 없다는 사람들을 보니 가슴이 아팠다.

한번은 어떤 여자아이와 함께 기도한 적이 있었다. 당시 아이에게 환상이 열렸고, 아이는 천국의 아름다운 광경을 즐기시는 예수님을 보았다. 순간 내가 예수님이 어디에 서 계신지를 묻자 아이는 "내 뒤에 계세요"라고 대답했다. 나는 아이에게 뒤를 돌아 예수님을 바라보라고 권했다. 그렇지만 아이는 그럴 의사가 없어 보였다. 끝내 아이는 울음을 터트리며 말했다. "뒤를 돌아보았는데 예수님이 안 계시면 어쩌죠? 도무지 겁이 나서 뒤를 돌아보지 못하겠어요." 아이와 함께 더 기도하면서 나는 이 아이의 아버지가 가정을 버리고 떠났다는 사실을 알게 되었다. 아이는 아버지로부터 버림받은 상처를 안고 있었기 때문에 예수님으로부터 동일한 거절을 당할까 봐 두려웠던 것이다. 그는 주님을 사랑하는 것 만큼이나, 예수님께 거절당할 것을 두려워했던 것이다.

배워야 할 교훈

내 행동 때문에 누군가가 상처받았던 일이 있었다. 그들이 상처받은 사실을 안 후, 나는 그들에게 용서를 구했고, 그들은 주저 없이 나를 용서해 주었다. 그리고 그날 밤, 나는 이 일에 대해 하나님과 이야기를 나누었다. 그런데 하나님은 나를 호되게 질책하셨다. 적어도 내가 듣기에 엄한 질책이었다. 마치 범죄 기록 장부를 들춰내서 잘못한 일을 하나하나 지적하시는 것 같은 느낌이었다. '그 일은 이미 용서를 구했고 또 용서받았는데…. 이미 다 끝난 일인데 왜 하나님이 이처럼 엄하게 말씀하실까?' 나는 어린아이가 꾸지람을 듣듯이 고개를 푹 숙인 채로 하나님의 '질책'을 들었다. 그리고 나 역시 못마땅한 태도로 하나님께 대꾸했다. 그러자 하나님이 내 곁으로 다가오시더니 아주 부드러운 음성으로(적어도 내가 듣기에 매우 부드러운 음성이었다) 이렇게 말씀하셨다. "애야, 나는 너를 질책하지 않았단다. 그러니 다시는 그러한 태도로 내게 대꾸하지 않았으면 좋겠구나. 나는 항상 사랑하는 마음으로 네게 말한단다."

나는 꿀 먹은 벙어리가 되었다. "하나님, 제 귀가 잘못된 것입니까? 분명 하나님이 저를 호되게 질책하셨잖아요?" 하나님은 대답하지 않으셨다. "아닌가? 음, 그게 아니라면… 혹시, 제가 제 자신을 어떻게 바라보는지에 따라 하나님의 말씀을 잘못 받아들일 수도 있다는 건가요?" 나는 잠시 생각했다. '하나님이 나를 어떻게 바라보실까?'라는 내 스스로의 짐작에 따라 하나님의 말씀이 다르게 들릴 수도 있겠다는 생각이 들었다. 어쨌든 이 사건은 내게 큰 가르침을 주었다.

다음 날, 나는 빌 존슨 목사님을 찾아가 이 일에 대해 이야기했다. 그러자 목사님은 내게 요한복음 12장 28-29절의 말씀을 해주셨다.

> 아버지여, 아버지의 이름을 영광스럽게 하옵소서 하시니 이에 하늘에서 소리가 나서 이르되 내가 이미 영광스럽게 하였고 또다시 영광스럽게 하리라 하시니 곁에 서서 들은 무리는 천둥이 울었다고도 하며 또 어떤 이들은 천사가 그에게 말하였다고도 하니 (요 12:28-29)

당시 예수님의 주변에 모여들었던 사람들 모두가 무언가를 듣긴 했다. 하지만 오직 몇몇 사람만이 자신이 들은 것을 제대로 이해할 수 있었다. 나머지 사람들은 예수님에 대한 자신의 편견에 따라, 귀에 들린 내용을 제멋대로 해석했던 것이다.

그렇다. 나 역시 내가 지었던 죄를 온전히 용서받지 못했다고 생각했기 때문에(편견) 하나님의 사랑스런 음성을 질책의 목소리로 들었던 것이다.

십자가에서의 죽음을 통해 예수님은 완전한 속죄를 이루셨다. 그것은 완벽한 속죄이다. 우리는 예수님이 완성하신 일을 변개하거나 그것에 무언가를 보탤 수 없다. 하나님은 십자가에서 그 아들의 희생을 통해 완벽한 사랑을 보여 주셨다. 그러므로 하나님의 목소리는 사랑과 자비가 가득 담겨 있는 음성으로 '들려야만' 할 것이다. 그렇지 않다면 내가 가진 편견이나 마음속 불신을 점검해야 한다.

그러므로 여기에서 잠시 멈추고, 혹시 당신의 마음에서 잘 지워지지 않는 죄의 기억, 혹은 오래된 죄책감이 있는지 살펴보기 바란다. 이미 예수님께 고백하고 용서를 구하며, 회개했건만 여전히 그 기억을 떠올리면 얼굴이 붉어지고 수치스럽다 못해 고통스럽기까지 한 죄가 있는가? 그래서 일백 번 넘게 회개하고 또 회개했던, 그런 죄가 있는가? 그렇다면 지금 당장 주님께 나아가 해결을 받으라. 그 죄는 예수님과 함께 무덤으로 들어갔다. 예수님은 부활하셨지만 그 죄는 여전히 무덤에 갇혀 있다. 혹시 부활하신 예수님이 무덤 안에 무엇이 있는지 확인하기 위해 다시 그곳으로 들어가실 것이라고 생각하는가? 결코 그렇지 않다! 예수님이 다시 무덤 속으로 들어가지 않으셨다면 우리 역시 그 무덤 안으로 다시 들어가서는 안 될 것이다. 하나님이 말씀하셨다. "그들의 죄를 다시 기억하지 아니하리라"(히 8:12, 10:17 참조).

다음은 용서에 대한 부연이다. 일단, 그날의 대화를 통해 나는 하나님이 어떻게 말씀하시는지, 또 우리는 그 말씀을 어떻게 듣는지에 대해 확실히 알게 되었다. 그러나 내게는 아직 해결되지 않은 문제가 남아 있었다. 왜냐하면 내 행동으로 인해 상처 입은 사람들을 하나둘 떠올리자, 적어도 그들에게만큼은 굽실거리고 또 그들 앞에서 죄인처럼 지내야 할 것만 같았기 때문이다. 어떻게든 내 미안한 마음을 알리는 것이 옳다고 생각했다. 하지만 주님이 이렇게 말씀해 주셨다.

"만일 네가 그렇게 한다면 그것은 그들의 용서를 내 용서보다 더욱 우선시한다는 뜻이란다. 그 사람들이 용서하지 않았더라도 네가 네 죄를 고백했을 때 나는 너를 용서했다. 너는 용서받았다. 그러니 용서받은 사람답게 행동하여라."

사실대로 말하겠다. 다음 날 교회에 가서 마치 아무 일 없었다는 듯이, 평상시처럼 행동하는 것은 여간 어려운 일이 아니었다. '나는 정말 미안한데, 내 행동이나 표정에 미안한 기색조차 비치지 않으면 어떡하지? 나를 정말 염치없는 사람으로 생각하면 어쩌지?' 무척이나 두려웠다. 그러나 사람에 대한 두려움을 안고 사는 것은 결코 좋은 일이 아니다.

온전히 용서받았다는 사실을 믿지 못하는 '불신' 외에도 하나님의 임재를 체험하지 못하도록 방해하는 걸림돌들은 무수히 많다. 그 중 하나가 '하나님께 상처받았다는 생각' 이다. 흔히들 사람들은 "난 하나님께 상처받지 않아"라고 말한다. 반면에 그들의 마음은 '나는 하나님께 상처를 입었어' 라고 외친다. 문제는 이러한 악감정을 품는 것이 하나님을 향한 공격임을 인식하지 못한다는 데에 있다.

우리는 하나님이 행하시는 모든 일이 완벽하다는 사실을 알고 있다. 적어도 머리로는 이 사실을 인정한다. 그리고 이 지식을 기반으로 우리 주변에서 일어나는 일들을 해석하며 "그래, 내 소원을 거절하신 것도 하나님의 완벽한 계획이야"라고 말한다. 하지만 마음속으로는 거절감에 대한 상처를 안고 있다. 입술로는 믿음의 말을 고백하지만 마음속으로는 고통 가운데 신음하며 하나님을 불신한다. '하나님이 내 기도를 들어주시지 않는군! 내가 원하는 것을 주시지 않아!' 물론 실망감 때문에 기도를 중단하는 성도는 없을 것이다. 그 이후로도 계속 기도를 하기는 한다. 다만 그 간구 속에 불신이 서려 있을 뿐이다.

"뭐라고? 아니 하나님은 왜 내 중요한 기도는 외면하시면서 천상의 것들은 보여 주신다는 거야? 내게는 기도응답이 훨씬 더 중요하단 말이야!" 하나님이 왜 그러시는지 당신 스스로가 하나님께 여쭙고 또 응답을 받아야 할 것이다. 기도했는데 그대로 성취되지 않은 경험이 있는가? 그렇다면 당신은 혼자가 아니다. 이것은 모든 성도의 공통된 경험일 것이다. 그러나 소원이 이루어지지 않더라도 다윗처럼 하나님을 신뢰할 성도는 몇 명이나 되겠는가? 솔로몬은 다음과 같이 말했다. "너는 마음을 다하여 여호와를 신뢰하고 네 명철을 의지하지 말라"(잠 3:5). 당신은 계속해서 마음속 상처를 드러내며 하나님을 공격할 것인가? 아니면 끝까지 하나님을 신뢰할 것인가?

수치심을 버리라

우리는 마음속에 간직한 수치심을 버릴 줄 알아야 한다. 앞에서 말했듯이, 그동안 마귀는 수치심을 이용하여 나를 침묵하게 만들었다. '나는 무식한 사람이야' 라고 생각하며 내 자신을 부끄럽게 여겼기 때문에 나는 사람들을 피해 다녔고 사람들과 만나더라도 침묵해야 했다. 내가 입을 열면 사람들이 나를 우습게 여기거나 나를 싫어할까 봐 겁을 냈던 것이다. 사람들이 나를 거절할 것만 같아 두려웠다. 그렇게 나는 사람들과의 대화를 기피했다.

'수치심과의 작별'은 '용서'의 동반자이다. 스스로를 용서하는 과정 중 하나가 바로 수치심을 버리는 것이기 때문이다. 예수님은 결코 우리를 부끄럽게 여기지 않으신다. 그리고 우리는 이러한 예수님의 마음(사랑)을 세상에 나타내야 한다. 예수님이 우리를 용서하시고 우리를 부끄럽게 여기지 않으신 것처럼, 우리 역시 스스로를 용서하고 마음속의 수치심을 버려야만 한다. 이후에야 비로소 위대한 예수님의 사랑을 세상에 알릴 수 있기 때문이다. 우리는 온전히 용서받았다. 용서받은 사람으로서 당당하게 행동하라!

CHAPTER 7

거절의 상처를
　　치유하시는 주님

＊**거절감**은 우리로 하여금 하나님의 사랑을 받아들이지 못하게 만든다. 그리고 영혼의 눈으로 하나님을 바라보지 못하게 만드는 걸림돌이 된다. 하루는 하나님이 내게 어떤 환상을 보여 주셨는데, 이로 인해 내 거절감이 치유되었다. 그리고 나는 하나님의 놀라운 사랑에 대해 더 깊이 깨닫게 되었다. 환상 중에 나는 우리 엄마가 나를 낳느라고 분만실에 누워서 산통을 겪는 모습을 보았다.

당시 엄마의 전신은 보자기로 덮여 있었는데 거기에는 '거절'(Rejection)이라는 단어가 빼곡하게 적혀 있었다. 나는 그 광경을 이해하는 게 어렵지 않았다. 왜냐하면 엄마는 대공황 시절에 태어나 9남매 중 한 명으로 자라면서 아주 어렵고 힘든 삶을 살았기 때문이다. 상황이 이렇다 보니 엄마는 가족의 생계를 위해 학교를 그만둬야 했다. 게

다가 외할아버지는 아주 난폭한 분이었다. 걸핏하면 아내와 아홉 명의 자녀를 때리곤 했다. 따라서 우리 엄마가 자신의 아버지로부터 받은 거절감은 꽤 컸을 것이다.

이후 엄마의 몸 밖으로 빠져나오는 내 모습을 볼 수 있었다. 의사가 나를 받았는데, 이번에는 '거절'이라는 단어가 내 몸 구석구석까지 적혀 있는 것이 아닌가? 당시 나는 이것이 대(代)를 잇는 저주임을 알았다. 사실, 내가 느끼는 거절감 중 일부는 어머니로부터 받은 영향 때문이었다. 하지만 이러한 사실을 안다고 해서 당장 달라질 것은 없었다. 무엇을, 어떻게 해야 할지 알지 못했기 때문이다. 한참 후에야 이러한 저주로부터 자유케 되는 방법을 배웠다.

나는 토론토 에어포트 크리스천 펠로우십 교회의 집회에 참석하기 위해 비행기를 타고 그곳으로 날아갔다. 집회가 시작되기 몇 시간 전, 호텔 방 안에 누웠다. 그런데 그 동일한 환상이 다시 펼쳐졌다. 엄마는 분만실에 누워 있고 나는 엄마의 몸 밖으로 막 나올 참이었다. 엄마와 나는 모두 '거절'이라는 단어로 온전히 뒤덮여 있었다. 하지만 이번 환상은 조금 달랐다. 먼저 보았던 환상에서는 나를 붙든 의사의 '손'만 나왔으나 이번에는 마치 카메라로 클로즈업을 한 것처럼 화면이 확대되더니 곧 나를 붙들고 있는 의사의 얼굴이 나타났다. 그 의사는 바로 예수님이었다.

예수님은 아이를 바라보며 인자한 미소를 지으신 후, 아이의 몸에서 거절이라는 단어를 하나하나 떼기 시작하셨다. 곧이어 카메라는 예수님의 눈을 비췄다. 예수님은 아이를 똑바로 응시하시더니 잔잔한 미소를 지으셨다. "오! 놀라운 구세주, 오! 놀라운 치유자 되신 주님을 찬양한다!" 나는 이것으로 모든 저주가 해결되었다고 생각했다. 하지만 예수님이 더욱 온전한 치유를 준비해 놓으셨다.

작은 속삭임

그 집회의 마지막 시간을 앞둔 날, 우리 일행은 호텔로 향하는 셔틀버스에 올랐다. 당시 내 친구 클라우디아 페리(Claudia Perry)는 건너편 좌석에 앉아 있었다. 클라우디아가 내 이름을 불렀다. 그래서 나는 그녀가 앉은 쪽으로 몸을 기울였다. 클라우디아의 입술이 움직였다. 나는 그녀의 입술 모양을 읽을 수 있었다. 그 말은 "사랑해"(I Love You)였다. 그다지 극적인 말은 아니었지만 내 가슴에 무언가 큰 충격이 가해진 느낌이었다. 나는 눈을 감았다. 그러자 하나님의 임재가 점점 강하게 느껴졌다. '도대체 무슨 일이 일어난 거지?' 모두가 셔틀버스에서 내렸지만 나는 내 몸을 일으키는 것조차 힘들었다. 버스에서 내려 호텔로 걸어가는 내내 몸이 점점 무거워졌다. 가까스로 엘리베이터의 승강장까지 걸어가 벽에 몸을 기댔다. 내 몸, 모든 동력 기관의 전원 스위치가 꺼진(off) 느낌이었다.

일행 가운데 몇 명이 내 이름을 불렀다. 하지만 나는 대답할 수 없었다. 그들의 목소리가 점점 희미해졌다. 클라우디아의 남편 밥 페리(Bob Perry)가 뒤에서 나를 부축해 주었다. 그에게 기댄 채로 겨우 엘리베이터 안으로 들어갈 수 있었다. 하지만 그가 부축하던 손을 잠시 놓자, 나는 곧 엘리베이터 바닥에 쓰러져 버렸다. 빌 존슨 목사 내외와 다른 네 쌍의 부부가 그곳에 있었다. 나를 지켜본 사람들은 내가 매우 창피했을 거라고 생각할지도 모르겠다. 하지만 나는 그 순간에 창피함을 느낄 여유조차 없었다. 정말, 아무것도 할 수 없었다. 다만 하나님이 내게 어떤 일을 하고 계시는지 궁금했을 뿐이다. 결국 나와 동승했던 사람들이 나를 '들어서' 호텔 방으로 '운반' 해야 했다. 그렇게 나는 침대에 누운 채로 있었고, 사람들은 저녁을 먹으려고 이동했다.

그들이 떠나자 하나님이 나를 찾아오셨다. 그 순간, 호텔 방은 사라지고 없었다. 그리고 아버지 하나님과 그 아들 예수님만이 내 눈 앞에 서 계셨다. 그때 갑자기 커다란 종이 한 장이 나타났는데, 그 중심부터 불에 타들어 가기 시작하는 것이었다. 나는 종이가 타는 것을 보면서 이렇게 생각했다. '저것은 그동안 내가 믿어 왔던 모든 거짓말들이야. 내가 사랑받지 못할 것이라는 거짓말들….' 나는 하나님이 나를 사랑하신다는 사실을 믿는다. 그리고 그분의 사랑도 체험했다. 하지만 사람들은 어떠할까? '과연 사람들이 나를 사랑해 줄까?' 하는 의문만큼은 쉽게 가시지 않았다. '그래. 사람들은 나를 사랑할 수 없을 거야. 여전히 나는 무식한 걸.'

하나님이 나를 아시고 또 사랑하신다는 사실을 확신했지만, 지인들에게 사랑받는 것에 대해서는 아직 확신이 서질 않았다. 그런데 그렇게 믿어 왔던 거짓말들이 불타는 것 아닌가? 어쩌면 독자들 가운데에도 이런 경험을 한 사람이 있을지도 모르겠다. 그동안 '진실'이라고 믿어 왔던 일련의 거짓말들을 하나님이 적나라하게 드러내 주시는 경험 말이다. 나는 사랑받을 수도 없고 거절만 당하는 사람이라는 생각을 그토록 오랫동안, 그것도 가슴 깊숙이 품어 왔는데, 이 모든 생각과 감정이 다 거짓말이라니 놀라웠다!

하나님이 내게 손을 내미셨다. 그리고 내 심장을 꺼내어 강하게 움켜쥐셨다. 이후 하나님은 내 심장을 오랫동안 바라보셨다. 나 역시 내 심장을 바라보았는데 일부분이 검게 변해 있었다. 그동안의 상처 때문에 손상된 부분이었다. 하나님은 그 검은 부위를 손으로 떼어 내시더니 저 멀리 던져 버리셨다. 그리고 자신의 심장에 손을 가져가시고는 일부분을 떼어 내 심장에 덧대셨다. 이후 그 심장을 다시 내 몸속에 집어넣어 주셨다. 하나님의 심장, 그 일부가 내 안에서 살아 숨쉬게 된 것이다!

하나님과 함께했던 시간은 커다란 기쁨이었다. 나는 그 기쁨에서 깨어나고 싶지 않았다. 하나님의 임재, 그분과 함께한 시간은 최고의 기쁨을 주었다. 그것은 자유였다! 내 발목을 옥죄는 모든 것으로부터의 온전한 해방, 온전한 자유였다.

나는 사람들에게 이렇게 말하곤 한다. "당신이 하나님과 동행하고 싶은 것 이상으로 하나님도 당신과 함께하길 원하십니다. 하나님은 결코 당신을 거절하지 않으십니다!" 하나님은 우리를 만나기 위해 기다리신다. 그리고 우리가 알지 못하는 새로운 방법으로 만나 주신다. 하나님은 우리를 직접 만나 주신다! 하나님이 통신판매를 통해 예수의 신부를 전화로 주문하시겠는가? 그렇지 않다. 이것은 하나님의 방법이 아니다. 하나님은 직접 만나 주신다.

우리가 예수 그리스도를 구세주로 영접할 때 예수님은 직접 우리 안에 들어오신다. 그리스도의 내주(來住), 이것이 바로 신부와 신랑이 만나 관계를 발전시켜 나가는 첫 단추이다. 그리고 종국에는 주님과의 사랑이 절정에 달할 것을 믿는다. 영접한 후, 우리는 주님과 동행하며 더 깊고 친밀한 교제를 나눈다. 날마다 경이로운 주님의 모습을 새록새록 발견하게 될 것이다. 장담하건대, 우리를 간절히 바라시는 주님의 모습을 발견하게 될 것이다!

이 얼마나 위대한 여정인가! 매일 주님과 동행한다는 사실이 얼마나 흥미진진한 일인가!

CHAPTER 8

하나님 아버지의 무릎에 앉다

＊이전에 했던 말이지만 다시 한 번 강조하고 싶은 말이 있다. "하나님은 항상 우리를 위해 '더 많은 것'을 준비해 두신다." 하나님은 우리가 원하는 것보다 더 많은 것을 갖고 계신다. 모든 것을 풍성하게 갖고 계신 하나님이 그 무엇보다 우리를 원하신다. 하나님은 우리와 친구가 되기를 원하신다. 이것이 바로 예수님이 십자가를 지신 이유이다.

십자가는 하나님 아버지와 우리를 연합시키기 위한 방편이었다. 예수님의 십자가로 말미암아 회복된 우리가 하나님과 동행하기 시작할 때, 구원의 온전한 영향력(영혼육의 치유)이 우리 가운데 나타난다. 이 땅에서 우리의 삶이 끝나야만 하나님과 친밀한 관계를 누리게 될 것이라고 생각하는가? 그렇지 않다. 이 땅에서도 우리는 친밀한 관계를 누릴 수 있다.

하나님이 우리의 회복과 치유만을 원하신다고 생각한다면 그것은 큰 오산이다. 하나님이 준비해 두신 '더 많은 것'이 내 삶의 상처와 아픔을 치유하는 것뿐이라고 생각하는가? 결코 그렇지 않다. 하나님은 태초부터 계획해 놓으신 청사진대로 내 삶을 변화시키기를 원하신다. 그 청사진이 바로 '친밀함'이다. 하나님은 자신을 계시하심으로써 내가 하나님을 알고 사랑하며 하나님과 동행하도록 인도하신다.

나의 치유 과정에서 환상은 중요한 역할을 했다. 하지만 그 자체로 놀랄 것은 없다. 하나님이 내게 보여 주신 환상은 친밀한 관계를 맺으시기 위한 수단에 불과했기 때문이다. 어쨌든 나와 하나님과의 관계가 시작된 것은 1997년 2월, 처음으로 토론토를 방문할 무렵이었다. 당시 나는 앨리스 스미스(Alice Smith)의 기도 관련 서적 《휘장을 지나》(Beyond the Veil)를 읽고 있었다. 그 책은 내게 어떻게 해야 하나님께 더 가까이 나아갈 수 있는지를 알려 주었다. 책 제목은 모세의 성막과 이후에 지어진 성전의 모습을 상상하게 만들었다. 특히 휘장 뒤편, 하나님의 임재로 가득한 지성소를 말이다. 이 휘장은 예수님이 운명하시자 위아래로 찢어졌다. 그동안 지성소로의 진입을 가로막았던 휘장이 찢어진 것이다. 이것은 하나님의 임재가 더 이상 '출입금지'의 영역이 아니라는 사실을 상징해 준 사건이었다. 예수님의 희생 덕분에 우리는 휘장을 지나 담대히 하나님께 나아갈 수 있다. 하나님과의 친밀한 관계 속으로 초대받은 것이다.

어느 날 잠자기 바로 전, 침대에 누워 잠시 기도를 드리는데 환상이 보였다. 환상 가운데 나는 '반쯤 열린 문'을 보았고, 곧 하나님의 임재를 느꼈다. 물론 그 당시에 나는 하나님의 임재를 체험할 수 있을 거라고 생각하지 못했다. 그것도 그럴 것이 단 한 번도 그와 같은 일을 겪어 보지 못했기 때문이다. 하나님과의 거룩한 만남은 굉장히 달콤했다! 하나님의 임재가 강하게 느껴진 순간, 나는 기도를 멈추었다. 아니 멈출 수밖에 없었다. 더 이상 무언가를 요구하고 싶지 않았기 때문이다. 다만 하나님을 예배하기 원했다. 이처럼 놀라운 방법으로 하나님의 위대하심을 깨달을 수 있었다. 그 이후로 얼마 동안, 매일 밤마다 이와 동일한 일이 일어났다. 나는 기도하기 시작했고, 환상 중에 '반쯤 열린 문'을 보았고, 기도를 멈췄으며, 하나님께 경배 드리기를 멈출 수 없었다. 그렇게 나는 예배의 분위기에 압도되었다. 내 방의 대기(大氣)는 실로 아름다운 예배 분위기였다. 재미있는 사실이 있다. '예배'로 번역된 헬라어 '프로스쿠네오'는 '손에 키스하다, 절하다, 엎드리다' 라는 뜻인데 '입맞춤(경외의 표시로서)'의 의미가 담겨 있다.

환상 중에 보인 '열린 문'

그리고 그해(1997년) 첫 번째 토론토 방문이 끝난 후, 5월의 어느 날이었다. 여느 날과 마찬가지로 그 밤에도 나는 기도하기 시작했다. 그런데 이전에 보았던 '반쯤 열린 문'이 이번에는 활짝 열리는 것이 아닌가? 그리고 그 문 건너편에 두 형체가 서 있는 것이 보였다. 물론 처음 그 문이 활짝 열렸던 날, '흐릿한 거울을 보듯 희미하게 보았을 뿐' 그 형체의 세세한 부분은 보지 못했다(고전 13:12 참조). 천연색도 아니었고 다만 안개 자욱한 회색 일변도였다. 그러나 그 두 형체가 바로 아버지 하나님과 그 아들 예수 그리스도임은 어렴풋이나마 알 수 있었다. 처음으로 생생한 경험을 하는 중에 나는 두 분과 함께 서서 이야기를 나누었다. 이후로도 기도할 때마다 계속 동일한 환상을 보게 되었다. 나는 그곳에 서 있는 나 자신을 똑똑히 보았다.

그러던 어느 날, 다소 의기소침한 상태로 기도를 시작했다. 그래서 하나님께 안아 주실 것을 간청했다. 물론 어떤 일이 일어나거나 안개처럼 흐릿한 형상에 변화가 생기리라는 기대는 없었다. 그런데 바로 그 순간, 안개가 걷히고 회색빛이 사라지더니 내 시야가 점점 선명해지는 것이었다. 하나님이 보좌 위에 앉아 계셨고, 그 왼편으로는 보좌에 닿는 층계가 펼쳐져 있었다.

그분의 무릎으로

나는 곧장 달려가 계단을 밟았다. 끝까지 올라가서 하나님의 무릎에 앉았다. 그 환상 속에서 나는 네 살배기 어린이 정도의 몸집이었다. 사실 이러한 일들이 일어나기 시작한(환상을 보게 된) 처음 몇 해 동안 계속해서 나는 어린 소녀의 모습으로 등장했다. 물론 생각이나 마음 상태는 어른의 수준이었지만 말이다.

무릎에 앉은 후 나는 그분의 허리를 감싸 안으려고 했다. 하지만 내 팔이 짧았는지 절반 정도밖에 두르지 못했다. 마치 길이가 짧은 허리띠처럼 말이다. 그때 하나님이 당신의 팔로 나를 감싸 안아 주셨다.

나는 그분의 팔을 느낄 수 있었다. 단지 몸에 닿는 감촉만이 아니라 그 팔의 무게까지 느껴졌던 것이다. 전에는 이와 같은 평안함과 사랑을 체험해 본 적이 없었다. 이처럼 손에 닿는 평안함과 사랑을 말이다.

이후로도 나는 하나님의 무릎에 앉는 환상을 여러 차례 보았다. 나는 하나님을 사랑하고, 하나님은 나를 사랑하셨다. 그 자리에서 내가 얼마나 큰 만족을 누렸는지 이루 다 말할 수 없다. 하나님과 함께 하는 기쁨보다 더 큰 기쁨은 없다.

물론 이 모든 것을 나만의 '상상'이라고 생각하는 사람들도 있을 것이다. 도대체 그 누가 하나님의 무릎에 앉을 수 있단 말인가? 또 그 상태로 하나님과 대화할 수 있는 사람이 어디 있겠는가? 하지만 나는 개의치 않는다. 정말 나는 하나님의 사랑을 느꼈고 그분과 함께 있는 동안만큼은 깊은 희락을 체험했기 때문이다. 어쨌든 이러한 경험을 통해 나는 중요한 사실을 배웠다. 화가 나거나 기운이 없을 때, 혹은 부정적인 생각이 들 때, 나를 회복시켜 줄 것은 바로 하나님과 함께하는 시간뿐이라는 사실을 말이다. 그분은 하나님이시고 모든 해답을 갖고 계시기에 나는 그분을 신뢰한다.

내 경험이 그릇된 것이라고 지적하는 성경말씀을 아직 찾아보지 못했다. 환상은 점점 더 풍성해졌다. 당시 나는 '이 모든 것을 내가 상상해 낸 게 아닐까?' 하는 의문을 갖기도 했다. 환상 가운데 체험한 일들은 내가 전혀 생각지 못했던 사건의 연속이었기 때문이다. 나는 단 한 번도 '이러이러한 일들이 일어날 것이다'라고 예상하거나 기대해 본 적도 없다.

이런 일들을 경험하는 동안 계속해서 내 마음 상태를 살폈다. 나는 수신 메일을 체크하는 것보다 더 자주 내 마음 상태를 체크했다. 그릇된 동기는 발견되지 않았다. 평생토록 이러한 자세로 마음을 점검하면서 하나님이 보여 주시는 환상을 누리리라고 다짐했다.

CHAPTER 9

빛의 왕국에 들어서다

※ 나는 올바른 길을 걷고 있음을 확신한다. 하지만 어느 순간 흥미를 잃은 내 모습을 발견했다. 그곳, 하나님이 계신 보좌의 방에는 무언가가 더 있다. 내가 밟은 곳은 다만 출발점일 뿐이다. 하나님에 대해 내가 알아야 할 것이 많다. 나는 하나님의 마음을 알기 원한다. 모세는 '얼굴과 얼굴을 맞댄 채' 하나님을 만났다. 그는 하나님이 행하신 일뿐만 아니라 그분의 길(일하시는 방법)도 알고 있었다(시 103:7 참조). 어느 날 나는 그분의 무릎을 딛고 일어나서 그분의 목에 매달렸다. 내 얼굴을 그분의 얼굴에, 내 입을 그분의 귀에 가까이 대었다. 그리고 속삭였다. "아버지, 저는 아버지의 마음을 더 알기 원합니다." 이후 고개를 돌려 그분의 뺨에 입을 맞추었다.

하나님의 마음을 더 알기 원하는 나의 갈망은 한 달 정도 지속되었다. 결국 나는 더 깊은 곳으로 데려가 주실 것을 조르는 상태가 되었다. 마치 아빠의 팔을 붙들고 매달리는 어린아이처럼 말이다. "제발요. 제발!" 그러던 어느 날, 이번에는 예수님이 내 손을 붙잡고 직접 보좌의 방으로 들어가셨다. 나는 여전히 아버지의 무릎에 올라가서 간청했다. "아버지, 저는 아버지의 마음을 더 깊이 알고 싶어요. 저를 위해 중보하시는 예수님도 제 기도에 동의하셨어요." 나는 계속해서 하나님을 재촉했다. "우리가 하나님을 찾는 것은 하나님의 뜻이잖아요? 그러니까 하나님 아버지도, 예수님도 제 간구에 동의하신 거죠? 맞죠?"

그러자 아버지께서는 단순히 "그래, 알았다"라고 대답해 주셨다. 마치 아무것도 아닌 것처럼 흔쾌히 승낙해 주신 것이다. 그것이 바로 내가 처음 아뢰었던 구체적인 기도제목이었다.

하나님은 먼저 어둠의 왕국을 보여 주셨다. 이후 빛의 왕국을 보여 주셨는데 두 왕국 사이에는 커다란 간격이 있었다. 그런데 그 큰 간격을 잇는 다리가 하나 보였다. 나는 그 다리가 무엇인지 알았다. 바로 예수님이었다. 수많은 사람이 그 다리 위에 서 있었다. 그들은 예수님을 구세주로 영접했으나 어둠의 왕국을 떠나는 것을 못내 아쉬워하며 서성이는 사람들이었다. 아직 빛의 왕국으로 들어가지 못한 상태다.

다행히도 나는 그 다리 위에 있지 않았다. 나는 빛의 왕국 안에 있었다. 하지만 다리가 끝나는 지점, 곧 큰 간격의 끝에 서 있었다. 빛의 왕국 안에 있었지만 비교적 어둠의 왕국 가까이에 서 있었던 것이다. 그래서인지 원수는 언제든지 나를 공격할 수 있었다. 어둠의 왕국에서 진흙덩이가 날아왔다. 많이 아프지는 않았지만 진흙이 내 피부에 닿는 느낌은 몸서리치도록 싫었다. 역겨웠다. 나는 계속해서 그 더러운 오물을 털어 내야만 했다. 이따금씩 돌멩이도 날아왔다. 하지만 두 왕국간의 거리가 있었기 때문에 거센 기세로 날아오지는 않았다. 몸에 맞아도 별로 아프지 않았다. 그래도 어디까지나 공격은 공격이다. 원수의 진흙덩이, 돌멩이 공격이 성가셨다. 게다가 돌멩이에는 날카로운 단면이 있어서 돌멩이가 닿은 부위에는 작은 상처까지 생겼다. 큰 고통은 아니었으나 정말 불쾌했다.

달려라

주님은 내게 빛의 왕국으로 빨리 들어가라고 명령하셨다. 나는 속도를 내어 할 수 있는 한 힘껏 내달리기 시작했다. 그곳은 약간 가파른 언덕이었다. 빛의 왕국이 발하는 빛은 굉장히 밝았기 때문에 '선글라스를 가져올 걸' 하고 생각했다. 땅은 황금빛을 띠었고, 하늘은 맑은 청색이었다. 나는 달리고 또 달렸다. 하지만 하늘과 땅 외에 아무것도 볼 수 없었다.

잠시 멈춰서 주위를 둘러보았다. 눈에 들어오는 것이라고는 황금빛 땅과 맑은 쪽빛 하늘뿐이었다. 광활하게 펼쳐진 대지와 고요하다 못해 적막하기까지 한 분위기는 참으로 낯설었다. '이것이 초현실적인 공간인가' 라는 생각이 들었다. 마치 살바도르 달리(Salvador Dali)의 풍경화 속으로 걸어 들어가는 것만 같았다. 그때, 주님이 다시 말씀하셨다. "뛰어라. 빛의 왕국으로 달려가라." 나는 황금빛 땅과 파란 하늘이 맞닿은 지평선 너머까지 달려갔다.

한참을 달렸더니 어느새 내 눈앞에 아버지의 보좌가 나타났다. 그곳에서 나는 성부 성자 성령 하나님을 만났다. 삼위 하나님은 춤을 추고 계신 것 같았다. 성령님은 조그마한 회오리처럼 돌며 기쁨을 발산하셨고, 아버지와 아들 예수님은 열정과 기쁨이 가득한 태곳적 춤동작을 보이셨다. 참으로 놀라운 광경이었다.

그런데 아버지의 춤은 기품이 있어 보이지는 않았다. 아무리 봐도 우아한 왈츠는 아니었다. 나는 생각했다. '천지 만물의 창조주께서 저런 춤을 추시다니!' 사실대로 말하면, 나는 적잖이 당황했다.

춤을 마치신 후 아버지는 보좌에 앉으셨다. 그리고 나에게 자신의 무릎으로 올라오라고 손짓하셨다. 하나님은 내 얼굴에 불편한 표정이 서려 있음을 보시고는 이렇게 물으셨다.

"애야, 뭐가 잘못되었느냐?"

"아, 아무것도 아니에요."

아무것도 아니라니! 혹시 아브라함의 아내 사라의 이야기를 아는가? 하나님이 이들 부부를 찾아오셔서 아들을 낳게 될 것이라고 말씀하셨다. 귀동냥으로 이 말씀을 들었던 아흔 살 노년의 사라가 코웃음을 쳤다. 이때 하나님이 사라에게 "네가 웃었느니라"라고 말씀하셨다. 그러자 사라는 당황하여 손사래를 치며 "아닙니다. 저는 웃지 않았습니다"라고 극구 부인했다(창 18:12 참조). 당시 내 대답은 사라의 대답만큼이나 어색했다. 하나님이 나에게 다시 한 번 물으셨다.

"무엇이 잘못되었느냐?"

나는 솔직하게 하나님의 춤동작이 기품이 없어 보인다고 말씀드렸다. '만물의 창조주이신 하나님이 그런 춤을 추시다니….' 그러자 하나님은 큰 소리로 웃으시며 내게 손을 내미셨다. 그리고 힘주어 말씀하셨다.

"나는 춤을 좋아한단다. 그리고 내가 춤을 창조하지 않았느냐?"

나는 온몸으로 그분의 말씀을 이해할 수 있었다. 춤의 창조주이신 분이 어떤 형태의 춤을 추실지 결정하실 수 있는 것 아니겠는가? "오직 우리 하나님은 하늘에 계셔서 원하시는 모든 것을 행하셨나이다"(시 115:3). 하나님의 언약궤를 성 중에 들여오는 날, 다윗이 어떻게 춤췄는지 알고 있다. 그는 주체할 수 없을 만큼 기뻤기 때문에 열정적으로, 아주 기품 없이 춤을 췄다. 하나님도 이렇게 춤춘 게 아니실까? 하나님도 자신의 기쁨을 이렇게 표현신 게 아닐까? 하나님은 내가 빛의 왕국으로 들어갔기에 기뻐하셨던 것이다. 나 역시 하나님의 춤을 볼 수 있어서 기뻤다.

이후로 계속, 그 황금빛 땅은 내가 하나님을 만나는 장소가 되었다. 그곳에서 나는 이전보다 더 깊이 하나님을 알아 갔다. 물론 내가 알아야 할 것은 더욱 많았다. 그렇기 때문에 나는 황금빛 땅에 이른 후 곧장 아버지의 무릎에 올라가서 그분의 귀에 속삭였다. "저는 아버지를 더 많이 알고 싶습니다." 아버지께서 대답해 주셨다. "그래." 하나님이 내 한쪽 손을 잡아 주시고, 예수님이 다른 쪽 손을 잡아 주셨다. 그렇게 나는 성령님과 함께 돌며 춤추며 빛의 왕국으로 더 깊이 달려갔다.

CHAPTER 10

생명수가 있는 '아름다운 정원'

＊그렇게 춤을 추며 한참을 달렸을 때, 믿기 힘들 정도로 아름다운 정원이 눈앞에 펼쳐졌다. 이 땅에서는 찾아보기 힘든 아주 아름다운 곳이었다. 그 정원은 형언할 수 없을 만큼 화려한 색들로 뒤덮여 있었다. 게다가 단 한 번도 본 적이 없는 나무와 다양한 식물들로 가득했다(분명 식물도감에도 등재되지 않았을 것이다). 시냇물은 정원을 가로질러 흘렀고 풀과 나무로 우거진 숲 뒤쪽으로는 커다란 바위 하나가 나타났다. 처음에는 이 바위를 그렇게 크게 신경 쓰지 않았다. 하지만 매번 정원을 방문할 때마다 바위의 모습은 변해 있었다. 나중에 보니 이 바위는 절경 그 자체였다. 괴암절벽의 위용을 한껏 뽐내고 있었다.

이 같은 변화를 감지한 후, 나는 다음과 같이 생각했다. '이곳의 경치 중 어느 것 하나 버릴 것이 없군!' 무엇을 보더라도(심지어 상상한 것일 수도 있겠으나) 그 모든 것 하나하나가 나름의 중요성을 띠고 있었다. 그러므로 당신이 기도하는 중에 무언가를 보았다면 다시금 그 현장으로 돌아가 하나님께 여쭤 볼 필요가 있다. "하나님, 제가 무언가를 보았는데, 그것은 어떤 의미입니까?" 나는 정원에 갈 때마다 긴 시간을 할애하여 이곳저곳을 자세히 관찰하였다. 하나님은 왕국의 '감춰진 것들'을 소개해 주시면서 기뻐하셨다. 때때로 하나님은 내 마음 깊은 곳에 감춰진 것들, 나 자신도 잘 알지 못하는 것을 드러내서 보여 주기도 하셨다.

성령께서 이 아름다운 장소를 찾으셨다. 춤을 추시며, 엄청난 에너지를 내뿜으시며, 이곳저곳을 이동하신 후, 이 아름다운 정원으로 오신 것이다. 성령님의 움직임 속에서 현저한 기쁨이 감지되었다. 그 시점 이후로, 나는 기도할 때마다 정원에 서 있는 내 모습을 보게 되었다.

하지만 또다시 의심하게 되었다. '혹시 내가 이 모든 것을 상상해 낸 것은 아닐까? 이 모든 것이 내 의지의 산물은 아닐까? 그렇다면 내 의지로 회색빛 가득했던 보좌 방이며 황금빛이 찬란한 왕국으로 가보자! 결과가 같다면 이 모든 것은 단지 내 공상이겠지!' 물론 스스로의 의지로 그러한 장소에 도달하는 일은 가능했다. 하지만 그렇게 도착한 곳에서는 하나님을 만날 수 없었다. 일종의 실험을 마친 후, 나는 다시금 정원으로 돌아가 하나님께 이 모든 일에 대해 말씀드렸다. 어쨌든 이후로 내가 예수님을 만나는 장소는 '정원'으로 변경되었다.

하나님의 모어(母語)

하나님과 대화할 때, 언어는 별로 중요하지 않다. 벧엘교회의 원로 협동 목사인 크리스 밸러틴은 설교 가운데 하나님의 모어가 영어, 불어, 독일어 같은 이 땅의 언어가 아니라고 말씀하신 적이 있다. 그 말씀을 들으며 나는 생각했다. '그럼요, 당연하지요!' 하지만 하나님의 언어가 무엇인지는 말씀해 주지 않으셨다. 결국 이 주제는 내 호기심을 유발시켰다. 나는 곰곰이 생각해 보았다. 그리고 하나님의 언어가 '교감'(communication)이라는 결론에 도달했다. 하나님은 우리를 이해시키기 위해서 어떤 수단이든지 동원하실 수 있다. 내 경우 하나님과의 대화는 영과 영의 교감으로 이루어졌다. 어떠한 단어도 오가지 않았지만 나는 하나님이 내게 하신 말씀을 이해할 수 있었다.

물론 주님의 말씀을 '항상' 듣는 것은 아니다. 환경의 제약 때문에 의사소통이 원활하지 못할 때도 있다. 내가 그러한 환경의 제약을 허용하는 경우다. 또한 내 모든 질문에 하나님이 일일이 대답해 주시는 것도 아니다. 어떤 때는 한참 후에 대답해 주시기도 한다. 하지만 중요한 것은 하나님이 '항상' 자신의 사랑을 알려 주신다는 점이다. 그리고 나를 위해 일하신다는 사실을 알려 주신다는 점이다. 나는 하나님이 항상 말씀하신다는 사실을 깨달았다. 여기에서 잠시, 요한복음에 예수님이 '말씀'으로 계시되었음을 강조하여 말하고 싶다. 내가 할 수 있는 것은 오직 영적인 귀를 열고 그 사랑의 음성을 듣는 것뿐이다.

하나님이 항상 말씀하신다는 사실을 처음으로 깨달은 것은 정원에서 하나님과 대화할 때였다. 당시 하나님은 내게 뒤로 물러나서는 안 된다고 말씀해 주셨다. 나는 앞날을 향해 전진하면서 새로운 것들을 배우고, 또 더 많은 모험을 즐기려고 했다. 하지만 내가 배운 것을 완전히 소화할 때까지는 조금도 움직이지 않겠다고 다짐했다. 따라서 하나님이 나를 이전 장소로 인도하신다면, 그곳에서 배운 내용을 복습해야 한다는 뜻이었다. 그렇게 나는 그 아름다운 정원에 머물게 되었다.

시냇물

정원을 거닐던 어느 날, 나는 시냇가로 다가가서 손을 담가 보았다. 내 손가락에 닿는 부드럽고 촉촉한 느낌 때문에 그것이 액체임을 알았다. 하지만 눈에 비친 시냇물은 오히려 고체 같았다. 마치 투명한 유리 같았다. 그 순간, 요한계시록 22장 말씀이 떠올랐다.

> 또 그가 수정같이 맑은 생명수의 강을 내게 보이니 하나님과 및 어린양의 보좌로부터 나와서(계 22:1)

정원을 가로질러 흐르는 시냇물은 단지 수정처럼 맑기만 한 것이 아니라 액체유리(수정)처럼 단단해 보이기까지 했다.

나는 둑을 가로질러 물속으로 뛰어들었다. 물이 내 몸을 감싸기 시작할 때, 나는 액체의 무게와 그것의 생동감 있는 흐름을 느낄 수 있었다. 그렇게 물속으로 잠겨들었다. 직접 들어가서 보니 그것은 결코 작은 시냇물이 아니었다. 생각했던 것보다 훨씬 큰 물줄기였다. 내 몸은 물줄기를 타고 떠내려갔다. 물살의 세기는 걷잡을 수 없을 만큼 빨랐다. 이대로 가다가는 급류에 휩쓸려 저 멀리까지 떠내려갈 판이었다. 하지만 붙잡을 만한 나무줄기나 돌부리 같은 것은 어디에도 없었다. 그냥 그렇게 휩쓸려 가야 했다. 휘몰아치는 강물이 높이 솟았다. 나 역시 물살을 타고 높이 올랐다. 높이 솟은 파도가 내 몸을 강둑으로 내동댕이쳤다. 그리고 희뿌연 거품을 발하며 사라져 버렸다. 그렇게 나는 가까스로 급류를 벗어날 수 있었다. 그런데 놀라운 변화가 생겼다. 내 옷이 희어진 것이다! 정말 눈이 부실 정도로 희었다. 요한계시록 3장 말씀이 떠올랐다.

이기는 자는 이와 같이 흰 옷을 입을 것이요(계 3:5)

삼위일체의 하나됨

매일같이 하나님을 만나던 나는 보좌가 있던 방에서처럼 정원에서도 아버지의 무릎에 앉았다. 아버지의 무릎에 앉을 때마다 나는 예수님을 찾아 두리번거렸다. 가끔씩은 예수님의 무릎에 앉기도 했다. 그때는 또 아버지를 찾아 두리번거렸다. 한번은 예수님의 무릎에 앉은 채로 여쭈어 보았다. "제가 아버지와 함께 있으면 예수님은 외로우신가요? 그리고 제가 예수님과 함께 있으면 아버지께서 슬퍼하시나요?" 물론 굉장히 유치한 질문이다. 하지만 당시 나는 네 살밖에 안 되는 어린아이 자격으로 질문한 것이다. 내 질문을 들으신 예수님은 인자한 미소를 지으시며 말씀하셨다. "고개를 돌려 아버지를 보거라!" 고개를 돌리자 아버지의 모습이 보였다. 그 모습을 보고 나는 놀라지 않을 수 없었다! 나는 분명 예수님의 무릎인 줄 알고 그 위에 앉았으나 아버지의 무릎이었던 것이다. "어떻게 이런 일이 있을 수 있지!"

예수님과 하나님 아버지를 동시에 만나는 것이 어떻게 가능하다는 말인가? 하지만 이것이 그렇게 놀랄 일은 아니다. 이미 예수님은 "나와 아버지는 하나이니라"라고 말씀하셨기 때문이다(요 10:30). 이것은 사도 바울의 에베소 서신에 언급된 말씀 중에서 온전히 설명할 수 없는 진리 가운데 하나이다. 이론상으로 삼위일체 하나님 가운데 누구를 더 좋아할 수 없다. 왜냐하면 그분들이 '하나'이기 때문이다. 하나님과의 만남을 통해 이 사실을 깨닫게 되었다.

CHAPTER II

성령의 검으로 무너뜨리는 '견고한 진'

＊앞장에서 커다란 바위에 대해 언급했던 것을 기억하는가? 아름다운 정원, 나무숲 뒤편에 펼쳐진 커다란 암벽 말이다. 암벽을 쳐다보면서 나는 계속 생각했다. '만일 내가 하나님 안으로 더 깊이 들어가고자 한다면 반드시 저 바위를 없애야 할 텐데….' 나는 계속 그 암벽을 응시하였다. 암벽의 길이와 넓이를 가늠하고, 그 위로 올라갈 방법을 강구하면서 유심히 암벽을 바라보고 있었다.

이런저런 생각에 빠져 있는 동안 성령께서는 내 삶 속, '견고한 진'에 대해 말씀하시기 시작하셨다. 여기에서 말하는 '견고한 진'이란 스스로를 방어하려고 내면에 쌓아 올린 특정한 믿음 체계(혹은 일련의 믿음들)를 지칭한다. 그런데 이러한 믿음 체계 중에는 일련의 거짓말을 기반으로 하는 믿음 체계도 있다. 성경은 이를 가리켜 견고한 진이라고 부른다. 이러한 거짓 믿음 체계를 원하는 사람이 누가 있겠는가? 누가 견고한 진을 바라겠는가? 견고한 진은 하나님께 더 가까이 나아가는 것을 방해한다. 그러므로 나 또한 견고한 진을 원하지 않는다. 하지만 내 삶 속에는 견고한 진이 있었다. 문제는 이것을 어떻게 무너뜨려야 하는지 알지 못한다는 점이다. 게다가 나는 내 삶 속 견고한 진이 어떤 종류인지도 알지 못했다. 암벽에 대해 생각하는 동안, 나는 프랜시스 프랜지팬의 책《영적 전투의 세 영역》(The Three Battlegrounds)을 읽고 있었다. 당시 내가 읽고 있던 부분이 무엇인 줄 짐작하겠는가? 그렇다. 견고한 진에 대한 내용이었다! 이 책은 하나님이 내 삶 속에 존재하는 견고한 진을 다루기 원하신다는 사실을 확인시켜 주었다.

그 벽을 바라보기 전, 걸어왔던 길을 되짚어 보았다. 이 암벽으로 오기 위해 건너야 했던 시냇물의 물줄기가 눈에 띄었다. 암벽을 향해 가던 중 나는 그 시냇물을 껑충껑충 뛰며 건넜다. 그렇게 건넜다가 다시 물속으로 들어가 물장구를 치며 온몸을 적셨다. 그래서인지 둑 옆 길가에도 물이 흥건했다. 오랫동안 그 시냇물 안에 머물고 싶었다. 물에 흠뻑 젖고 싶었다. 나는 온몸으로 그 모든 물방울을 머금고 싶었다. 그런데 왜 물방울들이 다 떨어지도록 큰 걸음으로 껑충껑충 뛰었을까? 내 몸에서는 물방울이 '뚝뚝' 떨어지고 있었다. 그렇게 흠뻑 젖은 상태로, 암벽 곧 내 삶의 견고한 진을 바라보고 있었던 것이다. 그때 성령께서 내 곁에 서 계신 것을 알게 되었다.

암벽에는 여러 개의 고리가 박혀 있었다. 성령님은 그것이 내가 제거해야만 할 '견고한 진들'이라고 말씀해 주셨다. 하지만 그 고리의 이름을 하나하나 가르쳐 주셨을 때에야 비로소 나는 각각의 고리가 내 삶의 견고한 진임을 이해할 수 있었다. 나는 암벽의 돌출된 부분을 믿고 올라가기 시작했다. 그리고 그곳에 박혀 있는 고리를 발로 '툭툭' 차서 제거하려고 했다. 하지만 그것들은 암벽 등반가가 낙상을 당하지 않도록 박아 놓은 고정핀처럼 견고하게 박혀 있었다. 힘껏 차 봤지만 꿈쩍도 하지 않았다.

그때 성령님이 내게 다가오시더니 '번쩍' 광이 서린 날카로운 칼 한 자루를 주셨다. 나는 그 칼이 성령의 검, 곧 하나님의 말씀임을 알아챘다(엡 6:17 참조). 성령님이 주신 칼을 휘두르며 나는 견고한 진들과 전면전을 펼쳤다. 내게 가르쳐 주신 고리의 이름들을 부르며 나는 하나님의 말씀을 인용하여 그것들을 제거해 냈다. 말하자면 이런 식이었다. "하나님은 나에게 두려워하는 마음을 주지 않으셨으니, 너 두려워하는 마음은 내게서 떠날지어다!" 내 삶 속의 견고한 진들 중 하나는 바로 두려움이었다(딤후 1:7 참조).

성령의 검을 휘둘렀더니 고리들은 쉽게 제거되었다. 나는 견고한 진을 만들어 냈던 과거의 죄를 고백하면서 계속 공격했다. 죄를 고백하자 하나님이 나를 용서해 주셨고 모든 불의로부터 깨끗하게 씻어 주셨다. 모든 작업을 마친 후 암벽을 내려와 시냇가로 달려갔다. 그곳에서 잠시 목을 축이고 몸을 씻기 시작했다. 그런데 갑자기 웃음이 터져 나왔다. 견고한 진을 제거하는 작업이 기쁘고 즐거웠던지, 터지는 웃음을 주체할 수 없었다. 둑을 따라 떼굴떼굴 구르고 웃고, 또 물을 마시고 물장구를 치며 한참을 보냈다. 삼위 하나님 역시 웃고 계셨다. 하나님의 영광이 물 위를 비췄다. 그분의 영광은 정말 놀라웠다.

생명나무

정원에는 특별한 나무가 있었다. 그 나무는 다른 어떤 나무보다 훨씬 컸다. 아마 그 정원에서 아주 중요한 의미를 지녔을 거라고 생각했다. 나는 하나님께 이 나무에 대해 여쭈어 보았다. 그러자 하나님은 그것이 생명나무라고 말씀해 주셨다. "오! 에덴동산에 있었던 그 나무 말씀이신가요?" 그 나무에서 뻗어난 가지들을 살펴보니 여기저기 주렁주렁 열매가 달려 있었다. 나는 곧바로 그 나무를 타고 올라갔다. 성령님이 나와 함께하셨다. 얼마나 재미있었는지 모른다! 성령님은 나무에 올라가서 어느 한 가지 위에 앉으셨다. 나 역시 그 가지에 걸터앉았다. "열매를 먹어 보렴!" 성령님이 과일을 건네주며 말씀하셨다. 그 열매가 무엇을 상징하는지도 모르는 채, 한입 베어 물었다. 보기에는 마시멜로처럼 생겼는데 촉감은 씨 없는 무화과 열매와 같았다. 나는 기쁜 마음으로 열매를 먹고 또 먹었다. 하지만 좀처럼 배가 부르지 않았다. 만일 이것이 생명나무라면 분명 진리의 나무이기도 하리라는 생각이 들었다. 그렇다면 배가 부르지 않는 것이 당연했다. 진리를 아무리 많이 먹는다고 한들 배가 부르겠는가? 그럴 수 없다.

생명나무 환상을 보았던 기간 중의 일이다. 한번은 삼위 하나님과 만나기 위해 나무를 내려왔는데, 하나님은 다시 나무 위로 올라가 열매를 더 먹으라고 말씀하셨다. 그 나무의 모든 열매를 다 먹을 때까지 하나님은 계속해서 권하셨다. "더 먹으렴. 더!" 한번은 성령께서 열매를 따는 것을 도와주셨다. 그래서 몸을 기울여 "고맙습니다"라고 인사한 후, 그분의 뺨에 감사의 키스를 했다. 나는 멋쩍은 듯 키득키득

웃었고 성령님도 큰 소리로 웃으셨다. 내가 들었던 소리 중에서 가장 아름다운 웃음소리였다. 그분과 함께한 시간은 내 마음에 한없는 기쁨을 가져다주었다. 열매를 다 딴 후에야 나무에서 내려올 수 있었다.

이후 나는 예수님이 앉아 계신 곳으로 가서 열매를 먹기 시작했다. 주님의 품에 등을 기대어 앉았고, 주님은 두 팔로 나를 감싸 안으셨다(잊지 말라. 환상 속에서 나는 네 살배기 아이였다). 안도의 한숨이 나왔다. 사실 주님 품에 안겨 있는 것이 얼마나 평안한지 말로는 다 설명할 수가 없다. 그저 놀라울 따름이다. 경이롭다고 표현하고 싶을 정도였다. '경이로움'(wonder)이라는 단어의 뜻은 '놀라움을 표하다, 경외하다, 특히 아름답거나 새로운 것을 볼 때 놀라다' 이다.1) '경이로움' 이라는 단어가 당시 내가 느꼈던 감정에 가장 가까운 단어인 것 같다.

이후 하나님과 대화할 기회가 있었다. 나는 그 나무에 대해 다시 한 번 여쭈어 보았다. "하나님, 이 나무는 무엇을 상징하나요? 그리고 제가 왜 이 모든 열매를 먹어야 했나요? 이 열매에는 어떤 의미가 담겨 있나요?" 하나님이 말씀하셨다. "얘야, 그냥 먹어라." 그래서 나는 또다시 그 열매를 먹었다. 아무것도 알지 못한 채, 그냥 먹기만 했다. 열매를 모두 따서 먹었기에 나무의 열매는 텅 비게 되었다. 하지만 곧 가지마다 또다시 열매가 맺혔다.

이중문

며칠 후, 열매를 더 따기 위해 정원을 찾았다. 그러다가 거기에 이중문이 있는 것을 보게 되었다. 그 문에 대해 물었을 때, 누군가가 하나님의 도성으로 들어가는 출입문이라고 알려 주었다. 그 말을 듣는 순간 갑자기 그 문을 열고 들어가고 싶은 생각이 완전히 사라져 버렸다. 내게 이러한 감정의 변화가 일어났다는 사실 자체가 낯설었다. 왜냐하면 나는 하나님에 대해 알 수만 있다면 무엇이든 해야겠다고 결심했었기 때문이다. 정말 하나님의 도성으로 들어가는 문이라면 그 문을 열고 들어가고 싶은 마음이 굴뚝같아야 하지 않은가? 하지만 그 문 앞에 서자 두려움이 밀려왔다. 그래서인지 하나님께 여쭙고 사실 여부를 확인하고 싶었다. 그 문에 대한 불편한 마음이 점점 커졌다. 그러자 또다시 의심하는 마음이 생겼다. '혹시 이 모든 것이 내가 만들어 낸 상상이 아닐까?'

하지만 매일 삼위 하나님을 향한 나의 사랑은 점점 깊어 가고 있었다. 게다가 나는 삼위 하나님과 더 많은 시간을 보내길 원하고, 하나님을 예배하길 원하며 그분의 놀라운 사랑을 맛보길 원했다. 나의 갈망은 그리스도의 형상을 닮는 것이었다. 그래서 그리스도의 빛이 내 안을 비추고, 내가 하나님의 뜻대로 행하며, 성령의 인도를 받으며 살 수 있기를 소망했다. 그렇다면 왜 환상에 대한 의심은 계속해서 증폭되었던 것일까?

하나님이 나를 부르시며 물으셨다. "문제가 있느냐?" 나는 이 모든 것이 나만의 상상일지도 모른다는 의심이 든다고 솔직하게 말씀드렸다. 그리고 자리에 앉아 두 손으로 머리를 감싸고 생각하기 시작했다. 하나님이 다시 한 번 물으셨다.

"문제가 있느냐?"

"하나님이 제게 안 좋은 일을 하실까 봐 두려워요. 그리고 제가 마귀의 속임수에 빠질까 봐 겁이 납니다. 마귀의 속임수에 빠져 망하게 되면 사람들이 저를 비웃을 거예요."

그러자 하나님은 그러한 생각이 '불신'의 견고한 진이라고 말씀해 주셨다.

"다시 암벽으로 올라가거라. 전에 성령이 네게 보여 준 견고한 진들을 제거했던 것처럼 불신의 견고한 진도 제거하거라."

나는 다시 암벽으로 갔다. 성령의 검을 손에 쥐고 암벽을 올라갔다. 하지만 내 몸에 힘이 없었다. 게다가 이번에는 그렇게 열정적이지도 않았다. 환상 속에서 나는 불신의 고리를 내리치기 시작했다. 하지만 이 고리는 그동안 내가 제거했던 여느 견고한 진보다 훨씬 더 강했다. 내리치는 동작이 반복되었으나 연약한 손으로 제거하려고 했던 탓인지 바위에 박혀 있던 고리는 끄떡도 하지 않았다. 이러한 내 모습을 보다 못해 아버지가 나를 부르셨다. 나를 무릎에 앉히신 후 이렇게 물어보셨다. "애야, 너는 이 고리를 제거할 마음이 없는 것이냐?"

"그게 아니라, 하나님의 기대치에 부응하지 못할 것 같아서 그래요." 사실 한편으로는 하나님과 함께하는 시간이 즐거웠지만 마냥 즐겁지만은 않았다. 마음 한편에 두려움이 있었기 때문이다. 어느 순간 내가 큰 실수라도 하게 된다면, 하나님이 화를 내시고 나를 징계하실 것 같았다.

그때 하나님의 사랑이 달콤하고 따뜻한 강물처럼 내 안에 흘러들어왔다. 나는 예수님의 사랑을 느꼈다. 그분의 놀라운 희생에 대해 생각하기 시작했다. 성령께서 가까이 다가오셨을 때는 내 연약함을 긍휼히 여기시는 세심한 배려까지 느낄 수 있었다. 그렇다. 내 안에 불신을 조장했던 그 두려움은 한낱 거짓에 불과했다! 내가 왜 그러한 거짓말을 믿는다는 말인가! 내 아버지, 나의 예수님, 그리고 성령님이 내게 안 좋은 일을 하실 리가 있겠는가? 또한 이 모든 것이 나만의 상상이라고 해도 그것이 무슨 상관이 있겠는가? 이 모든 여정을 통해 하나님을 더욱 사랑하게 되지 않았는가? 마귀에게 속아 하나님을 더욱 사랑하게 된다는 것이 말이 되는가?

모든 것이 명백해졌다. 그러자 내게 두려움을 안겨 주었던 일련의 거짓말에 화가 났다. 나는 다시금 암벽으로 달려가 성령의 검, 곧 하나님의 말씀을 휘두르기 시작했다. 불신의 고리를 수차례 내리쳤다. 그래도 직성이 풀리지 않았다. 결국 말랑말랑해진 밀랍을 잘라내듯 그 견고한 진을 흔적조차 남기지 않고 제거해 버렸다. 이후 나는 다시 예수님께 달려가 입을 맞추었다. 내가 얼마나 예수님께 감사드리는지 고백했다. 이처럼 주님은 내가 깨달을 때까지 오래 기다려 주셨고 또 세심하게 배려하며 내 곁을 지켜 주셨다.

격정적인 시간이 지난 후, 하나님은 다시금 내게 생명나무의 열매를 먹으라고 말씀하셨다. 왜 그토록 생명나무의 열매를 먹으라고 명령하셨는지 그제야 알게 되었다. 내게는 그 열매의 효능이 간절히 필요했기 때문이다. 그렇다. 나는 그 나무의 열매를 먹어야만 했다! 왜냐하면 그 열매는 진리이기 때문이다. 더 이상 나는 거짓과 불신의 열매를 먹을 수 없다.

"만일 내가 거짓말을 사실처럼 믿고 있다고 하자. 그렇다면 나는 어떤 나무의 열매를 먹은 것인가?"

이 질문을 스스로에게 던져 보니, 왜 내가 생명나무의 열매를 그토록 많이 먹었어야 했는지 더 쉽게 이해할 수 있었다. 로마서 12장 2절은 우리의 생각을 새롭게 하는 일이 얼마나 중요한지를 이야기해 주고 있다. 우리는 진리를 분별하기 위해서만이 아니라 진리대로 살기 위해 생각을 새롭게 해야 한다.

견고한 진이 무너지다

이와 같은 환상은 삼 일 정도 지속되었다. 견고한 진을 무너뜨린 것은 금요일이었고, 생명의 열매를 먹은 것은 토요일이었다. 그리고 주일에 나는 다시금 견고한 진과 전면전을 펼쳤다. 바로 그 주일 밤에 견고한 진들 가운데 가장 강력한 '불신'의 존재에 대해 알게 된 것이다. 어떤 독자들은 이 대목을 의아해할 것이다. "금요일에 견고한 진을 모두 무너뜨렸다면서 왜 주일에 다시금 견고한 진과 싸운다는 말인가?" 사실 주일 아침 내내 나는 '이미 무너뜨렸던' 견고한 진들과 싸우느라 무척 애를 먹었다. 왜 무너졌던 견고한 진들이 되돌아왔는가? 당시 나는 영적 전쟁의 성격에 대해 잘 알지 못했다. 그래서 그 이유를 하나님께 여쭈어 볼 수밖에 없었다.

"네가 무너뜨린 견고한 진들은 여전히 무너져 있다. 하지만 원수는 그것이 무너지지 않았다고 네게 거짓말을 할 것이다. 그러므로 항상 무장해야 한다. 그래야 원수가 재기(再起)할 수 없지 않겠느냐? 원수는 빼앗긴 영토를 되찾으려고 호시탐탐 기회를 노리고 있다."

원수는 견고한 진이 건재하다고 내게 거짓말을 했다. 나는 그의 거짓말을 듣고 내가 본 것(견고한 진이 무너진 것)이 사실이 아니라고 생각하게 되었다. 게다가 원수는 성령께서 내게 아무것도 보여 주시지 않았다고 속이며, 내가 본 것이 가짜라고 으름장까지 놓았다. 하지만 이 모든 사실을 안 후, 나는 성령의 검 곧 하나님의 말씀을 치켜들었다. 그리고 불신의 견고한 진을 무너뜨렸다. 예수님이 나를 자유케 하셨고, 바로 그곳에서 나는 자유를 얻었다.

삼 일이 넘도록(주일부터 화요일까지) 싸움은 계속되었다. 화요일 밤 기도 모임에 참석했으나 나는 예배에 집중하기가 어려웠다. 땅에 얼굴을 묻고 이중문에 대해 그리고 이 전쟁에 대해 하나님께 여쭈었다. 예배가 끝날 무렵, 삼위 하나님이 한 음성으로 말씀하셨다. "나는 너를 사랑한다." 회중은 합심하여 기도했지만 나는 혼자 웃기 시작했다. 내면 깊은 곳에서 나오는 평안한 웃음이 멈추지 않았다. 나는 사람들이 이렇게 혼자 웃는 것에 대해 비난한다는 것을 안다. 하지만 그들이 비난하는 이유는 단 한 번도 이것을 체험해 보지 못했기 때문이다.

내가 얼마 동안 웃었는지 잘 모르겠다. 하지만 웃음이 멈출 무렵에는 온몸이 녹초가 되었다. 지금까지 이렇게 웃어 본 적이 한 번도 없었다. 그리고 웃음이 멈추자 전쟁도 끝나 버렸다. 어떤 이유에서인지 모르지만 그냥, 그렇게 되었다. 어떻게 웃음이 전쟁을 종식시켰다는 말인가? 도무지 이해할 수 없었다. 그러나 그렇게 되었다. 다만 내가 아는 한 가지는 이 전쟁에서 승리했다는 것뿐이다. 이제 나는 이중문을 지나 하나님의 도성으로 들어갈 준비가 되었다. 그 문을 통과하고 싶은 마음이 생긴 것이다. 앞으로 어떤 일이 일어날지 기대되었다.

웃음으로 얻은 승리는 이미 내 마음에 변화의 과정이 시작되었음을 강력하게 확신시켜 주었다. 그뿐만이 아니다. 이러한 환상과 일련의 경험을 통해 나는 성령님이 꽤 유머가 있으신 분임을 이해하게 되었다. 성령님은 우리를 도우시는 분이다. 그분은 감정적인 상처와 육체적인 아픔을 치유하시는 일을 기뻐하신다. 그것도 어린아이처럼 순수한 마음으로 기뻐하신다! 수면을 운행하심으로(이 땅을 품으심으로) 생명이 창조되었을 때에도 성령님은 기뻐하셨다(창 1:2 참조). 마찬가지로 그분은 우리의 모든 승리에 기뻐하신다. 아니, 성령님이야말로 우리의 승리자가 되신다!

성령님은 하나님이 하시는 일, 장차 하실 일을 기뻐하시기 때문에 우리가 그리스도의 형상으로 자라 가기를 기대하시며 예수님을 닮은 삶을 살도록 도와주신다. 그분은 예수님의 공생애 동안 즐거워하셨다. 그리고 예수님의 신부인 교회가 본향으로 돌아가 신랑을 맞이하기를 바라시며 기뻐하신다. 이처럼 우리에게 가장 큰 영향을 미치시는 분, 우리를 격려해 주시는 분이 바로 성령님이시다. 성령님은 우리를 웃게 하신다. 그분은 우리에게 필요한 웃음을 주시는, 진정한 웃음의 근원자가 되신다!

CHAPTER 12

하나님의 도성 안에서 일어나는 일

✻ 예수님이 오셔서 불으셨다. "지금 하나님의 싱 안으로 들어갈 수 있겠니?" 나는 조금도 주저하지 않고 대답했다. "그럼요!" 하지만 이중문 앞에 섰을 때 조금은 주저했다. 마치 다이빙 보드 끝에 선 것 같은 느낌이었다. 당신도 이러한 느낌을 알 것이다. 점프해서 물속으로 뛰어들기 전, '혹시 바닥에 부딪히면 어쩌지? 물속에 들어갔다가 밖으로 나오지 못하면 어쩌지?' 하는 긴장감 말이다. 두근거리는 마음을 부여잡고 길게 심호흡을 한 후 문을 열고 안으로 들어갔다.

거룩한 바람

모든 것이 밝고, 선명하며, 깨끗했다. 곳곳에 하나님의 거룩함이 생생하게 묻어 있었다. 마치 그 거룩함을 손으로 만질 수 있을 것만 같았다. 그분의 거룩함이 갑자기 불어오는 바람처럼 나를 감싸 안았다. 급기야 그 거룩한 바람은 세차게 불기 시작했다. 거센 바람 때문에 옷은 내 몸에 쫙 달라붙었다. 심지어 호흡하기조차 힘들 정도였다. 고개를 숙여야만 겨우 숨을 쉴 수 있었다. 오! 그 장소는 나에게 어울리지 않았다. 참으로 거룩했기 때문이다. 그러나 예수님은 계속 손짓하시며 "들어와라. 어서 오렴" 하고 말씀하셨다. 계속되는 그분의 초청에 나는 이렇게 대답할 수밖에 없었다.

"아니요. 저는 못 가겠어요."

"아니다. 애야, 올 수 있다. 어서 오렴."

하지만 선뜻 발걸음을 옮길 수 없었다. 그러자 주님이 내게 다가오셨다. 내 팔을 붙드시고 부드럽게 끌어당기셨다. 나는 머리를 숙인 채 주님께 말씀드렸다. "주님! 여기는 제가 올 곳이 아니에요."

그런데 주님은 이러한 내 대답을 조금도 개의치 않으신 것 같았다. 다만 "하나님과 더 깊은 곳으로 가고 싶지 않니?" 하고 물으실 뿐이었다. 나는 어떤 말씀도 아뢸 수 있는 형편이 아니었다. 다만 주님의 말씀을 들을 뿐이다. "아버지께 나아가거라. 그리고 더 깊은 곳까지 데려가 달라고 부탁하거라." 나는 계속해서 고개를 숙이고 있었다. 그때 주님이 입고 계신 옷이 눈에 들어왔다. 눈부시게 하얗고 깨끗했다. 주님이 말씀하셨다.

"네가 입고 있는 옷도 한번 보지 그러니?"

놀랍게도 내가 입은 옷 역시 주님의 옷처럼 하얗고 깨끗하게 변해 있었다. 물론 나는 여전히 그 장소에 내가 어울리지 않는다고 생각했다. 그리고 이 놀라운 환상이 곧 끝날 것 같았다. 예수님은 거룩하시기에 내가 더 가까이 다가갈 수 없기 때문이다.

그러나 예수님은 계속해서 재촉하셨다. "아버지께 더 깊은 곳으로 데려가 달라고 부탁하거라." 나는 고개를 가로저었다. "안 돼요!" 그러자 예수님이 두 팔로 내 몸을 돌려 보좌를 향하게 하셨다. 보좌 옆으로는 층계가 나 있었다. 주님은 부드러운 손길로 내 등을 밀어 나를 가장 아래쪽 계단 앞에 세우셨다. 보좌에 앉으신 아버지께서는 나를 부르시며 자기 무릎에 앉으라고 말씀하셨다. 나는 아주 천천히 발걸음을 뗐다. 내 온몸은 부들부들 떨렸다. 나쁜 짓을 하다가 들킨 아이처럼 몸을 웅크린 채로 아버지의 무릎에 구부정한 자세로 앉았다.

"저는 이곳에 어울리지 않아요. 여기에 올 자격조차 없으니 부끄러울 따름이에요."

불신을 이기다

아버지께서(성부 하나님) 그 아들 예수님을 부르셨다. 예수님이 다가오셨다. 아버지는 예수님께 손을 펴 보라고 말씀하셨다. 나는 그분의 손에 선명하게 나 있는 못 자국을 보았다. 이후, 아버지께서 말씀을 이으셨다.

"만일 네가 이곳에 어울리지 않는다고 말한다면 내 아들이 십자가에서 이룬 모든 일이 허사라고 말하는 것과 같단다. 그것은 그의 고통과 아픔이 쓸모없는 일이라고 말하는 것과 같단다."

너무나 큰 충격이었다. 나는 스스로에게 물었다. '너는 정말 예수님이 이 땅에서 사시고 고통당하시며 죽으신 일이 아무 쓸모없는 일이라고 생각하느냐?' 결코 아니다! 그렇게 생각하는 것 자체가 끔찍하다. 나를 위해 예수님이 행하신 일들을 허사라고 생각하지 않는다! 예수님은 내가 하나님과 연합할 수 있도록 십자가에서 죽으셨다. 예수님으로 인해 나는 그 장소에 들어가기에 충분한 자격을 갖추게 된 것이다.

나는 아버지의 무릎에서 껑충 뛰어내려 이중문 밖으로 달려나갔다. 그리고 다시금 암벽에 도착했다. 그곳에서 성령의 검을 집어 들고 불신의 견고한 진을 제거했다. 예수님이 자신의 삶과 죽음으로 내게 행하신 일들에 대한 마음속 불신을 하나둘씩 제거해 나갔다. 이후 담대하게 이중문을 열어젖히고 하나님의 도성으로 들어가 아버지의 무릎에 앉았다. 이번에는 웅크려서 앉지 않았다. 두 팔로 아버지를 힘껏 껴안았다. 그리고 다시 내려와 예수님께 달려갔다. 예수님의 뺨에 입을 맞추며 이렇게 고백했다.

"예수님, 이제 알겠어요. 아버지께서 명령하신 그 일을 예수님이 완성하셨지요? 저는 이 사실을 믿어요. 그래서 예수님 덕분에 제가 이곳에 들어올 자격을 얻었잖아요? 예수님, 사랑합니다!"

아버지의 무릎에 앉아 있을 때였다. 아버지께서 내게 물으셨다.

"더 깊은 깨달음을 얻기 원하느냐?" 하나님은 앞으로 내가 배워야 할 것이 많다고 말씀해 주셨다. 고개를 돌렸더니 보좌 뒤쪽으로 기둥들이 길게 줄지어 서 있었고, 각각의 기둥 위에 물체가 놓여 있는 것을 볼 수 있었다. 각각의 물체는 하나님이 내게 가르쳐 주시고자 하는 교훈을 상징했다. 나는 아버지께서 직접 하나하나 설명해 주시리라고 생각했는데, 성령을 부르셔서 나를 인도하게 하셨다. 성령께서 나를 첫 번째 기둥으로 데려가 주셨다. 나를 인도해 주시는 성령님의 모습은 기쁨과 즐거움 그 자체였다. 성령님이 나와 함께하는 것을 기뻐하셨다.

CHAPTER 13

도성 안에서 배운
보석 같은 교훈들

＊기둥들의 재질은 흰 대리석이었다. 그 속에는 금색 관(통로)이 나 있는 모습이었다. 표면을 만져 보니 굉장히 부드러웠고, 또 고급스럽기까지 했다. 예상했던 것과 달리 차갑지도 않았다. 이 이상한 공간에 세워져 있는 각각의 기둥은 길이와 넓이가 거의 같았다.

성령께서 나를 첫 번째 기둥으로 인도해 주셨다. 그리고 그 꼭대기에 놓인 타원형의 물체를 집어 들라고 말씀하셨다. 그 물체의 직경은 대략 30센티미터였고 무게는 500그램 정도 되었다. 내가 그것을 집어 들 때 성령께서 말씀하셨다. "네가 어떻게 이곳에 도착했는지를 기억해라. 그래야 다른 사람들을 데려올 수 있지 않겠니?"

나는 이 여정이 빛의 왕국의 가장자리에 놓인 다리에서 시작되었음을 기억했다. 그 왕국 안으로 더 깊이 들어갈 것을 결심했을 때 성부, 성자, 성령 하나님이 기뻐하시며 함께 춤추셨던 것도 기억했다. 황금빛이 찬란한 아름다운 땅으로 발을 들이자 삼위 하나님이 매우 즐거워하셨던 사실도 기억했다.

당시 나는 최상의 결정을 내렸다. 어둠의 왕국을 버리고 빛의 왕국을 선택했으니 말이다. 내가 가진 모든 것을 버렸던 것 역시 바로 그 시점이었던 것 같다. 이처럼 일련의 여정을 되짚어 보고 있었는데, 내 영혼에 어떤 변화가 찾아왔음을 느꼈다. 왜냐하면 내 선택이 지닌 의미에 대한 더 깊은 깨달음이 생겼기 때문이다. 나는 다름 아닌, 하나님을 선택한 것이다! 내가 하나님을 붙든 것은 그분이 주실 복 때문이 아니었다. 나는 그분을 사랑하기 때문에 하나님을 선택했다. 하나님을 사랑하기 때문에 그토록 하나님께 매달렸던 것이다. 이러한 선택과 함께 내게 복이 임할 것을 알았다. 동시에 환난도 함께 찾아온다는 사실을 알고 있었다. 하지만 환난은 그렇게 큰 문제가 되지 않았다. 하나님을 알기 원하는 갈망이 훨씬 더 강했기 때문이다. 나는 환난보다 내 마음속의 강렬한 소망에 더욱 집중했다.

물론 이 여정 중에서 내가 본 것들은 생소하기도 하고 사뭇 이상하기까지 했다. 하지만 이것이 나를 더 깊은 곳으로 인도하시는 하나님의 '새로운 방법' 임을 믿게 되었다. 이처럼 하나님이 함께하신다는 믿음이 있었기에 이 여정에서 많은 것을 배울 수 있을 것이라고 기대할 수 있었다(이미 많은 것을 배웠다).

내가 아는 바로는 '두려움' 은 하나님으로부터 온 것이 아니다. 안타깝게도 나는 속임 당할 것을 두려워하고 있었다. 그러나 만일 내 마음이 온전히 하나님만을 갈망한다면, 내 하나님은 모든 속임수로부터 나를 지켜 주실 것이다. 유다서 말씀을 보라.

능히 너희를 보호하사 거침이 없게 하시고 너희로 그 영광 앞에 흠이 없이 기쁨으로 서게 하실 이 곧 우리 구주 홀로 하나이신 하나님께 우리 주 예수 그리스도로 말미암아 영광과 위엄과 권력과 권세가 영원 전부터 이제와 영원토록 있을지어다 아멘(유 1:24-25)

기억

황금빛이 찬란한 아름다운 땅에는 대략 2주 정도 방문했던 것 같다. 이후 나는 다른 곳도 가게 해달라고 하나님께 요청했다. 그래서 갔던 곳이 바로 형형색색의 정원이다. 내가 그 정원의 모습을 머릿속으로 떠올려 보는 동안 성령님이 내게 물으셨다. "무엇이 보이느냐?"

나는 그 정원에서 시냇물을 보았고 견고한 진들(고리)이 박혀 있는 큰 암벽을 보았으며 생명나무와 비어 있는 보좌(하나님은 도성 안에 계셨다)를 보았다. 그중에서 나를 놀라게 하거나 내 영혼을 요동시킨 것은 없었다. 그래서 성령님께 여쭈었다.

"혹시 제가 보지 못한 것이 있나요?"

하지만 성령님은 동일한 질문을 반복하실 뿐이었다.

"무엇이 보이느냐?"

암벽으로 다가가서 다시 한 번 올려다보았다. 벽 이곳저곳에 박혀 있던 고리들(견고한 진)이 떠올랐다. 하지만 성령의 검으로 제거했기에 이미 흔적조차 없어져 버린 것 아닌가? 마치 애당초 그곳에 없었던 것 같았다. 그러나 그 고리들은 분명 그곳에 박혀 있었다. 그렇기 때문에 칼을 휘둘러 고리들을 제거해야 했던 것 아닌가? '혹시 내가 봐야 하는 것이 이것인가?'

유리와 같은 시냇물도 주의 깊게 살펴보았다. 아주 잔잔하게 흐르고 있었다. 갑자기 이 시냇물이 어디서 발원했는지가 궁금해졌다. 그래서 시내를 따라 상수원을 향해 올라갔다. 이 물은 도성 안, 하나님의 보좌에서 시작되었다. '혹시 내가 봐야 하는 것이 이것인가?'

생명나무 위로도 올라가 보았다. '혹시 내가 봐야 하는 것이 이것인가?' 하지만 없어지거나 달라진 것은 아무것도 없었다.

"성령님, 제가 무엇을 봐야 하는 건가요? 그것이 무엇입니까?"

"너는 이곳에서 일어났던 모든 일을 '봐야' 한단다." 이것이 성령님의 대답이었다.

바로 그때, 정원에서의 기억이 영사기 필름처럼 돌아가기 시작했다. 나는 성령의 도우심으로 두려움과 불신의 견고한 진을 무너뜨렸던 사실을 기억했다. 두려움과 불신의 견고한 진 외에도 내가 무너뜨렸던 견고한 진들은 많다. 또한 나는 강물에 들어가 깨끗함을 입고 구원받고 치유받은 사실도 기억했다. 성부 하나님의 격려에 용기를 얻은 사실도, 그동안 잘 느끼지 못했던 성령님의 현존을 생생하게 체험했던 것도 기억했다. 이처럼 정원에서 일어난 모든 일들은 하나님을 온전히 의지해야 한다는 사실을 일깨워 주었다.

하나님이 아니었다면 내가 견고한 진을 발견하지도 못했고, 제대로 무너뜨리지도 못했을 것이다. 나 혼자의 힘으로 해결하려고 했다면 단 한 개의 견고한 진도 무너뜨릴 수 없었을 것이다. 그뿐인가? 하나님이 인내하시며 사랑으로 가르쳐 주지 않으셨다면 진리를 배우지 못했을 것이다. 정원에서의 사건들 덕분에 나는 삼위 하나님을 전적으로 의존하게 되었다. 하나님이 나의 위로와 피난처 되시니 그 안에서 나는 참된 만족을 얻었다. 지난 경험들을 되새겨 보며 '기억'을 통해 더 많은 것을 깨닫는 이 여정은 이후로도 계속되었다.

길고 긴 갈등 끝에 하나님의 도성으로 들어가게 된 경위도 생생하게 기억해 냈다. 사실 내 자신이 가치 없는 존재라고 생각했기 때문에 이 과정은 매우 힘들었다. 거룩한 방에 들어갈 자격이 없다는 생각에, 이 아름다운 여정이 막을 내리게 되리라고 판단했던 것이다. 그래서 마음에 깊은 상처를 받기도 했다. 하지만 나는 그 방에서 무엇을 배웠던가? 놀라운 구세주 예수님이 나 대신 대가를 치르셨다는 사실을 배우지 않았던가? 예수님이 지불하신 대가는 '충분'하고도 남았다. 내게 있어 주님이 지불하시지 않은 것은 하나도 없다. 그렇게 나는 그분의 날개 아래 거할 수 있었다. 희생하기로 선택한 주님 덕분에 나는 그분의 소유가 되었다. 하나님 앞에서 그분의 의(義)가 나의 의로움이 되었고, 그분의 존귀함이 나의 '가치'가 되었으며, 그분의 아름다운 형상이 나의 얼굴이 되었다. 더 이상 수치스러워할 이유가 없다. 예수님 때문에 모든 수치가 물러갔기 때문이다. '이미' 예수님과 같이 되었고 또 계속해서 그분의 형상으로 변화되고 있기 때문에 나는 아버지께 담대히 나아갈 수 있다.

이것이 기억으로부터의 교훈이다.

교훈을 먹다

성령님의 말씀대로 이 장소에 오게 된 경위를 기억한 후였다. 나는 다시 하나님의 도성 안에 있었다. 그리고 내 곁에는 성령님이 계셨다. 나는 타원형의 물체를 손에 쥐고 있었고 성령님은 그것을 먹으라고 말씀하셨다. 한입 두입 베어 물기 시작했는데 달콤하기도 하고 사각거리기도 하는 그 맛이 일품이었다. 세 번째 베어 먹을 때, 그것이 꿀처럼 끈끈한 액체로 변하였다. 그래서 최대한 빨리 입에 넣으려고 했다. 손가락 사이로 새어 나가 땅에 쏟아질 것 같았기 때문이다. 또한 단 한 방울도 버리고 싶지 않았기에 다 먹은 후 손가락과 입술 주변을 핥기까지 했다.

얼마 안 있어 내 손과 온몸이 끈적거리기 시작했다.

"성령님, 이 끈적이는 것은 자연스럽게 사라지나요? 아니면 씻어야 하나요?"

성령님께 여쭈었다. 그러자 성령님은 하나님의 보좌에서 흘러나오는 시냇물에 몸을 담그고 씻을 것을 명령하셨다. 그래서 물가로 나아갔다. 하나님 아버지와 예수님은 이러한 내 모습을 지켜보고 계셨다. 얼굴과 손에 끈적거리는 것이 묻어 있음을 보시고는 한참을 웃으셨다. 나는 '쿠키를 잔뜩 집어먹어서 얼굴에 과자가루가 잔뜩 묻은 아이처럼 보이나?' 하고 생각했다. 하나님은 내가 온몸으로 그 교훈을 받아 누렸다는 사실에 기뻐하셨다. 나는 최선을 다해 그 교훈을 '먹었다.' 심지어 손가락과 입술 주변을 핥을 정도로 그 교훈을 귀하게 여겼다. 이 사실이 성부 하나님과 예수님에게 큰 기쁨을 드린 것 같다. 그래서 그분들이 그렇게 웃으셨던 것이다.

CHAPTER 14

'나의 연인, 예수님'의 십자가

※ **잠시 후** 나는 아버지와 함께 앉았다. 아버지께서는 나에게 더 많은 교훈들을 받을 준비가 되었는지 물으셨다. 나는 "예"라고 대답은 했지만 너무 빨리 진행되는 것은 아닌지 새삼 걱정이 되었다. 내 경우 무언가를 완전히 습득하기 전, 항상 배운 것을 '체험'하는 시간(오랜 시간)이 필요했기 때문이다. 하지만 하나님은 내가 그 첫 번째 물체를 완전히 소화했기 때문에 그 교훈은 이미 내 안에 머문다고 말씀해 주셨다.

비록 오랜 시간이 걸리지는 않았지만 나는 그 교훈을 완벽하게 습득했다. 이번만큼은 하나님이 일을 빠르게 진행하신 경우라고 할 수 있다. 물론 하나님은 이처럼 새로운 방법으로도 일하시지만 항상 그렇다고는 할 수 없다. 모든 교훈이 빠른 시간 안에 습득되는 것은 아니기 때문이다. 경우야 어떻든 우리는 하나님이 가르쳐 주신 교훈을 이해하고 받아들여야 한다. 어떤 교훈은 오랜 시간이 걸려서 습득되기도 한다.

보호

이제 다음 교훈을 받을 준비가 되었다. 성령님은 두 번째 기둥으로 나를 인도하셨다. 기둥 위에는 골프공 크기의 물체가 놓여 있었다. 나는 기대하는 마음으로 그 물체를 집어 들었다. 그 자세로 한참을 서 있었지만 아무런 일도 일어나지 않았다. 그래서 성령님께 여쭤 보았다. "이것은 무엇입니까?" 입을 열어 말하는 순간 그 물체는 부풀기 시작했다. 참 이상한 느낌이었다. 마치 그 물체가 살아 있는 것만 같았다. 물체는 점점 부풀더니 투명한 고치처럼 나를 감싸 버렸다.

"성령님, 이것은 무엇입니까?"

다시 한 번 여쭈었을 때 성령님이 말씀해 주셨다.

"그것은 '보호'란다."

나는 어떻게 해야 그 보호막을 입을 수 있을지 고민하기 시작했다. '전신갑주처럼 입으면 될까' 라고 생각했다. 그 즉시 성령님의 말씀이 들려왔다.

"이미 입고 있단다. 그러니 어떻게 입을지 걱정하지 않아도 된단다. 단, 절대로 그것을 벗어서는 안 된다."

이 물체를 바라보고 있는데 다음과 같은 생각이 들었다. '원수로부터의 참소, 두려움, 거짓말의 불화살이 날아올 때마다 나는 항상 보좌의 방으로 달려가 아버지께 보고해야 한다.' 이 물체는 하나님의 보호를 상기시켜 주었다. 그렇다. 나는 절대로 그 보호막을 벗어서는 안 된다. 심지어 마귀의 불화살을 스스로의 힘으로 해결해 보겠다는 생각조차 해서는 안 된다. 오직 삼위 하나님만이 나를 보호하실 수 있고, 또 내게 진리를 말씀해 주신다는 사실을 믿어야 한다. 우리는 하나님만을 온전히 의지해야 한다.

꽃잎

다음 기둥은 둥글고 부드러운 물체를 받치고 있었다. 볼링공 크기의 물체였다. 촉감은 굉장히 좋았다. 마치 어린 시절에 즐겨 놀던(오랫동안 잊혀졌던) 장난감 같았다. 성령님은 그것을 단단히 붙잡으라고 말씀하셨다. 나는 온 힘을 다해 그 물체를 꼭 쥐었다. 바로 그때 예수님이 오셔서 그것을 내 가슴으로 쑥 밀어 넣으셨다. 마치 녹은 초콜릿을 삼키는 것처럼 부드럽게, 그것은 내 가슴속으로 미끄러져 들어왔다. 고개를 약간 숙이자 내 가슴 속이 보였다. 그런데 놀랍게도 내 가슴에 들어온 그 물체가 꽃처럼 활짝 피기 시작하는 것이 아닌가? 영광스런 잎을 아주 느린 속도로 하나하나 틔우더니, 결국에는 아름다운 장미가 되었다. 이 장면을 보는 것은 마치 슬로우 모션을 보는 것 같았다.

장미가 만개한 후, 예수님은 손을 뻗어 꽃잎 하나를 뜯으시더니 그것을 대리석 계단 위에 올려놓으셨다. 그리고 발로 밟으셨다. 꽃잎은 산산조각이 났다. 나는 그분의 행동을 보고 적잖이 놀랐다. 하지만 예수님이 무엇을 하시든 굉장히 의미 있는 일일 것이라고 생각했다. 또 왜 그렇게 하시는지 나중에 그 이유를 설명해 주시리라고 기대했다. 일단, 허리를 굽혀 뭉개진 꽃잎 조각들을 주워 모았다. 조각 한 줌을 손에 쥔 채 허리를 폈을 때였다. 내 몸에는 여기저기 작은 주머니가 달린 흰색 외투가 둘려져 있었다. 나는 손에 쥐고 있던 꽃잎 조각을 주머니에 넣었다.

이후 예수님은 다시 한 번 손을 뻗어 내 마음속 꽃잎 하나를 뜯으셨다. 전과 같이 그것을 계단 위에 올려놓으신 후 발로 밟으셨다. 나 역시 허리를 굽혀 조각난 꽃잎을 주워 모았다. 그 부서진 조각들을 또 다른 주머니 속에 넣었다. 예수님의 행동은 반복되었다. 내 겉옷의 모든 주머니가 꽃잎 조각들로 채워질 때까지 계속되었다. 그리고 예수님은 이어서 설명해 주셨다.

"꽃잎들은 내 사랑을 상징한단다."

순간 이사야 53장 5절 말씀이 떠올랐다. "그가 찔림은 우리의 허물 때문이요 그가 상함은 우리의 죄악 때문이라 그가 징계를 받으므로 우리는 평화를 누리고 그가 채찍에 맞으므로 우리는 나음을 받았도다." 꽃을 꺾었을 때보다 짓이겼을 때 그 향이 더욱 진하다. 풀잎을 뜯어 손가락으로 비비면 진한 냄새가 풍겨난다. 길을 걷다가 녹색 향기에 취하고 싶을 때면, 풀을 뜯었었다. 그러면 손을 씻기 전까지 그 향은 그 자리에 그대로 남았다.

하나님은 언제나 우리를 사랑하셨다. 그분은 우리를 항상 사랑하신다! 하지만 예수님이 우리의 죄 때문에 짓밟히셨을 때, 하나님의 사랑 향기는 더 진하게 퍼져 나갔다.

예수님은 내가 그 겉옷을 입고 사람들 사이를 지날 경우 어떤 일이 일어나게 될지도 말씀해 주셨다.

"네가 길을 걸을 때 네 곁을 지나는 사람들은 가던 길을 멈추고 네게 물을 것이다. '실례합니다만 정말 좋은 향수를 사용하시는가 봐요? 혹시 그 향수 이름은 무엇인가요? 어디서 구할 수 있는지, 가격은 얼마인지 알려 주실 수 있나요?' 라고 말이다. 그러면 너는 그 사람에게 이렇게 답해 주어라. '네, 정말 좋은 향이죠. 하나님의 사랑이라는 향기입니다. 어디서 구할 수 있는지 말씀드릴 수는 있지만 얼마인지는 말씀드릴 수 없습니다. 단 한 푼도 내지 않고 그것을 얻을 수 있기 때문입니다. 이미 누군가가 그 값을 지불하셨거든요.'"

나는 예수님이 꽃잎을 뜯으신 곳에 어떤 변화가 일어나는지 살펴보려고 내 안을 살펴보았다. 장미꽃이 있었던 그곳을 유심히 바라보았다. 아마도 구멍이 나 있거나 줄기만 덩그러니 남아 있을 것이라고 생각했다. 그러나 그 자리, 사랑의 꽃잎이 있었던 마음속에는 커다란 진주알 하나가 그 자리를 대신 차지하고 있었다. 우아하고 부드러우며 우윳빛을 띠는 은은한 진주였다. 나는 이것이 아주 비싼 진주임을 알았다.

하나님의 사랑이 깊게 밴 겉옷에는 단추나 지퍼, 혹은 묶어서 매는 끈이 없었다. 예수님은 매일같이 바쁜 일상을 살다 보면 나도 모르는 사이에 그 겉옷이 벗겨질 것이라고 하셨다. 따라서 옷이 벗겨지지 않도록 항상 주의해야 한다고 조언해 주셨다. 그래야 주변 사람들이 그 사랑의 향기에 매료될 것이기 때문이다. 나는 주님의 말씀을 마음 깊이 새겼다. 하지만 그 옷이 벗겨질 경우 어떤 일이 생길지도 궁금했다. 예수님은 정말 멋진 분이시다! 그 옷이 벗겨질 때 어떤 일이 일어나는지 내게 보여 주셨기 때문이다. 겉옷이 벗겨지면, 성령님이 그 옷을 주워 주신다. 내가 가던 길을 멈춰 돌아볼 때까지 계속해서 내 이름을 부르시며 내 뒤를 따라오신다. 그러다가 결국 내가 멈추면 그 옷을 입혀 주신다. 주님은 정말 멋진 분이 아닌가?

대리석 벤치

벧엘교회에서 금요일 저녁 예배를 드리던 어느 날이었다. 성령님이 내게 찾아오셨다. "나를 따라오너라." 성령님은 다시금 기둥들이 있는 방으로 인도하셨다. 그 한가운데에는 아주 멋진 대리석 벤치가 놓여 있었다. 나는 두 손을 벤치에 걸친 채 정중앙에 앉았다. '이제 곧 주님이 내게 무언가를 가르쳐 주시겠구나'라고 생각했다. 그렇게 기대하는 마음으로 두 눈을 감고 기다렸다.

예수님이 벤치 가까이에 오셨다. "내가 앉을 자리를 내어 주어라." 깜짝 놀라 두 눈을 떴다. 옆으로 비켜 자리를 만들었고, 예수님은 내 곁에 앉으셨다. 나는 예수님이 하실 말씀을 한마디도 놓치지 않기 위해 고개를 숙인 채 집중했다. 그런데 예수님은 한마디 말씀도 하시지 않았다. 기다리다 못해 고개를 들고 여쭈었다. "주님, 이번 교훈은 무엇인가요?" 그러자 주님이 이렇게 말씀해 주셨다. "내가 앉을 자리를 내어 주어라. 네가 방 청소를 할 때에도 내가 있을 곳을 마련하여라. 설거지를 할 때도 내가 있을 자리를 내어 주고, 운전할 때도 나를 위한 자리를 마련해 두어라. 직원들의 월급을 계산할 때에도(당시 내 직업은 경리였다) 내가 있을 자리를 마련해 두어야 한다." 예수님은 내 눈을 바라보시며 말씀하셨다. "주디, 네가 하는 모든 일 가운데 내가 있을 자리를 내어 주어라."

황금알

지난 몇 개월 동안 나는 하나님의 마음을 알기 원한다고 기도했다. 하나님을 알기 원하는 것은 내 마음속 깊은 갈망이다. 어떤 이유에서인지는 모르겠지만, 직감적으로 나는 다음에 배울 교훈이 이러한 내 기도에 대한 응답이 될 것 같은 생각이 들었다. 물론 어떤 물체를 통해 교훈을 얻게 될지 구체적으로 알 수는 없지만 그 교훈이 내 기도에 대한 응답이 되리라는 것은 '느낄 수' 있었다.

이번에 본 물체는 계란 크기 정도였다. 수정빛 아니, 금빛을 내는 듯한 놀라운 물체가 기둥 위에 놓여 있었다. 참으로 기이한 모양이었다! 수정과도 같고 황금과도 같은데, 거기에 다양한 각면(刻面, 보석류 조각을 위해 깎은 단면: 역자 주)을 지닌 모양이었다. 나는 며칠 동안 이 알을 손에 들고만 있었다. 주님으로부터 특별한 지시도 없었고, 이 물체의 용도에 대한 설명이나 이 물체가 상징하는 교훈에 대한 부연 설명도 없었기 때문에 그냥 들고 서 있었던 것이다. 아무리 기다려도 아무런 말씀이 없었기 때문에 나는 이 아름다운 알에 대해 아버지께 여쭈어 보았다.

"이 알은 내 성품의 여러 다양한 면모를 나타내 준다. 이제 나는 이에 대해 네게 알려 주려고 한다."

두 손으로 그 알을 꼭 쥐었다. 가끔씩 손가락으로 쓰다듬기도 했다. 그러던 어느 날 저녁, 주님이 다음과 같이 말씀하셨다.

"수정과 같은 황금알의 다양한 각면에 대해 알기 원하느냐?"

"예, 주님! 알고 싶어요."

나는 흥분한 채 대답했다. 이어 주님은 내 손을 잡으셨고, 우리는 천천히 계단을 내려갔다. 그 계단은 하늘을 지나 아래쪽으로 나 있었다. 한참을 내려가다가 마지막 계단에 이르렀을 때, 우리는 자리에 앉아 레딩시(벧엘교회가 소재한 도시)를 내려다보았다. 환상 가운데 보았던 레딩시의 전경은 신기할 따름이었다. 지붕이 없었기 때문에 나는 각각의 집 안을 속속들이 들여다볼 수 있었다. 어떤 집에서는 가족들이 서로에게 고함을 지르고 있었다. 또 어떤 집에서는 사람들이 마약을 하고 있었다. 각 가정마다 절망과 분노와 증오, 그리고 모든 종류의 악이 응집되어 있는 것 같았다.

내가 그들을 바라보고 있는 동안 예수님은 아무런 말씀도 하시지 않았다. 나는 주님의 얼굴을 바라보았다. 그분의 두 뺨에 눈물이 흐르고 있었다. 주님은 세상을 보시며 말씀하셨다.

"내가 저들을 사랑하노라. 내가 저들을 사랑하노라! 그런데 누가 가서 저들에게 나를 알려 줄 것인가? 누가 저들에게 갈 것인가?"

"주님, 저는 말이 서툴기 때문에 갈 수 없습니다."

나는 솔직한 마음으로 주님께 고백했다.

"제가 입을 열면 사람들은 제 의도와 달리 이상하게 받아들입니다."

주님은 내가 스스로를 말을 잘 못하는 사람이라고 생각해 왔다는 사실을 알고 계셨다. 그것은 명백한 사실이다. 그래서 나는 모세와 나 자신을 비교하곤 했다. 이러한 내게 주님이 말씀하셨다.

"만일 네가 입을 열면, 성령께서 너를 통해 말씀하실 것이다. 성령께서 사람들에게 나에 대하여 증거해 주실 것이다."

이후 예수님은 다시 고개를 돌려 사람들을 내려다보셨다. 그분의 눈가에는 이전보다 더 큰 눈물방울이 맺혔다. 나는 손을 뻗어 주님의 눈물을 닦아 드리려고 했다.

"예, 제가 입을 열겠습니다. 저들이 예수님을 알 수 있도록, 성령께서 저 사람들에게 말씀하실 수 있도록 제가 입을 열겠습니다."

나는 잠시, 내가 본 광경을 생각하며 예수님이 하신 말씀을 곱씹어보았다. 잃은 영혼 위에 쏟으시는 주님의 강렬한 사랑이 느껴졌다. 그들을 바라보시며 주님이 흘리신 고통의 눈물을 보았다. 그리고 자신의 사랑을 사람들에게 전하라는 주님의 명령을 되새겨 보았다.

"황금알의 또 다른 각면을 보고 싶지?"

용사

주님이 나를 다른 장소로 '순간이동' 시켜 주셨다. 내가 선 곳은 하늘이 아니었다. 다시금 하나님의 도성에 서게 되었다! 예수님 곁에는 중무장한 채, 늠름하게 서 있는 백마 한 필이 있었다. 예수님이 그 말 위에 오르셨다. 뒤쪽으로는 완전무장한 천군천사가 예수님을 따랐다. 그들이 줄을 맞추어 행군하기 시작했는데 발걸음을 옮길 때 천둥 치는 소리가 들렸고 땅이 진동하며 흔들렸다. 예수님은 내 얼굴을 보시더니 손가락으로 성부 하나님을 가리키셨다. 나는 곧장 하나님께 뛰어가 그분의 무릎 위에 올랐다. 두 발로 그분의 무릎을 딛고, 등은 그분의 가슴에 기댄 채 서 있었다. 하나님은 혹시 떨어질까 봐 두 팔로 나를 꼭 안아 주셨다. 그 자세로 나는 예수님을 바라보았다. 자신의 군대를 지휘하시며 "전진!" 하고 외치시는 멋진 광경이었다.

그런데 갑자기 땅이 둘둘 말리더니 그 아래 벌집처럼 생긴 무언가가 나타났다. 수많은 벌들이 그 주변을 날고 있어서 벌집의 형태는 잘 보이지 않았다. 예수님은 진두에 서서 군대를 이끌고 벌집을 향해 돌진하셨다. 군대가 진군해 온다는 것을 알았는지 벌떼는 더 맹렬하게 움직이기 시작했다. 하지만 예수님의 군대가 벌집 근처에까지 이르자 벌떼는 두 무리로 갈라졌다. 드디어 벌집의 형체가 드러났다.

그것은 벌집이 아니었다. 지구였다. 그리고 벌떼처럼 보였던 것은 이 세상을 잠식하려고 하는 악한 세력이었다. 악한 영들은 장차 도래하실 만왕의 왕, 곧 예수 그리스도와 그의 천군천사들을 피해 달아나기 시작했다.

악령들 중 가장 탄탄하게 뭉쳐 있는 큰 무리의 모습이 눈에 들어왔다. 그들은 무언가를 감추는 것처럼 보였다. 하지만 예수님이 말을 달려 그들 가까이 이르자 악령들은 혼비백산하여 달아나 버렸다. 그러자 그들의 배후에 숨어 있던 '거짓의 아비'인 사탄의 모습이 드러났다. 예수님이 말에서 내리셨다. 이후 오른손으로 사탄의 목덜미를 잡아 번쩍 들어 올리시더니 오른편에 있는 구덩이로 내던지셨다. 구덩이의 덮개는 맨홀(하수구 덮개) 뚜껑처럼 생겼는데, 사탄이 구덩이로 던져진 순간 덮개가 날아와 '쾅' 하고 그 입구를 막아 버렸다. 이후 입구에 자물쇠가 굳게 채워져 완전히 봉쇄되었다. 예수님은 지구를 향해 진군을 재개하셨다. 하늘에서 펼쳐진 이 놀라운 전쟁을 올려다 보던 사람들은 저마다 큰 소리로 찬양하였다. 나 또한 흥분했다. 나는 아버지께로 고개를 돌려 여쭈었다.

"내려가도 되나요?"

그러자 나를 붙잡았던 그분의 두 팔이 스르르 풀렸다. 순간, 나는 이 땅 위 수많은 사람들 틈에 끼어 있었다. 각 나라, 각각의 언어권에서 모인 사람들이지만 우리는 모두 한 언어로 말했다. 모두가 기뻐하며 큰 소리로 외쳤다.

"호산나! 호산나! 거룩하고 전능하신 왕 예수께서 오셨도다!"

예수님이 행진하시는 모습을 보았을 때, 마음이 뿌듯했다. 예수님이 자랑스러웠다. 나의 왕, 나의 연인 내 사랑 예수님! 그가 내 앞을 지나시며 잠시 멈춰 미소를 지어 보이셨다. 오, 얼마나 놀라운 구세주이신가!

사랑의 향기

예수님 곁에서 또다시 황금알을 들고 서 있는 내 모습을 보았다. 나는 한 손으로 그것을 움켜쥐고 다른 손으로는 조심스레 그것을 감쌌다. 도대체 이 물체를 가지고 무엇을 해야 하는지 알 수 없었다. 바닥에 내려놓고 싶지는 않았기 때문에 조심스레 두 손으로 떠받치고 있었다. 그리고 잠시, 내가 입고 있던 겉옷을 주목했다. 각각의 주머니마다 예수님의 사랑 향기로 가득했다.

"예수님, 지금 배운 이 교훈을(황금알) 어떻게 해야 하나요?"

"그것을 목에 두르거라."

손에 쥐고 있던 알을 자세히 보니 거기에 가느다란 금 체인이 연결되어 있었다. 나는 조심스레 금줄을 들어 목에 걸었다. 금줄은 황금알이 내 가슴 중앙에 위치할 만큼 충분히 길었다. 이것이야말로 하나님의 마음을 알려 달라는 내 기도에 대한 정확한 응답이 아니겠는가? 이제 하나님의 성품과 그분의 순수한 사랑 향기는 영원토록 내 마음에 새겨질 것이다.

Experiencing the Heavenly Realm

예수님이 행진하시는 모습을 보았을 때, 마음이 뿌듯했다. 예수님이 자랑스러웠다. 나의 왕, 나의 연인 내 사랑 예수님! 그가 내 앞을 지나시며 잠시 멈춰 미소를 지어 보이셨다. 오, 얼마나 놀라운 구세주이신가!

2부

이 땅에서의
　　신비한 천국 체험,
'진정한 자유와
완전한 평화 안에
　　거하다'

Experiencing the Heavenly Realm

CHAPTER 15

세상에서
가장 듣고 싶었던 말

＊두 팔로 아버지의 목을 껴안은 채 조용히 그분의 귀에 대고 사랑한다고 말씀드렸다. 나는 이 자세를 가장 좋아한다. 아버지의 귀에 사랑을 속삭일 때마다 내 뺨이 그분의 얼굴에 닿기 때문이다. 나는 그 순간에 느껴진 친밀함에 완전히 매료되었다.

아버지께서 나에게 앉으라고 말씀하셨다. 그 즉시 나는 그분의 무릎에 앉았다. 그러자 예수님이 가까이 다가오셨다. 나는 아버지의 가슴에 머리를 기대고 예수님의 손을 가슴으로 꼭 끌어안은 채 두 눈을 감아 보았다. 이 세상의 가장 찬란한 아름다움도 하나님의 영광이나 내 가슴에 깊이 새겨진 평화와는 비교할 수 없다.

나는 살며시 눈을 떠 보았다. 예수님이 따뜻한 눈빛으로 나를 바라보고 계셨다. 전에도 한 번, 이러한 눈빛을 본 적이 있다. 그리고 그분의 표정이 어딘가 낯이 익었다. 나 또한 그러한 표정을 지은 적이 있었다. 마음속에 어떤 사랑을 품어야 그러한 표정이 나오는지 나는 잘 알고 있다. 분만실에서 큰 울음소리와 함께 몸 밖으로 나온 아이의 얼굴을 응시해 본 적이 있는가? 내 아이가 세상에 태어났을 때를 기억한다. 말로 형언할 수 없는 기쁨이 느껴졌다. 그 작은 얼굴에 아주 천천히 손을 가져다 대 보았다. 얼마나 사랑스러운지 말로는 다 표현할 수 없었다. 하나님이 내게 허락해 주신 그 작은 생명이 얼마나 놀라웠는지 모른다. 아이들이 훌쩍 커 버렸을 때도 그 느낌은 변하지 않았다. 이제 아이들은 성인이 되었다. 하지만 이들을 바라보는 내 마음은 변한 게 없다. 지금도 아이들의 모습은 내 마음을 사로잡는다. 아이들을 바라볼 때 내 마음은 놀라움과 감격으로 가득 차오른다.

지금도 나는 그들을 내게로 보내 주신 하나님의 은혜에 경탄한다. 바로 그 표정이 내가 예수님의 얼굴에서 보았던 표정이다. 주님은 자신이 만든 모든 피조물을 바라보시며 경탄하셨다. 그리고 나를 보시며 경탄하신다. 잘못된 선택을 하여 주님의 마음을 아프게 해도 주님은 여전히 우리를 보시며 기뻐하신다.

내 큰 아들 존은 말수가 적다. 물론 생각은 깊다. 하지만 자신의 감정을 쉽게 표출하지 않는 성격이다. 내가 "아들아, 사랑한다"라고 말하면 존은 그저 "예" 하고 대답할 뿐이었다. 그러던 어느 해, 어김없이 어머니 날이 찾아왔다(미국은 5월 둘째 토요일을 어머니 날로, 6월 셋째 주일을 아버지 날로 기념한다: 역자 주). 당시 고등학생이었던 존은 선물 살 돈이 없었기 때문에 아무것도 준비하지 못했노라고 말했다. 그러더니 "대신 다른 것을 드릴게요"라고 말하며 두 팔로 나를 안고 뺨에 입을 맞추었다.

"엄마, 사랑해요. 제가 많이 사랑하는 거 아시죠?"

내게는 이보다 더 좋은 선물이 없었다. 혹 선물을 사 주었다고 해도 이보다 더 큰 의미가 있겠는가? 우리는 사랑하는 사람들로부터 이 같은 고백을 듣기 원한다. 그렇다면 하늘에 계신 우리 아버지는 우리의 사랑 고백을 얼마나 기대하고 계시겠는가?

이러한 사랑에 대해 생각하는 동안 나는 내 아이들의 어린 시절을 회상해 보았다. 조금이라도 다쳤을 때, 아이들은 내게 달려와 위로받기를 원했다. 그러면 나는 어르고 안아 주고 또 입을 맞추며 곧 괜찮아질 것이란 말과 함께 "그랬어? 어이쿠, 많이 아팠어?"라는 말을 반복했다. 그러면 아이들은 자리에서 일어나 다시 뛰어놀기 시작한다. 다치기 전보다 더 격하게 뛰어다닌다. 방금 다쳤다는 사실을 완전히 잊은 채로 말이다. 솔직히 말하면 아이들이 아주 살짝 다쳤을 때, 내 마음 한구석엔 조그마한 기쁨이 솟았다. '부모로서 어떻게 자녀의 고통을 즐길 수 있는가' 하고 의아해하지 말라. 나는 아이들이 다치는 것을 바라는 것이 아니다. 위로를 받기 위해 그들이 내게로 달려오는 것을 기뻐한 것이다. 아이들을 끌어안고 상처에 입을 맞추며 그들의 고통을 날려 버리는 것이 좋았을 뿐이다. 내가 아이들에게 위로의 원천이 될 수 있다는 사실이 한없이 기쁘다.

나는 이렇게 이해했다. 물론 완전하신 하나님의 마음을 헤아릴 수는 없다. 그러나 이것 하나는 확실히 알게 되었다. 상처받았을 때, 낙심하고 주저앉는 대신 하나님께로 달려간다면 하나님의 마음은 기쁨으로 가득 찰 것이라고 확신한다. 이상하게도 위로받는 자녀보다 위로해 주시는 하나님이 더 기뻐하신다. 우리를 위로해 주실 때 성령님도 아이처럼 활짝 웃으시는지 궁금하다. 성령님은 두 팔로 우리를 꼭 껴안아 주기를 원하시고 우리의 마음을 위로해 주기를 원하신다.

"주님, 이것이 주님의 성품을 나타내는 또 다른 각면인가요? 아이들이 달려와 품에 안기고 위로를 받고 사랑으로 교감하길 바라는 엄마처럼 주님도 우리가 주님께 달려가길 원하시는지요? 우리는 단지 주님의 온화한 사랑을 받으려고 달려가는데도, 주님은 그게 기쁘신가요? 주님, 저는 주님이 제 삶을 주관해 주시길 원합니다. 사랑받는 것도 좋지만 주님이 제 삶을 책임져 주셨으면 좋겠습니다. 주님이 제 삶을 주관해 주시지 않는다면 저는 만족할 수 없습니다. 주님이 제 삶을 온전히 책임져 주시기를 원합니다. 주님의 품에 안겨 살기를 원합니다. 저는 치유하시는 손길, 위로하시는 말씀으로부터 떠나지 않을 것입니다. 주님이 직접 말씀해 주시는 진리로부터 단 한 발자국도 옮기지 않겠습니다."

내게 보여 주시는 것을 잘 알아듣고 이해할 때마다 주님은 기뻐하셨다.

감정적인 치유

어느 날 저녁, 나는 랜디 클락의 집회에 참석했다. "지금 치유의 기름부음을 원하는 사람은 앞으로 나오십시오." 그가 사람들을 강단으로 초청했다. 나는 앞으로 나갔다. 강단은 이미 수많은 사람들로 운집되어 있었다. 그곳에서 나는 하나님의 임재를 감지했다. 매우 강력한 임재였기에 제대로 서 있는 것도 힘들었다. 그래서 조용히 누울 곳을 찾아야만 했다. 그때 예수님이 오셔서 말씀하셨다.

"네게 보여 줄 것이 있다."

"네, 주님."

주님이 나를 데리고 가신 곳은 큰 대문이 활짝 열려 있는 어떤 장소였다. 문 뒤로는 아름다운 정원이 펼쳐져 있었다. 나는 그 대문의 왼편에 서 있었다. 천천히 시선을 오른쪽으로 향하며 경치를 감상하고 있었다. 그런데 대문의 오른편에 우리 아버지(친부)가 서 계신 것이 아닌가! 나는 깜짝 놀라서 크게 숨을 내쉬며 말했다.

"여기 계셨어요? 어떻게…."

"응, 방금 도착했단다."

우리 아버지가 천국에 계시다고 누가 내게 말했더라면 나는 "말도 안 돼"라고 대답했을 것이다. 우리 아버지는 동맥류(대동맥 관련 질환: 역자 주)를 앓다가 더 살고 싶지 않다는 이유로 치료를 거부하신 분이다. 하지만 나는 이 사실을 알지 못했다. 돌아가시기 3일 전에야 이웃을 통해 알게 되었으니 나로서는 어찌할 도리가 없었다. 당시 아버지는 혈관이 터질 것을 직감하셨다. 아마도 그때 예수님을 자신의 구세주로 영접하신 것 같다.

천국에서 아버지를 만나게 되니 마음이 요동치기 시작했다. 아버지께 가까이 다가가려고 했지만 두 발이 움직여지지 않았다. 땅에 달라붙은 것만 같았다. 아버지 역시 내가 서 있는 곳으로 오실 수 없는 것 같았다.

"애야, 미안하다. 정말 미안하다."

아버지가 말씀하셨다. 아마도 내게 상처 준 일들에 대해 사과하시는 것 같았다. 하지만 나는 아버지의 사과를 받아들이는 게 힘들었다. 어떻게 해야 할지 난감했다. 몸을 돌이켜 그 자리를 떠나려고 했을 때, 아버지가 내 이름을 부르시며 말씀하셨다.

"애야, 넌 아름다운 아이란다. 난 널 사랑한다. 그리고 네가 자랑스럽다. 이 사실을 알아주길 바란다."

사랑스런 음성으로 아버지가 말씀해 주셨다. 어린 여자아이들이 아버지로부터 가장 듣기 원하는 그 말을 그곳에서 듣게 된 것이다. 그리고 대문은 닫혔다. 내 마음은 다시 요동치기 시작했다. 도대체 무슨 일이 일어난 것인가?

나는 오른쪽을 바라보았다. 그곳에 예수님이 서 계셨다. 그리고 그 곁에 할머니도 함께 계셨다. "넌 아무것도 제대로 할 수 없을 거야"라고 말씀하시곤 했던 그 할머니가 말이다. 할머니가 내게 다가오시더니 오른손으로 내 뺨을 어루만지셨다. 그러고는 "애야, 미안하다"라고 말씀하셨다.

그렇다. 치유의 순간이었던 것이다! 내 육신의 아버지가 천국에서 나를 기다리신다는 사실에 안도했고 또 기뻤다. 물론 예수님은 지금 이것을 내게 보여 주시지 않아도 되었다. 나중에 이 땅을 떠나 영원한 천국으로 들어가면 다 알게 될 테니까 말이다. 그러나 하늘 아버지는 친절하게도 '빠른 시일 안에' 나를 사랑으로 치유해 주시길 원하셨던 것 같다.

CHAPTER 16

사랑과 순종의 십자가

＊**어느 날** 예수님이 오셔서 또 다른 각면을 보기 원하는지 물어보셨다. "예, 주님." 예수님은 내 손을 잡고 아주 빠른 속도로 먼 거리를 이동하셨다. '휙휙' 지나가는데 모든 사물이 흐릿한 잔상으로 남을 만큼 빠른 속도였다. 이동 중 마치 고속 프로펠러 앞에 선 것처럼, 입고 있던 옷이 몸에 쫙 달라붙었다. 이마에 닿는 바람은 내 모든 머리카락을 뒤쪽으로 날려 버렸다. 내 얼굴 피부를 누군가가 머리 뒤쪽으로 잡아당기는 느낌도 빼놓을 수 없다.

"주님, 지금 어디로 가십니까?"

"시간을 거슬러 가는 중이란다."

어느 시점에서인가 예수님이 멈추어 섰다. 십자가를 지시기 직전, 그러니까 예수님이 채찍을 맞으실 때였다. 나는 두 눈을 질끈 감고 고개를 돌려 주님의 가슴에 묻었다.

"보고 싶지 않아요. 안 볼 거예요."

예수님은 두 팔로 나를 안으시며 말씀하셨다.

"봐야 한다. 꼭 봐야 한다. 만일 내가 채찍질을 당하지 않았다면 너는 지금 내 품에 안기지 못했을 것이다. 하늘 아버지와의 교제도 불가능했을 것이고 살아 계신 하나님의 영이 네 안에 거주하시지도 못했을 것이다. 그러니 두 눈을 크게 뜨고 이 장면을 보거라. 봐야만 한다."

나는 천천히 고개를 돌렸다. 주님의 두 팔을 꼭 붙들고 그 광경을 지켜보았다.

'획' 첫 번째 내리치는 채찍 소리와 함께 예수님의 몸에 큰 자국이 남았다. 나는 어금니를 꽉 깨물었다. 잔뜩 웅크렸지만 부들부들 떨리는 몸은 주체할 수 없었다. 예수님의 몸에 상처가 생기고 피가 솟구쳐 올랐다. 이때 하늘 아버지가 보좌에서 일어서셨다. 그리고 예수님의 심장에서 울려 퍼지는 목소리를 듣게 되었다.

"안 됩니다, 아버지! 저들은 지금 자신이 무슨 일을 하고 있는지 알지 못합니다. 그러니 저들을 용서해 주세요."

두 번째 내리치는 채찍 소리에 아버지께서 다시 일어서셨다.

"안 돼요, 아버지! 저들을 용서해 주세요."

세 번째, 네 번째, 다섯 번째 채찍이 이어졌다. 예수님은 계속해서 큰 소리로 부르짖으며 하늘 아버지를 만류하셨다. "저들을 용서해 주세요!" 열 번째, 열다섯 번째, 스무 번째, 서른 번째 채찍이 이어졌다. 그리고 서른아홉 그 마지막 채찍까지…. 매번 채찍이 내리쳐질 때마다 예수님은 계속해서 다음과 같이 부르짖었다.

"아버지! 저들을 용서해 주세요. 저들은 자신이 하는 일을 알지 못합니다."

이 모든 것이 주님이 보여 주신 환상이었지만 실제로 내 눈에서는 하염없이 눈물이 흘렀다. 왈칵 쏟아진 눈물로 인해 얼굴이 흥건하게 젖었다.

이후 예수님은 십자가를 지셨다. 하지만 몇 걸음 못 가 곧 넘어지셨다. 구레네 사람 시몬이 와서 십자가를 대신 운반했다. 이때 예수님의 마음에서 울려 퍼지는 외침을 들을 수 있었다.

"아버지, 감사합니다. '도움'의 손길을 보내 주셔서 감사합니다."

예수님은 주저하지 않고 하나님께 감사의 고백을 올려드렸다. 극심한 고통과 아픔을 온몸으로 안으며 골고다를 향해 걷는 중에도 예수님은 이 작은 도움의 손길에 대해 아버지께 감사드리는 것을 잊지 않으셨다.

마지막 순간까지 예수님은 계속해서 우리를 용서해 달라고 하나님께 간청하셨다. 그리고 십자가에 달리실 때도 큰 소리로 외치셨다.

"아버지, 저들을 용서해 주세요. 저들은 자신이 하는 일을 알지 못합니다."

여기까지 본 후, 예수님은 다시 시간을 지나 보좌의 방으로 나를 데려가셨다. 나는 계속해서 울고 있었다. 예수님이 차분한 목소리로 내게 말씀해 주셨다.

"내가 하나님께 부르짖으며 용서해 달라고 한 것은 이미 구원받은 사람들의 죄 용서, 그리고 아직 구원받지 못한 사람들의 죄 용서였다.

기억해라. 어떤 경우든 오직 나를 통해서만 용서하는 게 가능하다는 사실을 말이다. 너희들은 반드시 용서를 받아야 한다. 물론 언제든지 용서받는 것이 가능하단다. 전능하신 하나님은 용서하시는 하나님이시다. 하지만 많은 사람들이 아버지의 용서하심을 받아들이지 않고 내게서 영원토록 떠나가고 있다. 앞으로도 이러한 사람들이 생길 것이다. 나와 함께 영원한 교제를 나누는 사람들은 그들을 보며 의아해할 것이다. '왜 예수님을 통한 하나님의 용서를 거부할까?' 하고 말이다."

예수님을 통한 용서는 실로 '완전한' 용서이다. 그 안에는 흠도 없고 갈라진 틈이나 메워야 할 구멍도 없다. 용서를 받기 위해 치러야 할 대가가 있는 것도 아니다. 정말 완벽한 용서이자, 선물이다. 구하기만 하면 하나님이 기꺼이 허락하신다. 사람들은 이 사실을 알아야만 한다. 그리스도인은 이 사실을 세상 사람들에게 알려야만 한다.

수정 조각(정방형)

성령께서 또 다른 기둥으로 나를 데려가셨다. 그 기둥 위에는 정육면체 얼음조각 혹은 수정조각처럼 보이는 무언가가 올려져 있었다. 크기는 아이들이 갖고 노는 정육면체 큐브(한 면이 아홉 개의 조각으로 구성되고 손으로 이리저리 돌려 색깔을 맞추는 장난감: 역자 주) 정도였다. 성령님은 이 큐브가 순종을 뜻한다고 말씀하셨다.

"그것을 두 손으로 꼭 쥐렴."

나는 있는 힘껏, 쥐어짜듯이 두 손으로 큐브를 잡았다. 모서리가 둥근 모양이 아니었기 때문에 걱정하긴 했지만 개의치 않고 꼭 쥐었다. 별로 아프지 않았다. 그때 성령께서 다시 말씀하셨다.

"이번엔 그것을 비스듬히 잡거라."

성령님이 말씀하신 대로 해보았다. 그랬더니 뾰족한 모서리가 내 손바닥을 찌르고 움푹 들어갔다.

"그것을 꼭 쥐어라."

다시 한 번 있는 힘을 다해 그것을 꼭 쥐었다. 너무 아팠다. 통증을 견디지 못하고 결국 바닥에 떨어뜨렸다. 그러자 큐브가 산산조각이 났다.

그 순간 나는 성령님을 쳐다보았다. '이런, 내가 이 큐브를 산산조각 낼 줄이야! 도저히 믿을 수가 없네.' 혹시 성령님이 화를 내실까 봐 두려운 마음으로 두 눈을 크게 뜨고 그분을 바라보았다. 성령님은 화를 내시지 않았다. 오히려 잔잔한 미소를 지으시며 이렇게 말씀하셨다.

"순종을 할 때 옳은 방법과 잘못된 방법이 있단다. 온 힘을 다해 제대로 순종하고자 한다면, 하나님의 명령은 네 귀에 불편하게 들릴 것이다. 하지만 순종할 마음이 있다면 너는 어떻게 해서든 그 일을 이뤄낼 것이다. 반면에 순종하고자 하면서도 마음에 화를 품거나 네가 하는 일을 후회한다면 너는 일하는 내내 불평을 하거나 계속해서 변명할 것이다. 물론 그 일을 하긴 하겠지만 마음속 평안이나 기쁨은 기대하기 힘들 것이다. 결국 순종의 고통은 점점 커져 가고, 결국 너는 견디다 못해 그 일을 던져 버리게 될 것이다. 기억해라. 예수님은 자기 앞에 놓인 기쁨을 바라보았기에 십자가를 견디실 수 있었다(히 12:2

참조). 그러므로 너도 순종 너머에 있는 기쁨을 바라보아라. 하나님이 네게 무언가를 맡기셨다면, 그 일을 다 마친 후엔 반드시 기쁨이 찾아 올 것이다. 하나님은 기쁨을 주시기 위해 네게 순종을 요구하신단다. 그러므로 올바르게 순종하여라."

이후 성령께서는 몸을 굽혀 깨진 큐브 조각들을 주우셨다. 그리고 그 조각들을 내 손바닥에 찔러 넣으셨다. 아팠다. 나는 자동반사적으로 손을 빼려고 했다. 하지만 예수님이 나의 모범이 되시고자 견디셨던 그 고통을 생각하며 참아 보기로 결심했다.

성령께서는 또 다른 큐브를 건네시며 "이것을 네 이마에 대고 두 손으로 꼭 누르거라"라고 명령하셨다. 그렇게 했더니 큐브는 내 머릿속으로 들어갔다.

깨진 큐브 조각은 내가 올바르게 순종하고자 할 때 어떤 일이 생기는지 잘 설명해 주는 해설서와 같았다. 그리고 그 큐브는 순종 너머에 있는 기쁨, 선한 싸움을 다 싸운 후 내게 찾아올 기쁨을 상기시켜 주었다.

CHAPTER 17

세상을 이기는 강력한 공격 무기

세상의 빛

다음 날, 성령께서 또 다른 기둥으로 나를 이끄셨다. 그 위에는 조그마한 구슬 크기의 물체가 놓여져 있었다. 엄지손가락과 검지손가락으로 조심스레 집어 올렸다. "이것은 무엇입니까?" 성령님의 대답을 듣기도 전에 강렬한 빛이 그 물체로부터 뿜어져 나왔다. 강렬한 불빛 때문에 눈이 부셔서 아무것도 볼 수가 없었다. 눈을 보호해야 했기에 얼른 다른 손으로 그 물체를 감쌌다.

"성령님, 도대체 이것은 무엇이죠?"

"그것은 세상의 빛이신 예수님을 상징한단다. 그것을 네 눈에 넣어 보렴."

그 물체를 눈에 넣었다. 나는 어느 부둣가 해변에 서 있었다. 등대가 된 것이었다! 내 눈을 통해 '세상의 빛'이 어둠을 밝히기 시작했다. 수많은 선박이 불빛을 보고 항구로 안전하게 들어왔다. 만일 불빛이 없었다면 선박들은 수면 아래 수많은 장애물들, 이를테면 암초와 바위, 모래톱과 난파선의 표류물 등 온갖 종류의 위험 요소를 감지할 수 없었을 것이다. 아마도 큰 피해를(최악의 경우엔 난파되었을 것이다) 입었을지도 모른다. 나는 내게 주어진 사명이 여러 가지 장애물들에 빛을 비춰 줌으로써 배들이 항구에 안전하게 정박할 수 있도록 돕는 것임을 알았다. 선박들은 저마다 다른 속도로 항구에 도달했다.

이번에 배울 교훈이 무엇인지 즉시 파악할 수 있었다. 성도들은 등대이다. 왜냐하면 우리에겐 불빛이 있기 때문이다. 앞길을 비춰 주고 중도에 좌초되지 않도록 장애물들을 보여 주는 일은 무척 중요하다. 우리는 안개주의보가 아니라 길을 비춰 주는 등대이다. 덫과 함정이 어디에 있는지 밝히 보여 줌으로써 사람들에게 바른 길을 알려 주는 횃불이다. 그러므로 불빛이 약해지면 안 된다. 활활 타오르도록 항상 충분한 기름을 준비해 두어야 한다. "이 정도면 충분해. 연료가 더 필요하지는 않을 것 같아"라는 생각이나 "지금 밖에는 폭풍이 몰아치니까 잠잠해지거든 연료를 사러 가야지" 등의 태도는 버리라. 항상 기름을 채워라. 결코 다 타버리는 일(burn out: 녹초가 된 상태)이 생겨서는 안 된다.

믿음

다음 기둥으로 이동했다. 그런데 그 위에는 아무것도 없었다. 몸을 좀 더 기울여 자세히 살펴보았지만 정말 아무것도 없었다. 다소 서운한 마음이 들었다.

"성령님, 여기에는 아무것도 없네요."

"얘야, 그렇지 않단다." 성령님이 대답하셨다.

"좀 더 가까이 다가가서 자세히 살펴보렴."

나는 눈도 깜빡이지 않고 자세히 들여다보았다. 여전히 아무것도 없었다. 잠시 후 성령님이 미소를 지으시며 말씀하셨다.

"그 기둥 위에는 '믿음'이 있단다. 네 손으로 믿음을 집어 올려 보거라."

성령님의 말씀대로 믿음을 집어 들었다. 그러자 이번에는 슬리퍼를 신듯, 그것을 발에 신어 보라고 말씀하셨다. '아 그렇지! 믿음은 바라는 것들의 실상이요 보이지 않는 것들의 증거지!'

성령님이 믿음을 '슬리퍼'처럼 신어 보라고 말씀하셨다는 점이 내게는 흥미로웠다. 왜 구두나 부츠 혹은 운동화가 아니고 슬리퍼인가? 이에 대한 성령님의 설명이 이어졌다.

"슬리퍼는 편안하기 때문이다. 긴 하루를 보낸 후 네가 잠자리에 들기 전에 신는 신발이 바로 슬리퍼지? 그것은 따뜻하고 편안하다."

이것을 통해 믿음에 익숙해야 하고 또 믿음을 편안하게 받아들여야 함을 깨닫게 되었다. '그래. 성령께서 나를 인도하신다는 확신이 있으면 나는 어디든 갈 수 있지!' 이러한 믿음에 익숙해질 필요가 있었다.

그러나 오해해서는 안 된다. 믿음에 익숙해져야 한다고 해서 성령께서 주시는 믿음의 선물을 값싼 것으로 여기거나 당연시해야 한다는 뜻은 아니다. 하나님이 내게 허락하시는 믿음의 분량에 익숙해져야 한다는 뜻이다. 우리의 믿음은(믿음의 분량은) 날마다 커질 것이다.

막대

믿음의 분량에 대해 배운 후, 성령님은 또 다른 기둥으로 나를 인도하셨다. 기둥 위에는 어떤 막대 하나가 놓여 있었다. 내가 그것을 집어든 순간, 바통을 손에 쥐고 달리는 육상선수의 모습이 나타났다. "그 막대는 경주를 상징한단다." 성령님은 내가 본 것을 확인시켜 주셨다.

경주를 할 때 가장 중요한 요소 가운데 하나는 인내이다. 인내하면 완주할 수 있다. 나는 그 막대를 두 조각으로 부러뜨린 후 그것을 각각 정강이에 찔러 넣었다. 이제 바통은 결승선까지 견디며 완주해야 할 필요성과 중요성을 상기시켜 줄 것이다.

환상을 본 후, 나는 책상에 앉아 사전을 펼쳐 '인내하다'(endure)라는 단어를 찾아보았다. 유의어로는 '지속하다, 계속하다, 존속하다, 유지하다, 오래 견디다' 등이 있었다. 나는 내 정강이와 발목을 살펴보았다. 그곳에 넣어 둔 바통조각을 영안으로 볼 수 있었다.

"오래 견뎌야 하겠군!"

지팡이

하루는 하늘 아버지와 함께 오붓한 시간을 보내고 있었다. 아버지께 사랑을 표하고, 또 그분의 사랑을 느끼며 기뻐했다. 하나님이 나를 무릎에 앉히시더니 내 머리에 왕관을 씌워 주셨다. 그러고는 지팡이를 건네주셨는데, 지팡이라는 단어를 사전에서 찾아보았더니 다음과 같이 정의되어 있었다. "걷거나 경사진 곳을 오를 때 몸을 지탱할 수 있는 도구. 혹은 무기로도 사용될 수 있다. 지팡이는 권위를 상징하기도 한다."1) 아버지께서 내게 주신 지팡이는 위의 세 가지 정의에 부합한다고 생각했다. 그 지팡이는 몸을 지탱하는 도구이자, 무기이며, 권위를 상징해 주기도 한다. 나는 하나님 나라의 일원으로서 권위의 상징을 지니고 있다. 이 여정을 마칠 때까지, 하나님이 나를 지탱해 주셨다. 그리스도인에게는 악한 원수에 대항하여 공격을 펼 수 있는 강력한 무기가 있다. 바로 하나님이시다!

CHAPTER 18

하나님의 소유가 되는 법

✻ **나는 여러 가지** 물체와 기둥들이 있던 그 공간에 서 있었다. 거기에서 아버지의 목을 두 팔로 감싸 안았다. 그런데 아버지께서는 내 어깨를 잡아 바닥에 내려놓으셨다. 그래서 우리 둘 사이에는 한 자 정도의 거리가 생겼다.

찬란한 영광이 아버지로부터 발산되기 시작했다. 참으로 아름다운 빛이었다. 하나님은 자신의 가슴에 손가락을 대시더니 그 영광의 일부를 '떼어' 내셨다. 그것은 마치 큰 영광의 발원체(starter)와 같았다. 혹은 빵을 부풀리기 위해 반죽에 넣는 이스트와 같다고 할까? 하나님은 팔을 뻗어 그 영광의 작은 조각을 내 몸에 넣어 주셨다. 나는 웃기 시작했다. 기쁨으로 충만한 웃음이었다. 약간이긴 하지만 하나님의 영광을 맛본 것이다. 내게 영광이 닿다니 정말 영광스런 일이 아닐 수 없다. 나는 곧장 예수님께 달려가 내가 받은 약간의 영광을 보여 드렸다. 예수님도 무척 기뻐하셨다. 하나님이 하신 일을 보며 내가 기뻐했을 때, 삼위 하나님 역시 크게 즐거워하셨다.

성령님이 오시더니 내게 춤을 추자고 말씀하셨다. 사실 성령님이 춤을 권하신 것은 이번이 처음이 아니었다. 하지만 성령님이 춤을 권하시기 전, 내 발은 언제나 땅에 '딱' 달라붙어 있었다. 나는 중력의 영향을 받아 두 발을 땅에 딛고 있었으나 성령님은 중력에 아무 영향을 받지 않으신 듯 높이, 그것도 아주 높이 오르곤 하셨다. 그런데 이번에는 성령님이 두 팔로 나를 안으셨다. 그래서 우리는 함께 우아한 춤을 추면서 높이 올라갔다. 나는 기쁨에 겨워 웃었다. 성령님도 내게 미소를 지으셨다.

"얘야, 난 너를 사랑한다."

"저도 주님을 사랑합니다."

"얘야, 나는 성부 하나님을 사랑한다." 성령님이 말씀하셨다.

"오, 저도요. 저도 하나님을 사랑합니다."

"나는 성자 예수님도 사랑한단다." 다시 성령님이 말씀하셨다.

"저도요. 저도 예수님을 사랑합니다."

성령님은 지금 세상 끝 날에 열리게 될 결혼 피로연을 준비하는 중이라고 말씀하셨다. 그때엔 신부가 준비되어 신랑과 함께 멋진 춤을 출 것이다.

이어 성령님은 나에게 자신의 '이끄심'에 집중하라고 말씀하셨다. 그리고 그분의 이끄심을 따르는 방법도 가르쳐 주셨다. 어떻게 해야 그분의 작은 움직임을 감지할 수 있고, 어떻게 해야 그분의 움직임에 민감하게 반응할 수 있는지 가르쳐 주셨다. 그래서 나는 주님의 인도하심을 온전하게 받을 수 있게 되었다. 성령님과 춤추는 것은 정말로 즐거운 일이다. 나는 신랑이신 예수님과 춤추게 될 날이 하루 빨리 오기를 갈망한다. 분명한 것은 예수님 역시 그날의 혼인잔치를 손꼽아 기다리신다는 것이다! 성령님과 춤을 추면서 나는 그날의 기쁨을 잠시나마, 아주 약간이라도 누릴 수 있었다. 이 기쁨을 독자들과 함께 공유하고 싶다.

결혼식

나는 혼례식이 거행될 크고 거룩한 교회 정문에 서 있었다. 건물의 외관은 매우 화려했고, 그 규모도 어마어마했다. 입구를 들여다보았더니 아버지께서 통로 맨 앞쪽에 서 계셨다. 그리고 아버지 곁에는 예수님이 고개를 숙인 채 서 계셨다.

식장의 하객용 의자는 깨끗하고 투명한 유리처럼 맑았다. 그리고 그곳에 부드러운 실크 가운을 입은 천사들이 줄지어 앉아 있었다. 그들은 모두 들떠서 신랑신부의 입장을 기다리고 있었다. 식장의 분위기는 최고조에 이르렀다. 내 피부로 감지할 수 있을 정도였으니 말이다. 실로 엄청난 기대감이었다.

내가 입구에 들어서자 트럼펫 소리가 울렸다. 우렁찬 음색으로 그 시간의 장엄함을 포효한 것이다. 성령께서 출입문을 활짝 열어젖히셨다. 그러고는 신부에게 손을 내미셨다. 내가 통로에 발을 들이자 그곳에는 나 혼자가 아닌, 그리스도의 신부 전체가 서 있었다. 하늘 아버지께서 미소를 지으셨다. 그동안 객석에 앉아 있던 천사들은 기쁨에 겨워 서로 속삭이며 이야기하고 있었다. 하지만 그 순간에는 속삭이는 소리조차 사라지고 없었다. 그들 모두는 고개를 돌려 신부가 입장하는 모습을 바라보았다. 예수님이 머리를 드셨다. 오! 자기 신부를 바라보시는 예수님의 표정이 어떠했는지 당신에게 보여 주지 못하는 점이 너무 아쉽다. 예수님의 입가에 찬란한 미소가 떠올랐다. 그토록 기다렸던 이날의 기쁨을 온몸으로 표현하신 것이리라!

예수님이 신부를 향해 몇 발자국 옮기셨다. 아버지께서는 껄껄 웃으시면서 예수님의 팔을 붙잡아 만류하셨다. 신부에게 더 가까이 가지 못하도록 말리신 것이다. 왜냐하면 이미 예수님은 자신에게 허락된 걸음 수를 다 채우셨기 때문이다. 이제는 신부가 신랑을 향해 걸어가야만 한다. 이제, 예수님은 그 자리에 서서 기다리셔야만 했다. 하지만 여차하면 언제든 신부를 향해 달려나가실 기세였다. 성령님은 신부를 데리고 천천히 걸음을 옮기셨다. 꽤나 긴 거리였다. 예수님의 두 눈은 단 한 순간도 신부에게서 떨어지지 않았다. 성령님과 함께 그 신부는 하나님의 제단 앞으로 걸어 나갔다. 그리고 그곳에서 멈췄다. 아버지께서 성령님으로부터 신부의 손을 건네받은 후 아들의 손을 맞잡으셨다.

"아들아! 여기 그토록 네가 기다렸던 신부가 있다. 흠도 없고 점도 없는 네 신부다."

하늘이 기뻐했다. 수많은 천사들이 신랑을 찬양하기 시작했다. 신부 역시 천사의 경배에 가담했다.

생각

결혼식 환상을 본 후 나는 이것으로 더 이상의 환상은 없을 것이라고 생각했다. 이 얼마나 멋진 결말인가! 어쩌면 이렇게 끝나기를 내심 기대했는지도 모른다. 이 모든 환상은 정말 놀라웠다. 삼위 하나님과 함께했던 시간 역시 참으로 달콤했다. 마치 환상 속의 환상 같다고 할까? 하지만 나는 그것이 그저 '환상' 속에서 일어난 일이라고는 생각하고 싶지 않다. 정말 생생했기 때문에 이것이 진짜 현실일지도 모른다고 생각할 정도였다.

나를 감싸 안는 예수님의 두 팔을 느꼈디. 내 귀에 속삭이신 아버지의 세미한 음성도 들었고, 나와 함께 춤추시는 성령님의 움직임도 느꼈다. 비록 실제처럼 느껴졌으나, 사실 이 모두는 자연계에서 일어난 일이 아니다. 하지만 자연계와 영계를 구분 짓는 경계는 얇지 않은가? 혹시 이 둘 사이를 넘나들 수 있는 것은 아닐까? 이 영역에서 저 영역으로 손을 뻗으면 무언가를 감지할 수 있을 것만 같다.

CHAPTER 19

삼위 하나님의 심장을 덧대다

＊**기둥과** 여러 물체가 있는 방, 그곳에서 나는 창문을 보았다. 하지만 창문에 대해서는 아직 언급하지 않았다.

그 방의 뒤편에 창문이 하나 있었고 주님은 창밖을 내다볼 수 있도록 허락해 주셨다. 하지만 창문이 불투명한 유리로 되어 있었기 때문에 옆으로 밀어제친 후에야 밖을 볼 수 있었다. 열린 창으로 보니 눈부시게 아름다운 공원이 나타났다. 하나님의 보좌에서 발원한 시냇물이 정원을 지나 다시 굽이쳐 그 공원을 가로질러 나가는 것 같았다. 창문에서 내다본 시냇물은 일전에 정원에서 봤던 것보다 폭이 훨씬 더 넓었다. 그러니 더 이상 시내라고 할 수 없었다. 그것은 강이었다. 사실 이 공원은 정원의 모습을 많이 닮았다. 다만 규모가 더 클 뿐이었다. 공원의 푸른 초원은 내 시선이 닿는 한계까지 넓게 펼쳐져 있었다(나는 공원이 위치한 곳보다 훨씬 더 높은 곳에 서 있었다). 창밖으로 펼쳐진 경치를 감상하고 있는데, 숲 사이로 나 있는 오솔길에 누군가가 서 있는 모습이 눈에 들어왔다. 하지만 그가 누군지는 알 수 없었다.

사실 이 광경을 보고 있을 때 주님은 내게 황금알의 또 다른 각면을 보기 원하는지 물어보셨다. 일단 황금알의 각면 이야기를 먼저 한 후, 공원에서 일어났던 일을 이야기하겠다.

내 마음은 어디에 있는가

또다시 나는 어린 여자아이였다. 그리고 내 앞에 예수님이 서 계셨다. 예수님은 자신의 심장을 꺼내어 내게 건네주셨다. "나와 함께 잠시 산책하자꾸나." 소중한 심상을 들고 있었기 때문에 나는 아주 조심스럽게 걸었다.

갑자기 장면이 바뀌었다. 나는 부엌에 서 있었고, 예수님은 온데간데없이 사라지셨다. 밖에서 아이들이 노는 소리가 들려왔다. 하지만 나는 예수님의 심장을 들고 있던 터라 밖으로 나갈 수 없었다.

아이들과 함께 놀고 싶은 마음이 점점 더 강렬해졌다. 나는 예수님의 심장을 테이블 위에 살며시, 아주 조심스럽게 올려놓은 후 밖으로 달려 나갔다. 노는 것이 재미있어서 심장은 까맣게 잊고 있었다. 그렇게 한참을 뛰어놀았는데 갑자기 내 옆에 예수님이 나타나셨다. 나는 고개를 들어 예수님을 바라보았다. 예수님은 허리를 굽힌 채 상냥한 목소리로 물으셨다.

"내 심장(마음)은 어디에 두었니?"

그제야 비로소 심장이 생각났다. 맙소사! 나는 얼른 집으로 뛰어가서 예수님의 심장을 집어 들었다. '다시는 주님의 심장을 내려놓지 말아야지' 하고 다짐했다.

그런데 선반 위에 놓인 쿠키 접시가 눈에 들어왔다. 터벅터벅 걸어가 뒤꿈치를 들고 한쪽 손으로 쿠키가 놓인 곳을 더듬어 보았다. 물론 다른 한 손으로는 예수님의 심장을 들고 있었다. 결코 내려놓고 싶지 않았기 때문이다.

하지만 선반은 생각보다 높았다. 손이 닿지를 않았다. 그래서 고개를 숙이고 예수님의 심장을 턱과 목 사이에 끼운 채 두 손으로 쿠키 그릇을 집으려고 했다. 바로 그 순간 예수님의 심장이 미끄러져 바닥에 떨어지고 말았다. 또다시 예수님이 나타나셨다. 예수님은 몸을 굽혀 자신의 심장을 주워서 싱크대로 가서 깨끗이 씻으셨다. 그리고 그 심장을 다시 내게 건네주셨다. 나는 그 자리에서 또다시 다짐했다. '다시는 주님의 심장을 턱에 괴지 말아야겠어. 생각보다 미끄러우니 말이야.'

이번에는 심장을 손에 받친 채, 산책을 나섰다. 발을 '쿵쿵' 내딛을 때마다 내 손 위에 놓인 심장은 이리저리 출렁거렸다. 재미있다고 생각했다. 그러다가 팔짝팔짝 뛰어 보았다. 심장은 더욱 심하게 출렁거렸다. '공중으로 살짝 던져 볼까?' 그렇게 살며시 던졌다 받아 보기도 하고 또 두 손을 번갈아 가며 주님의 심장으로 '저글링'을 했다. 그 시점에서 환상은 끝났다. 나는 예수님이 가르쳐 주신 교훈이 무엇인지 알 수 있었다.

자기 자신을 위해 일하면서 우리는 얼마나 자주 예수님의 심장을 옆으로 제쳐 두는가? 스스로 문제를 해결한다며 예수님의 심장을 부주의하게 다룬 일은 얼마나 많은가? 게다가 육신의 정욕과 만족을 추구할 때면 예수님의 심장을 아예 뒤쪽에 방치해 두곤 한다. 매일의 삶 속에서 당신은 예수님의 심장(마음)에 대해 정당한 예우를 갖추는가? 예수님의 심장이 받아야 할 영예와 존경을 제대로 올려 드리는가?

하지만 이러한 사실도 깨달았다. 비록 내가 예수님의 심장을 옆으로 제쳐 두었을 때에도, 정당한 예우를 갖추지 않았을 때에도, 또 그에 합당한 존경을 표하지 않았을 때에도 예수님은 화를 내시지 않았다. 슬퍼하셨지만 화를 내시진 않았다. 항상 온화한 표정으로 자신의 심장을 다시 건네주실 뿐이었다. 아! 나는 하나님의 이러한 성품(각면)을 사랑한다. 예수님은 그 심장을 제대로 붙드는 방법을 가르치기 위해 계속해서 참아 주신다. 우리가 이기적인 욕망과 부주의함을 넘어 하나님을 진심으로 사랑하게 될 때까지 오래 참으시는 것이다. 뿐만 아니라 그릇된 행동을 하다가 잘못을 깨닫고 용서를 구하면 주님은 언제나 우리의 죄를 용서해 주신다. 정말 놀라우신 하나님이 아닌가? 이제 나는 예수님의 심장을 항상 곁에 두고 살기 위해 노력한다. 나를 위해, 그리고 이 세상의 모든 사람을 위해 고동치는 주님의 심장을 매 순간 느끼기 원한다.

창문

앞에서 언급했던 창문을 기억하는가? 공원을 내다보기 위해 열어 젖혔던 창문 말이다. 창문 곁에 서 있던 내게 성령님이 찾아오셨다.

"공원을 가 보고 싶지?"

"그럼요!"

기둥들 근처에는 공원으로 향한 샛길의 입구가 있었다. 성령님은 그 길로 나를 인도하셨다. 언덕을 내려가는 그 길의 일부는 꽤나 험했다. 커다란 바위가 여기저기 놓여 있었다. 그 바위들을 징검다리로 삼으면 쉽게 이동할 수 있을 것 같았다. 하지만 문제는 내 보폭이 일정치 않았다는 데 있었다. 혹여나 발을 잘못 디뎌서 바위 아래로 떨어지게 될까 봐 두려웠다.

"내가 네게 말해 주는 곳만 밟으면 된다. 그리고 내 손을 꼭 잡아라."

성령님이 말씀하셨다. 언덕을 다 내려갈 동안 성령님은 내 손을 잡아 주셨다. 그분의 도움을 받아 안전하게 이동할 수 있었다. 성령님은 내 길의 안내자이시며 나의 위로자이시다.

언덕을 다 내려왔을 때 창문에서 보았던, 오솔길에 서 있던 그 사람이 떠올랐다. 그를 만나기 위해 숲으로 들어갔다. 그런데 숲 속에서 처음 만난 것은 예수님과 성부 하나님이었다. 나는 두 팔을 활짝 펼친 채 두 분에게로 달려갔다. 두 분은 나를 꼭 안아 주셨다. 이후 예수님이 둥근 탁자와 여러 개의 의자가 놓인 장소를 보이시며 말씀하셨다. "앉거라." 나는 삼위 하나님과 함께 그곳에 앉았다. "이제 네 심장을 탁자 위에 올려놓으렴." 예수님이 말씀하셨다. 사실 그 말씀이 반갑고

좋게 들리지는 않았다. 하지만 두려워할 이유도 없었다. 그래서 주님의 명령대로 심장을 꺼내어 탁자 위에 올려놓았다. 무슨 이유에서인지 모르겠지만 그곳에 심장을 올려둔 채 나는 자리에서 일어났다. 아마도 하나님이 나를 다시 부르기 전까지 그분들로부터 떠나 있어야 한다는 것을 알았기 때문일 것이다(어떻게 그것을 알았는지는 나도 잘 모르겠다). 그래서 가청거리를 벗어난 곳까지 달려가 기다리기로 했다. '잠깐이면 되겠지?' 하고 생각했으나 삼위 하나님의 대화는 그 다음 날까지 이어졌다! 그분들의 대화를 듣고 싶은 마음이 간절했다. 하지만 그럴 수 없었다. 나는 그저 멀리 떨어져서 기다려야만 했다.

'마음'(심장)이란 것은 아름다우면서도 동시에 끔찍한 것 아닌가? 기다리는 동안 '혹시 삼위 하나님이 내 심장이 얼마나 검은지 욕하시지 않을까?' 하고 걱정했다. '너무 검기 때문에 더 이상 내 심장을 사용하실 수 없다고 말씀하시는 것은 아닌가?' 라는 생각이 불현듯 들었다. 물론 나는 이러한 마음속 생각을 믿지는 않았다. 내 심장이 아무리 검어도, 그래서 한 덩어리 숯과 같더라도 하나님은 건강한 심장으로 바꾸실 수 있지 않은가? 혹은 아예 새로운 심장을 주실 수도 있지 않겠는가? 가벼운 마음으로 그 끔찍한 생각들을 저 멀리 던져 버렸다. 이후 '좋은 의미'에서 긴장하기 시작했다. '이제 어떤 일이 일어날까?' 너무 궁금했던 것이다.

이처럼 오랫동안 환상이 지속될 경우라 하더라도 그 시간 내내 환상 속의 장소에 갇혀 있는 것이 아니다. 환상은 환상대로 진행되지만 나는 여전히 다른 곳에서 하나님과 대화할 수 있었다. 환상 가운데 삼위 하나님이 내 심장을 다루시는 동안, 나는 성령님을 따로 만나 그 일을 좀 더 빨리 진행해 주시기를 간청했다. 결과를 알고 싶은 마음이 간절해서였을까? 나는 모든 일이 더 빨리 진행되기를 원했다. 그러자 성령님이 웃으시면서 "나는 지금 왈츠를 추는데 갑자기 지르박을 추자고 하면 어떻게 하니?"라고 말씀하셨다. 성령님과 함께 춤추기 원한다면 그분이 어떤 춤을 추시는지 알아야 하고 또 그분의 스텝을 따라가야만 한다. 그렇지 않으면 결코 성령님과 동행할 수 없다. 아무리 신령한 일을 한다고 하더라도 성령님과 동역하지 않으면 그저 내 힘으로 내 자신의 일을 하는 것에 불과하다. 이런 경우에는 성령의 인도하심을 통한 은혜를 체험할 수 없다.

마침내 예수님이 나를 보시며 고개를 끄덕이셨다. 나는 테이블을 향해 신속하게 걸어갔다. 예수님이 내 심장을 집어 올리셨다. 그리고 자신의 심장에서 한 조각을 떼어 내시더니 내 심장에 붙이시고 바늘로 꿰매셨다. 이후 예수님은 내 심장을 성령님께 건네주셨고, 성령님 역시 자신의 심장 일부를 떼어 내 심장에 붙이고 바늘로 꿰매셨다. 성령님은 그 심장을 아버지께 건네주셨다. 아버지도 마찬가지로 자신의 심장에서 한 조각을 떼어 내 심장에 붙이시고 바늘로 꿰매셨다. 마지막으로 예수님이 그 심장을 건네받으신 후 내 손에 쥐어 주셨다. 아버지께서 내게 말씀하셨다.

"삼위 하나님의 심장은 하나이며, 동일한 박동을 울린단다."

세 분께서 각자의 심장 일부를 떼어 내 심장에 덧대시는 환상을 보여 주셨다. 나로 하여금 삼위 하나님이 하시는 일을 더 쉽게 이해하도록 그런 환상을 보여 주신 것 같다. 이제 이식된 각각의 조각들은 점점 크게 자라나 내 심장을 완전히 흡수해 버릴 것이다.

CHAPTER 20

하나님 정원에서의 즐거운 시간

캠프파이어

정원 안 강가로 걸어가 보았다. 이제 내게는 너무나 익숙해진, 하나님의 영광의 강물이다. 둑에 앉아 강물에 발을 담그는 동안 아버지께서 다가오시더니 내 옆에 앉으셨다. 그런데 내 손에 조그마한 낚싯대가 쥐어져 있는 것이 아닌가? 줄은 이미 물속에 드리워져 있었다. 그렇다. 나는 낚시하고 있었던 것이다! 너무도 즐거운 시간이었다.

"무엇을 잡으려고 하니?"

아버지의 갑작스런 질문에 나는 잠시 멈춰서 생각했다. 입가에 큰 미소를 짓고 이렇게 말씀드렸다.

"사람이요!" 나의 대답에 하나님이 큰 소리로 웃으셨다.

"어떤 미끼를 사용하려고 하느냐?"

이 질문에 또다시 생각해야 했다. 하지만 얼마 되지 않아 명쾌한 답이 떠올랐다. 나는 전보다 더 큰 미소를 지으며 천천히 말씀드렸다.

"사랑이요."

아버지께서 두 팔로 나를 안아 주셨다.

"훌륭하구나! 그 미끼를 사용하면 사용할수록 너는 더 많은 사람을 낚게 될 것이다."

어느 날, 나는 삼위 하나님이 앉아 계셨던 테이블 장소로 되돌아가 보았다. 그때 예수님이 내게 말씀하셨다. "나와 함께 어디 좀 가자꾸나." 예수님과 함께 걸어 도달한 곳은 캠프파이어 장소였다. 아버지께서는 모닥불 곁 조그만 공터에 앉아 계셨다. 불이 강렬했기 때문에 쌓아 올린 나무는 '쩍쩍' 갈라지는 소리를 내며 무섭게 타들어 갔다. 어느 누구도 입을 열지 않았다. 고요한 침묵 속에 나무 타는 소리만 들릴 뿐이었다.

시간이 흐르자 불은 더욱 거세졌다. 마치 누군가 거실 온도 조절기를 최고 온도에 맞춰 놓은 것 같았다. 그래서인지 불 가까이 앉아 있기가 불편했다. 나는 얼른 열기를 피해 다른 곳으로 자리를 옮겼다. 멀리 떨어져서 모닥불을 바라보았는데 세 분 하나님은 고개를 숙이신 채 그 자리에 계속 앉아 계셨다. '혹시 내가 잘못했나?' 하는 생각이 들었다. 나는 다시 아버지께로 다가가 모닥불 곁에 앉았다.

"이것은 내 불이란다. 때때로 이 불은 거세지기 때문에 사람들이 불편해하지. 하지만 나는 잠시도 사람들을 떠나지 않는다. 그들이 내게 '하나님 자리를 비켜 주세요' 라고 말하기 전까지는 말이다."

하나님은 수많은 사람들이 단지 불편하다는 이유로 이 불을 떠났다고 말씀해 주셨다. 그리고 앞으로도 많은 사람들이 떠날 거라고 말씀하셨다.

"안타깝게도 이 불을 떠난 사람은 어둡고 추운 숲 속에서 떨고 있단다. 모닥불 빛을 먼발치에서 바라보기는 하지만, 어떤 이는 두려워서, 또 어떤 이는 너무 교만해서 돌아오지 못한단다. 그리고 어떤 사람은 아예 이 불이 필요 없다고 말하며 돌아오지 않는단다."

뒤로 돌아 숲 쪽을 보았다. 숲 가장자리에 누군가가 서 있는 것이 보였다. 여성이었다. 그녀는 추위에 덜덜 떨고 있었다. 겉으로 보기에도 무척 추워 보였다. 하지만 모닥불을 동경할 뿐, 선뜻 되돌아올 용기는 없어 보였다.

"하나님! 혹시, 저기에 서 있는 여성이 방금 전에 말씀하신 사람들 중 한 명인가요?"

"그렇단다."

이후 하나님은 내게 불을 집어 보라고 말씀하셨다. 나는 맨손으로 불꽃, 내 손바닥 크기의 작은 불꽃을 집어 올렸다. "그것을 저 사람에게 전해 주렴." 나는 불꽃을 들고 그 여성에게 다가갔다. 그리고 꼭 안아 주었다. 그 여성의 몸에 밴 차가운 기운이 사라질 때까지, 내 마음 속 사랑으로 그녀의 온몸과 마음이 따뜻해질 때까지 꼭 안아 주었다. 그리고 불꽃을 건넸다. 나는 그녀가 다시 모닥불을 향해 나아가서 삼위 하나님의 품에 안길 수 있을 거라고 생각했다.

다시 모닥불 쪽으로 달려가 하나님께 여쭈었다. "불을 더 크게, 더 강렬하게 만들어 주시면 안 돼요?" 생각 같아서는 그 불 한가운데 들어가 내 전 존재를 완전히 사르고 싶었다. 단지 불 근처에 앉아 있었는데도 그 정도로 불편했다면 불 한가운데 들어가는 일은 보통 불편한 일이 아닐 것이다. 하지만 나는 하나님의 불 한가운데 서는 것이 옳은 일임을 알았다. 하나님을 향한 사랑으로 전 존재를 완전히 불태우는 것이 옳다는 사실을 배운 것이다.

나는 불 한가운데로 들어가 춤을 추었다. 삼위 하나님이 기뻐하시는 가운데, 나는 춤추며 돌며 뛰며 불 속으로 들어갔다.

해야 할 일의 목록

어느 날, 아버지께서는 나를 또 다른 캠프 장소로 데려가셨다. 그곳에 탁자 하나가 놓여 있었다. 아버지께서 종이 한 장을 꺼내시더니 탁자 위에 펼치셨다.

"이것은 내가 네게 부탁할 일의 목록이란다. 만일 순종하기를 원한다면 네게 이 일을 맡기고 싶구나."

나는 그 목록을 쭉 읽어 보았다. '복음 전하기'와 같은 일도 있었고 '억눌린 자를 자유케 하기' '모든 사람을 사랑으로 대하기' '아버지의 은혜를 사람들에게 보여 주기'와 같은 일도 목록에 포함되어 있었다. 목록은 총 세 단으로 이루어져 있었는데, 아주 깨끗하고 보기 좋은 필체로 기록되어 있었다.

"제가 할 수 있을까요?" 나는 아버지께 의구심을 표했다. "아시다시피 순종하고는 싶지만 실제로 그 모든 일을 할 수 있을지 제 자신도 잘 모르겠습니다."

그러자 아버지께서 성령님을 부르시더니 내 오른쪽에 설 것을 말씀하셨다. 이후 아버지께서 성령님께 물으셨다.

"이 모든 것을 할 수 있는가?"

성령님은 빙그레 웃으시며 목록을 쭉 훑어 보셨다.

"그럼요. 저는 이 모든 것을 할 수 있습니다."

아버지께서는 자신의 오른손을 내 왼쪽 어깨에, 왼손을 성령님의 오른쪽 어깨에 올리시고 가운데로 천천히, 아주 부드럽게 모으기 시작하셨다. 그러자 성령님이 내 안으로 들어오셨다. 성령님이 내 전(全) 존재에 가득 차오르는 것을 느꼈다. 아버지께서 다시 성령님께 물으셨다.

"이 모든 것을 할 수 있는가?"

그러자 내 안에 계신 성령님이 다시 한 번 빙그레 웃으시며 대답하셨다.

"그럼요. 저는 이 모든 것을 할 수 있습니다."

성령님이 말씀하실 때, 온몸이 간지러워서 나도 모르게 킥킥대며 웃었다. 성령께서도 웃기 시작하셨다. 아버지께서는 미소를 지으신 채, 내 웃음이 멎을 때까지 기다리셨다. 그리고 내게 얼굴을 돌려 다시 한 번 물으셨다.

"이 모든 것을 할 수 있겠느냐?"

"네, 아버지. 놀라우신 보혜사가 함께하시기 때문에 이 모든 것을 할 수 있습니다."

주목하길 바란다. 하나님은 조금의 실수도 없이 이 모든 일을 성공할 수 있느냐고 묻지 않으셨다. 다만 그 일을 할 수 있는지를 물으신 것이다. 내가 실수 없이 그 모든 일을 완수하길 하나님이 원하시겠는가? 물론 그렇다. 하지만 하나님은 이 모든 일에 시행착오의 과정이 필요하다는 사실도 잘 알고 계신다. 하나님은 오래 참으시며 친절하신 분, 내 모든 실수를 용서해 주실 분이시다. 그러므로 나는 더 이상 실수를 두려워할 필요가 없다. 나는 내게 능력 주시는 그리스도 예수를 통하여, 그리고 내 안에 거하시는 성령의 능력을 힘입어 이 모든 일을 할 수 있다.

춤 배우기

이후 성령님과 나는 다시 춤추기 시작했다. 전에는 성령님만 춤을 추시고 나는 덩그러니 서 있었으나 이번에는 달랐다. 공중으로 높이 솟구쳐 올라가는 춤이 아니었다. 내가 성령님의 인도하심을 차근차근 따라갈 수 있도록 성령께서는 일부러 천천히 움직이며 춤추셨다. 춤을 추는 동안 내 등에 닿는 성령님의 온화한 터치, 내 손을 붙잡고 움직이시는 그분의 부드러운 손길을 느낄 수 있었다. 나와 성령님의 움직임은 수천 번 호흡을 맞춰 본 전문가들의 춤과 같았다. 상대방의 미묘한 감정변화까지도 알아채며 몇 동작 앞서 미리 계산하는 댄스 파트너처럼 말이다.

춤이 끝나자 우리는 다시 테이블로 돌아갔다. 아버지께서는 우리가 서 있는 곳으로 예수님을 보내셨다. "아들아, 내 딸의 모습을 묘사해 보거라." 그리고 아버지께서는 눈을 지그시 감으셨다.

예수님은 나를 바라보시고, 웃으시며 말씀하셨다. "네, 이 여인은 우리(삼위 하나님)를 굉장히 사랑합니다. 죄를 짓지 않으려고 부단히 노력하고 있습니다. 그리고 죄를 범할 때에는 몹시 속상해합니다. 일전에 이 여인은…." 예수님은 과거에 내가 시험, 혹은 테스트를 받았을 때 곧장 하나님께로 달려갔던 때를 말씀하셨다. 그러고는 계속해서 나에 관한 이야기를 이어가셨다.

하지만 내 머리색이나, 눈, 키, 몸무게, 피부색에 대해서는 한마디도 언급하지 않으셨다. 나에 관한 부정적인 이야기도 일절 말씀하지 않으셨다. 분명 그렇게 하실 수도 있었는데 말이다. 주님은 진정한 '나'의 모습에 대해 말씀하셨다. 내가 싫어하는 내 모습이나 아직 끊지 못한 죄에 대해서 말씀하신 것이 아니라 사랑의 눈으로 직접 바라보신 그 모습 그대로를 묘사하신 것이다.

예수님이 말씀을 마치시자 아버지께서 눈을 뜨셨다. 그리고 천천히 입을 열어 내게 말씀하셨다.

"방금 내 아들이 묘사한 대로 네 모습을 그려 봤단다. 그것은 사랑의 눈으로 바라본 네 모습이었다."

이것이 바로 하나님이 우리를 바라보시는 방법 아니겠는가? 혹시 내 단점을 보시진 않을까 두려워서 하나님께 달려가지 못한다면, 우리는 정말 이상한 사람 아닌가? 하나님은 오직 놀랍고 아름다운 아들 예수 그리스도, 그분의 사랑 어린 눈을 통해 우리를 바라보신다.

걸리버

어느 날 일어난 일이다. 당시 예수님과 나는 손을 맞잡고 숲길을 걷고 있었다. 어느 정도 걸었더니 층계가 나타났고, 몇 계단 내려가자 조그만 마을이 나타났다. 여기에서 말하는 '조그만 마을'은 정말 조그만, 마치 장난감 미니어처와 같은 마을이다. 그 마을에는 헛간처럼 생긴 집에 지붕을 올려놓은, 영국식 고풍스런 가옥이 즐비했다. 마을의 중심부에는 소규모의 상공업이 성행하였고, 많은 사람들이 일하느라 분주히 움직이고 있었다.

광장 한가운데 성령님이 계셨다. 그런데 새끼줄 여러 가닥에 꽁꽁 묶인 채로 누워 계신 것이 아닌가? 마을 사람들이 성령님을 결박하고자 그렇게 한 것이다. 마치 조나단 스위프트의 풍자소설《걸리버 여행기》(Gulliver's Travels)의 걸리버와 같은 모습이었다.

잠시 후 성령님이 큰 미소를 지으시며 한쪽 팔을 들어 올리셨다. 그때, 팔을 묶고 있던 새끼줄이 '뚝뚝' 소리를 내며 끊어졌다. 그 소리에 화들짝 놀란 사람들이 우르르 몰려들어 끊어진 줄을 다시 이으려고 안간힘을 다하는 것이었다. 사람들의 목소리가 들렸다.

"안 돼. 안 돼. 풀려나면 끝장이라고! 그러니 최선을 다해 결박해야 해."

성령님은 같은 방식으로 다른 쪽 팔을 들어 올리셨다. 그러자 사람들은 우르르 그쪽으로 몰려가 끊어진 줄을 잇고자 했다.

그들의 모든 노력은 수포로 돌아갔다. 성령님이 자리에서 일어서신 것이다. 좌우로 가볍게 몸을 흔드시니 새끼줄 조각들이 '후드득' 바닥으로 떨어졌다. 이후 성령님은 그 조그마한 사람들에게 말씀하시고자 몸을 최대한 구부리셨다.

"안녕하시오. 나는 성령이라고 하오. 더 이상 당신네들이 나를 묶어 두게 놔두진 않겠소."

나는 배꼽을 잡고 웃었다. 저것이 바로 우리네 '소인국 사람들'이 하는 행동이 아니었던가? 우리는 성령님을 결박하고 조종할 수 있으리라고 생각하지만, 어림없다. 그러니 웃을 수밖에 없다!

아버지의 심장 속으로

어느 날, 나는 예수님과 성령님의 손을 잡고 층계에 올라갔다. 한참을 걷다 보니 아버지가 생각났다. "예수님, 아버지는 어디 계시지요?" 예수님께 여쭈어 보자 "뒤를 돌아보렴!" 하고 대답하셨다. 고개를 돌렸더니 그곳에 아버지가 서 계셨다. 그분의 몸집은 굉장히 컸다! 나는 아버지의 무릎으로 기어오르기 시작했다. 이후 그분의 가슴에 닿았다. 그리고 그 부근의 옷자락 주름에 자리를 잡고 몸을 뉘었다. 내가 누운 곳은 아버지의 심장 근처였다. 박동 소리가 들려왔다. "크…사랑, 크…사랑, 크…사랑." 내 귀에 아버지의 심장박동은 이렇게 들렸다. 꽤나 높은 곳까지 올라갔기 때문에 무척 피곤했다. 나는 아버지의 심장박동 소리를 들으며 깊이 잠들고 말았다.

한참 뒤, 잠에서 깼다. 눈을 뜨니 내 몸에 닿은 아버지의 오른손이 보였다. 나는 그분의 손바닥 위로 오르기 시작했다. 이후에 일어난 일을 회상해 보면 정말 기이하다. 그래서 내가 본 것을 이야기하면 이상하게 들릴 수도 있겠지만, 독자들을 위해 이야기하겠다. 아버지께서는 마치 알약을 입에 던져 넣듯, 나를 입 안에 넣으셨다. 이후 내 몸은 빠른 속도로 이동하여 아버지의 심장에 도착했다. 나는 심장 속 한쪽 귀퉁이에 선 채, 수많은 세포들이 파도처럼 들어가고 나가는 것을 지켜보았다. 각각의 세포에는 '사랑'이라는 이름표가 붙어 있었다. 건너편을 바라보았다. 내가 아는 사람들의 모습이 눈에 들어왔다. 반가운 마음에 손을 흔들어 인사했다. 그들도 내게 손을 흔들어 보였다. 거기에 내 두 아들도 있었다. 그런데 그들은 아버지의 심장 속 구석진 곳에 있었다(당시 그들은 아직 하나님을 알지 못했다). 나는 아버지의 심장 속에 들어온 것이 무척 기뻤지만, 그들의 얼굴에는 기뻐하는 기색이 없었다. 그저 경직된 모습으로 그곳에 서 있었던 것이다. 사실, 이 세상의 모든 사람이 아버지의 심장 안에 살고 있다. 아버지께서는 모든 사람을 사랑하시기 때문이다. 하지만 모두가 그곳에 거하는 것을 기뻐하지는 않는다. 그곳에 거하기를 거부하는 사람들은 기쁨을 누리지 못한다.

하나님의 심장에서 빌과 베니 목사님 내외를 만나 볼 수 없었기에 근심했다. '어쩌면, 이 환상은 예수님이 주신 게 아닐 수도 있어'라고 의심하기도 했다. 바로 그때였다. 존슨 목사님 내외가 사랑의 세포 위에 올라와서 신나게 파도를 타는 것이었다. 마치 경주마를 달리듯, 사랑 세포를 타고 달리는 것 아닌가? 게다가 목사님은 카우보이 모자까지 쓰고 계셨다.

"여러분, 그리고 친구들! 다 함께 사랑 세포 위로 오르십시오. 저희 부부가 본 것을 여러분도 봐야 하지 않겠습니까?"

이처럼 목사님 내외는 주변 사람들에게 이 여정에 동참할 것을 권했다. 우리는 각각 사랑 세포를 잡아타고 그들의 뒤를 따랐다. 우리 일행이 도착한 곳은 하나님의 성대 근처였다. 그분의 음성이 어떤지 알 수 있었다. 다음으로 이동한 곳은 하나님의 눈동자였다. 마치 관제탑에서 상황을 살피듯이, 우리 모두는 하나님의 눈동자에 올라 바깥세상을 내다보았다.

하나님의 눈동자를 통해 바깥을 내다보면서 생각했다. '정말로 추수할 곡식은 익어서 낫을 기다리고 있다. 일꾼들이 추수하러 나갔지만 그 수가 턱없이 부족하다. 그러므로 방금 추수된 사람들이 낫을 들고 추수 작업 일선에 나서고 있다.'

이후 우리는 사랑 세포를 타고 하나님의 뇌를 향해 출발했다. 이제 막 충전된 전기가 시냅스를 통해 흘러갈 참이었다. 뇌 속의 충전세포는 분홍빛 네온처럼 강렬한 빛을 깜빡이며 어떤 문자를 만들어 냈다. 읽어 보니 '사랑'이었다. 수십만 개의 분홍빛 네온이 '사랑'이라는 글자를 깜빡이고 있었던 것이다. 보는 것만으로도 놀라운, 빛의 향연이었다.

이후에 하나님의 손으로 내려왔다. 우리 일행은 하나님이 행하시는 일들을 보았다. 그리고 그분의 발로 내려갔다. 하나님이 어디를 향하시는지 알 수 있었다. 마지막으로 우리는 그분의 심장으로 돌아갔다.

하나님이 나를 삼키실 때, 나는 조금도 두렵지 않았다. 나를 씹거나 뱉지 않으실 것을 알았기 때문이다.

CHAPTER 21

정글 탐험을 위한 지도와 세상의 빛

정글

정원에서 다시 삼위 하나님과 만났다. 세 분 하나님은 사뭇 진지하게 대화하고 계셨지만 나는 그분들의 말씀을 조금도 이해하지 못했다. 그래서인지 조금은 지루했다. 슬쩍 주변을 둘러보았는데, 근처에 정글처럼 보이는 숲의 윤곽이 시야에 들어왔다. 호기심 어린 마음에 그쪽으로 나 있는 길을 걸어 정글로 들어가 보았다. 깊이 들어갈수록 우거진 나무 덩굴과 여러 식물들이 한데 뒤엉켜 길이 점점 더 어두워져 갔다. 두려운 마음이 일어나기 시작할 즈음에 다행히 평지가 나왔다. 그러나 채 안심하기도 전에 뾰족한 어금니를 드러내며 으르렁대는 호랑이 한 마리가 내게 달려드는 것이 아닌가? 호랑이가 계속 으르렁대는 동안 나는 꼼짝도 하지 않고 그 자리에 쥐 죽은 듯이 서 있어야 했다.

간신히 입을 열어 예수님의 이름을 부르기 시작했다. 하지만 내가 입을 떼는 것을 보았던지, 그 호랑이는 점점 더 큰 소리로 으르렁대며 내게로 다가왔다. 너무 무서워서 옴짝달싹 못했다. '빨리 이 상황을 벗어나야 하는데!' 심장은 계속 쿵쾅거렸다. 하지만 두려움이 계속되지는 않았다. '잡아먹힌다 한들 내가 염려할 것은 없잖아? 어차피 나는 하나님의 정원 안에 있으니까! 게다가 이미 위험에는 의연하게 대처할 때도 되었잖아?' 이렇게 생각하니 마음이 한결 가벼워졌다.

그 자리를 떠나기 위해 발을 살짝 떼어 보았다. 그러자 호랑이는 내게 사나운 얼굴을 들이밀었다. 하지만 호랑이가 몰랐던 것은, 보호막이 나를 감싸고 있었다는 점이다! 호랑이는 보호막에 부딪히고 튕겨나가기를 수차례 반복하다가 결국에는 도망쳐 버렸다. 나는 정글탐험을 계속할 수 있었다.

눈앞에 길게 늘어진 나뭇가지 하나가 나타났다. 나는 몸을 숙여 그 아래로 통과하고자 했다. 그런데 갑자기 소름 돋는 '쉭' 소리가 내 귓전을 울리는 것이었다. 당시 나는 그 가지를 휘감고 있는 뱀을 보지 못했다. 바로 그 뱀이 내 얼굴 앞에 머리를 내미는 것이 아닌가? 뱀의 머리는 굉장히 컸다. 내 머리만큼이나 컸다. 한입에 나를 집어삼킬 수 있을 정도였다. 나는 또다시 옴짝달싹 못하고 그 자리에 서 있어야 했다. 도움을 요청하려고 입을 열자, 뱀 역시 큰 입을 벌렸다. 그리고 내게로 천천히 다가왔다. 하지만 호랑이와도 마주쳐 보았던 내가 아니던가? 이와 비슷한 상황을 경험했던 터라 그다지 두렵지는 않았다. 정신을 가다듬고 여정을 계속하기 위해 발걸음을 옮겼다. 바로 그 순간 뱀은 빠른 속도로 내게 달려들었다. 물론 나를 감싼 보호막 때문에 뱀은 내게 아무런 해를 입히지 못했다. 다만 보호막에 자기 머리를 계속 짓찧다가 포기한 채, 사라져 버렸을 뿐이었다.

또 다른 평지가 나타났다. 그곳에서 어떤 사람을 보았는데, 첫눈에 예수님 같아 보였다. 나는 그분이 예수님임을 확신하고 달리기 시작했다. 그리고 그의 발 앞에 엎드려 무릎에 머리를 기대었다. 잠시 숨을 고른 후, 천천히 고개를 들어 그의 얼굴을 바라보았다. 그런데 예수님이 아니었다. 그냥 돌로 만들어진 조각상이었다.

조각상의 얼굴을 찬찬히 살펴보니 눈물을 흘리는 모습이었다. 이상한 기분이 들어 얼른 그 자리를 피했다. 출발했던 곳으로 되돌아가고픈 마음이 간절했다. 하지만 되돌아갈 길은 보이지 않았다. 다만 눈앞에 또 다른 길이 나타났을 뿐이다.

어쩔 수 없이 그 길을 따라 걷기 시작했다. 길을 가다 보니 낯선 동굴 하나가 나타났다. 호기심 어린 마음에 동굴 가까이 다가가 보았다. 그런데 그 안에서 커다란 곰이 천천히 기어 나오는 것이 아닌가? 하지만 걱정하지는 않았다. 어떻게 이 상황을 빠져나올 수 있는지 이미 두 번이나 경험했기 때문이다. 곰은 신경 쓰지도 않은 채, 그냥 뒤로 돌아 평지를 향해 이동했다.

그러다가 길가에 있는 통나무를 발견했다. 그래서 그곳에 앉아 쉬기로 했다. '지도가 있으면 좋으련만! 그러면 쉽게 길을 찾을 텐데'

하고 생각했다. 바로 그때 내 발 앞에 지도 한 장이 펼쳐져 있는 것을 보게 되었다. 방금, 누군가가 떨어뜨리고 간 것이 분명했다. 왜냐하면 내가 통나무 위에 앉아 있을 때만 해도 지도는 그곳에 없었기 때문이다. 얼른 주위를 둘러보았다. 하지만 그 근처에는 어느 누구의 흔적도 보이지 않았다. '이상하다?'라고 생각하면서 지도를 펼쳐 들고 꼼꼼히 살펴보았다. 지도에는 호랑이 출몰 지역, 뱀 출몰 지역, 석상의 위치, 그리고 곰 서식 동굴이 상세하게 표시되어 있었다. 그리고 정글에서 빠져나오는 길까지 표시되어 있었다.

　출발지로 되돌아가기 위해서는 일단 석상이 세워진 평지로 가야 했다. 평지에 다다랐을 때였다. 석상이 움직이기 시작했다. 날카로운 비명을 지르며 한 발자국, 한 발자국 내게로 다가오는 것이었다. 그 석상이 나를 정글에 붙잡아 두려고 한다는 것을 직감했다. 석상은 아주 천천히, 느린 속도로 다가왔는데, 아주 육중한 걸음으로 다가왔다. '잡히면 끝장이다!' 라는 생각이 들면서 갑자기 두려워졌다. 빨리 그 자리를 피해야 했다. 하지만 이상하게도 두 발이 시멘트에 고정된 느낌이었다. 갑자기 심한 피로가 느껴졌다. 발은 점점 더 무거워졌다. 빨리 달리려고 애를 썼으나 온몸은 더욱더 고단해져만 갔다. 그저 자리에 눕고 싶은 마음뿐이었다. 결국, 두 손으로 한쪽 다리씩 들어 올려가며 이동하기에 이르렀다. 왼발, 오른발, 왼발, 오른발…. 하지만 석상은 지친 기색도 없이, 큰 소리를 지르며 계속해서 나를 따라왔다.

정글 밖으로

가까스로 정글을 빠져나왔다. 삼위 하나님은 나를 기다리고 계셨다. 나는 아버지께로 달려가 그분의 무릎에 앉아 울기 시작했다. 마음이 몹시 상해 있었다. 그러자 예수님이 다가와 곁에 앉으셔서 내 뺨에 흐르는 눈물을 닦아 주셨다. 한참 후, 성령님이 내게 손을 내미셨다. 나는 그분의 손을 붙잡았다. 이후에 성령님은 나를 벤치 쪽으로 데려가셨다.

"왜 이런 일이 일어난 거예요?" 성령님께 여쭈었다.

"단 한 번도 정글이 어떤 곳인지 내게 묻지를 않았잖니? 네가 스스로 결정하고 정글에 들어가서 그런 일이 생긴 거야." 성령님이 대답하셨다.

"그런데 석상 말이에요. 도대체 왜 나를 쫓아온 거죠? 그리고 그 석상은 무엇을 의미하는 거죠?" 나는 석상에 대해 궁금한 것을 여쭈었다.

"너처럼 정글 안으로 들어갔던 사람이란다. 하지만 그는 나오지 못했어."

"궁금해서 그러는데, 혹시 성령님은 저를 그 정글 안에 그대로 두실 참이었나요?"

성령님이 웃으시면서 말씀하셨다.

"누가 그 지도를 네게 전해 준 것 같니? 나는 그 정글 안으로 들어간 모든 사람에게 지도를 주었단다. 하지만 어떤 사람들은 지도를 사용하지 않았단다."

다시 정글 안에서

며칠 후에 나는 또다시 정글 안의 그 장소로 갔다. 사실, 석상의 이야기를 듣고 난 후 마음이 무거웠기 때문이다. 그래서 "아버지, 그들이 정글에서 빠져나올 수 있도록 돕고 싶어요. 다시 그곳에 보내 주세요." 하고 간청했다. "그래, 그러려무나." 아버지께서는 금빛과 은빛이 찬란한, 큰 칼을 내 손에 쥐어 주셨다. 칼 날 전(鈿)면에는 '사랑' 이라는 글자가 새겨져 있었다.

정글로 가는 중에 갑자기 두려운 생각이 엄습해 와서 가던 길을 멈췄다. '이러다가 또다시 정글에 갇히면 어쩌지? 내가 남을 도울 형편이 아닐 텐데….' 바로 그때 성령님이 내게 몸을 기울이시고 귓가에 속삭이셨다(난 성령님이 뒤따라오시며 내 걸음을 지켜 주셨다는 것을 알지 못했다).

"이번에는 네 자의로 가는 것이 아니라 아버지로부터 보냄을 받은 것이잖니? 그래서 내가 너와 함께한단다. 두려워하지 말아라."

나는 성령님의 말씀에 자신감을 얻었다. 성령님이 동행하신다는 사실을 알았기 때문에 담대한 마음으로 갔다.

석상은 나를 보자마자 또다시 날카로운 비명을 지르며 다가왔다. 나는 머리 위로 사랑의 검을 치켜든 후, 내게 다가오는 석상의 심장을 노려 깊숙이 찔러 넣었다. 석상은 그 자리에 멈췄다. 선 채로 죽은 듯이 잠잠해졌다. 잠시 후, 석상의 뺨에서 커다란 돌 조각이 하나둘 떨어져 나갔다. 그러자 돌 표면에 숨어 있던 뽀얀 피부가 드러났다. 연이어 몸 여기저기에서 돌 조각들이 떨어져 나갔다. 내 눈 앞에 여성의 모습이 나타났다. 나는 정글 밖으로 나가는 길을 가리키며 그녀에게 큰 소리로 말했다.

"빨리 뛰어요. 저 길을 따라 달리세요. 여기에서 나가셔야죠!"

나는 그 여성이 정글을 빠져나가 아버지의 품에 안기는 것까지 지켜보았다. 포로된 자를 자유케 하는 일에 일조할 수 있어서 기뻤다. 말로 표현할 수 없을 정도로 기뻤다.

나와 함께 춤을

시야가 닿는 곳 언저리에 무언가가 움직이는 것이 포착되었다. 자세히 보려고 몸을 돌렸을 때 수많은 석상들이 내게 다가오는 것을 알게 되었다. 전에는 이러한 것을 단 한 번도 보지 못했다. 이들은 그동안 어디에 있었던가? 사실, 내가 그들 모두를 도울 수는 없었다. 그래서 또다시 침울해졌다. 바로 그때, 성령께서 또다시 내게 몸을 기울여 말씀하셨다.

"나와 함께 춤을 추자꾸나."

'아니 뭐라고요? 춤이요?' 나는 생각했다. '이 많은 석상들이 내게 다가오고 있는데 춤을 추자니요?'

그러나 성령께서 또다시 말씀하셨다.

"나와 함께 춤을 추자."

'그래요. 춤 춰요. 뭐, 여기에서 더 잃을 것도 없는 걸요.' 나는 생각했다.

내 손에는 여전히 칼이 들려져 있었다. 다만 칼을 쥔 내 손을 성령께서 잡으신 것 외에는 달라진 게 없었다. 성령님과 함께 추는 춤이 시작되었다. 그런데 성령님은 춤을 추면서 내가 석상의 심장을 쉽게 찌를 수 있도록 자세를 고쳐 주셨다. 그렇게 춤이 진행되었다. 그리고 춤이 끝날 즈음 모든 석상은 저마다 심장에 일침을 당했다. 춤이 진행되는 중에 어떤 석상이 나를 붙잡을 뻔했지만 성령께서 재빨리 내 몸을 돌려 석상의 손이 닿지 않는 곳으로 이동시키셨다. 그리고 나는 그의 심장을 정확하게 노려서 단 한 번에 찔렀다. 심장을 가격당한 석상에서는 돌조각들이 떨어져 나갔고, 그 안에 갇혀 있던 사람들은 자유를 얻어 정글 밖으로 빠져나갔다. 모든 사람이 탈출한 후, 나 역시 성령님과 함께 정글 밖으로 걸어 나갔다.

정글을 빠져나온 후, 나는 첫 번째로 자유케 된 사람을 찾아가서 다음과 같이 물었다.

"당신 자신이 석상으로 변했다는 사실을 모르셨어요? 무언가 이상한 변화가 생겼다는 사실을 알지 못하셨나요?"

그 사람이 대답했다.

"모든 석상이 다 똑같아 보였기 때문에 우리는 스스로가 정상인 것으로 생각했습니다. 그런데 그곳에 나타난 당신의 모습을 본 후 무언가 잘못되었다는 것을 알게 되었지요. 어쨌든 당신을 봤을 때 겁이 났습니다."

그래서 그들은 나를 붙잡아 자신들과 같은 석상으로 만들려고 한 것이었다.

얼마 후, 나는 이 특이한 환상을 친구에게 이야기해 주었다. 그리고 며칠이 지났을 때, 그 친구가 내게 전화를 했다.

"네가 환상에서 본 석상이 나였다는 생각이 들어."

그녀는 정글 밖으로 나가고 싶었지만 지도를 찾지 못해 계속 정글 안에 있을 수밖에 없었다고 말했다. 나는 그 친구를 위해 기도했다. 그때 주님이 내게 성경 한 구절을 말씀해 주셨다. 이 글을 읽고 있는 독자에게는 어떤 지도가 필요한지 알 수 없으나, 내 친구에게 전해 준 지도를 아래에 소개한다. 필요하다면 이 지도를 꼭 사용하기를 바란다.

여호와의 말씀이니라 너희를 향한 나의 생각을 내가 아나니 평안이요 재앙이 아니니라 너희에게 미래와 희망을 주는 것이니라 너희가 내게 부르짖으며 내게 와서 기도하면 내가 너희들의 기도를 들을 것이요 너희가 온 마음으로 나를 구하면 나를 찾을 것이요 나를 만나리라(렘 29:11-13)

과수원

어느 날, 예수님은 다양한 과실이 주렁주렁 맺혀 있는 과수원으로 나를 데려가셨다. 이 과수원 중앙에, 빨간색과 흰색 줄이 격자무늬로 새겨진 테이블보가 놓여져 있었다. 예수님은 내게 그 위에 앉으라고 말씀하셨다. 이후에 주님은 어떤 나무로 다가가서 복숭아처럼 생긴 열매를 따서 내게 주셨다. 나는 작은 과도를 꺼내어 그것을 네 조각으로 나누었다. 그리고 각 조각의 껍질을 벗기고 씨를 제거한 뒤에 입에 넣었다. 달콤한 맛이 입 안을 가득 채웠다. 과일을 다 먹은 후, 주님은 내게 씨를 열어 보라고 말씀하셨다. 칼로 씨의 껍데기를 쪼개어 열어 보니 귀지처럼 생긴 벌레가 그 안에 웅크리고 있는 것이 보였다. 그 벌레는 씨의 내부를 다 갉아먹었다.

"과일에 아무런 흠도 내지 않고 씨 속으로 들어갔으니 그 안에 벌레가 있는 줄 아무도 몰랐던 거야."

예수님이 말씀해 주셨다. 물론 과일의 맛은 일품이었다. 그 맛은 꿀처럼 달았다. 하지만 과일의 재생산 기관인 씨앗은 이미 파멸된 상태였다.

"애야, 최선을 다해 네 씨앗을 보호해라. 그 씨앗이 파멸되지 않도록 모든 수단을 동원해서 보호하거라. 반드시 지켜야 한다." 예수님이 명령하셨다.

"그런데 주님, 씨앗은 무엇을 의미하나요?"

"그것은 나를 향한 네 마음속의 사랑이란다."

혹시 씨앗 속에 있던 벌레는 무엇을 상징하는지 궁금하지 않은가? 나 역시 궁금했다. 그래서 주님께 여쭈어 보았다.

"그것은 이 세상의 덫이란다. 이를테면 근심, 걱정, 용서하고 싶지 않은 마음, 쓴뿌리 같은 것들 말이다."

나는 그곳에 앉아 예수님과 함께 즐거운 시간을 보냈다. 그런데 어디에선가 온화한 바람이 불어왔다. 시간이 지나자 바람은 점점 거세졌다. 사실 이곳의 날씨가 어떠했는지 기억나지 않았기 때문에 나는 거센 바람에 적잖이 당황했다. 바람의 강도는 쉼 없이 높아져 갔다. 나는 근심하는 눈빛으로 주님을 바라보았다. 하지만 주님은 전혀 개의치 않으시는 것 같아 보였다. 다만 내가 근심하는 것을 아시고 나를 자신의 무릎에 앉혀 주셨을 뿐이었다.

"예수님, 이 바람은 어디서 불어오는 거예요?"

"뒤쪽을 보거라."

나는 예수님의 품에 안긴 채, 일어서서 그분의 어깨 너머를 응시했다. 바람은 과수원의 한쪽 가장자리에서 시작되었다. 바로 그곳에서 아버지를 보았다. 아버지께서 바람을 보내고 계셨던 것이다.

"이것은 하나님의 숨이란다. 하나님은 '후' 하고 바람을 불어 나뭇가지를 흔드시지. 그러면 나쁜 열매는 바람을 견디지 못하고 땅바닥에 떨어진단다. 하지만 이것 때문에 좋은 열매는 더 많은 양분을 얻고 더 크게 자랄 기회를 얻지." 예수님이 설명해 주셨다.

나는 큰 소리로 웃으며, 과수원 주위를 뛰어다녔다. 하나님의 숨을 들이키며 신나게 뛰었다. 네다섯 그루의 나무를 사이에 두고 예수님은 내 모습을 바라보고 계셨다. 나는 다시 주님께로 뛰어가 그 품에 몸을 던졌다. 주님은 나를 안아 주셨고 우리는 함께 춤추기 시작했다.

"성령님이 네게 춤을 가르쳐 주신다고 들었다. 혼인잔치를 위한 춤이라지? 조금만 더 기다려라. 때가 이르면 혼인잔치가 시작될 테니까 말이야."

"오 예수님! 나의 예수님! 주님과 함께 기뻐할 수 있는 날을 앞당길 수만 있다면, 저는 무슨 일이든 하겠습니다. 저는 주님과 함께하길 원합니다!"

"나 역시 너와 함께하길 원한단다."

CHAPTER 22

축복들, 그리고
또 다른 정원 체험

＊어느 날, 아버지께서 예수님을 부르시더니 이렇게 말씀하셨다. "가서 주디에게 창고를 보여 주거라." 예수님은 하나님의 영광의 강을 건너 커다란 창고 앞으로 나를 데려가셨다. 창고는 커다란 동굴처럼 생겼다. 예수님과 나는 그곳의 묵직한 출입문을 열고 들어갔다. 창고 내부에는 여러 개의 저장용 상자가 쌓여 있었고 각각의 상자에는 수백만 개의 복이 가득 들어 있었다. 그리고 각각의 복은 오렌지 크기의 공 모양을 하고 있었다. 공의 색깔은 다 달랐다. 각각의 색깔은 서로 다른 복을 상징한다. 재정의 복은 물론 치유의 복, 육체, 감정, 정신, 영적 건강의 복도 있었다. 모든 사람에게 충분히 나눠 주고도 남을 만큼, 기쁨과 평화의 복이 상자 안에 가득 들어 있었다. 게다가 지면을 다 할애해도 모자랄 만큼 엄청난 양의 다채로운 은사

와 재능들도 그곳에 쌓여 있었다. 어쩌면 그렇게 색상이 다채로울 수가 있는지 경이롭기까지 했다.

각각의 상자에는 창고 중앙의 컨베이어 벨트로 복(公)을 내려보내는 자동 활송 장치가 달려 있었다. 그리고 컨베이어 벨트의 양쪽 사이드에는 이송할 때 물건의 낙하를 방지하기 위한 6인치(15센티) 높이의 방지턱이 있었다. 문제는 컨베이어 벨트가 작동하지 않는다는 것이다. 상자로부터는 계속해서 복들이 쏟아졌으나 벨트가 움직이지 않기 때문에 고스란히 쌓여만 갔다. 나는 벨트가 어디까지 연결되어 있는지 확인하려고 창고 건물의 다른 편 끝으로 단숨에 달려갔다. 창고 건물 벽 끝에 커다란 출구가 있었고, 출구에는 지구로 연결되는 활송로도 마련되어 있었다. 하지만 벨트가 움직이질 않아 수많은 복들이 쌓여 기계를 짓누르고 있었다. 단지 몇 개의 복만 벨트 밖으로 밀려 활송로를 통해 지구에 떨어지고 있었다. 벨트가 작동되기를 기다리는 복들이 수북하게 쌓인 채, 꼼짝달싹 못하고 있었다.

예수님은 컨베이어 벨트의 전원 스위치에 손을 대고 계셨다. 나는 궁금함을 참지 못하고 예수님께 여쭈었다.

"예수님, 언제 전원 스위치를 올리실 건가요?"

"아버지께서 명령하시면 곧바로 전원을 켠단다."

나는 창고 밖으로 뛰어나가 아버지의 무릎에 올라가서 말씀드렸다.

"언제 예수님께 전원을 켜라고 말씀하실 건가요?"

아버지께서 대답하셨다.

"곧…"

상자

며칠 후 여러 기둥과 물체를 보았던 방을 다시 방문했다. 그때 성령님은 가로 세로 높이 각각 4인치(약 10센티미터) 정도 되는 정방형 나무 조각 하나를 내게 건네주셨다. 참 아름다운 목재 큐브였다. 하지만 아무리 자세히 들여다보고 또 들여다보아도 그것을 열 수 있는 방법을 알지 못했다. 그래서 성령님께 말씀드렸다.

"성령님, 이 상자를 어떻게 여는지 모르겠어요."

"아니다. 넌 열 줄 안다." 성령님이 대답하셨다.

뚜껑이나 덮개가 있는지 살펴보았다. 혹 내가 못 본 채 지나치지는 않았을까, 손가락으로 더듬어 가면서까지 갈라진 틈이 있나 찾아보았다. 물론 찾지 못했다. 그래서 짜증이 나려던 참이었다. 아니, 짜증이 났다. 나는 약간 불평 섞인 목소리로 상자를 향해 말했다.

"제발 좀 열려라!"

바로 그때 '덜컥' 하고 상자가 열렸다. 만일 상자가 열린다면 그것의 한쪽 귀퉁이 부분이 조금 열릴 것이라고 예상했다. 하지만 실제로는 상자의 정중앙 부분이 갈라지면서 열린 것이다. 물론 그곳에는 개봉선도 갈라진 틈도 없었다.

이제 다음에 일어난 일을 설명할 텐데, 주의를 기울여서 듣기 바란다. 그림으로 보여 주면 쉬울 텐데 말로 설명하려고 하니 어렵기 그지없다. 상자가 열렸을 때 각 면(6개)마다 약 2인치(4센티미터) 정도의 구멍이 생겼다. 그리고 상자의 한쪽 면 중앙에는 마치 경첩이 달린 것처럼(물론 눈에 보이는 경첩은 없었지만) 그것을 중심으로 상자의 위아래 부분이

원을 그리며 움직였다.

그런데 막상 상자 내부를 들여다보니 실망하지 않을 수 없었다. 안에 들어 있는 것은 하나의 실 보푸라기였을 뿐이었다. 나는 어리둥절했다.

"아버지께서는 왜 실 보푸라기를, 딸아이의 표현을 빌면 '먼지토끼'(dust bunny)를, 그처럼 아름다운 상자 안에 보관하신 걸까?"

나는 그 상자를 다시 기둥 위에 올려놓았다. 그러자 상자의 윗면을 받치고 있던 네 개의 면이 바닥을 향해 펼쳐졌다. 상자는 멈추지 않고 계속해서 전(全) 방향으로 펼쳐졌다. 바닥에 펼쳐진 상자는 점점 그 크기가 커져 갔다. 심지어 주변에 있는 모든 물건을 완전히 뒤덮을 정도였다. 나는 손을 뻗어 내가 선 쪽으로는 확장되지 못하도록 막았다. 그때 아버지께서 내 어깨에 손을 얹으시고는 부드러운 목소리로 말씀하셨다.

"막지 마라."

아버지를 바라보니 장차 이 상자가 어떻게 변할지 기대하시는 모습이었다. 하나님은 내가 상자의 확장과 변화를 가로막지 않기를 바라셨던 것이다.

상자가 커져 가는 동안 그렇게 나는 아버지 곁에 서 있었다. 상자 중앙에 놓인 실 보푸라기 역시 점점 커져 갔다. 그것은 들쑥날쑥 움직이면서 또 전 방향으로, 아주 빠른 속도로 부풀었다. 과거, 디즈니 만화에서 봤던 장면이 떠올랐다. 조그마한 이온들이 핵 주위를 빠르게 움직이는 원자의 모습 말이다.

이윽고 상자가 다 펼쳐졌다. 나는 얼른 보푸라기가 있던 곳을 바라보았다. 그리고 깜짝 놀랐다. '먼지토끼' 처럼 매우 작았던 실 보푸라기가 어느새 아름다운 아열대 지방의 정원으로 변해 있는 것이 아닌가? 야자수 나무와 온갖 식물들과 아름다운 꽃들이 우거진 정원이었다. 오! 그 모습이 얼마나 아름다웠는지 모른다!

아버지께서 내 손을 잡으셨다. 그리고 '껑충' 높이 오르시더니 정원으로 내려오셨다. 우리가 어떤 나무를 지나서 걷는데, 그 나무의 커다란 잎이 내 얼굴에 와서 닿았다. 내가 느껴본 것 중에서 가장 부드럽고 온화하며 평화로운 느낌이었다. 너무도 신기한 느낌이었다. 나무가 평화를 전달할 수 있다니 얼마나 놀라운가!

아버지와 나는 정원에 자리를 잡고 앉았다. 이후에 아버지께서는 상자와 정원에 대해 말씀해 주셨다.

"애야, 하나님이 하는 일을 막아서는 안 된다."

사실 나는 그 상자가 점점 커져서 무언가에 닿아 그것을 넘어뜨리거나 깨뜨릴까 봐 염려하는 마음으로 막아 보려고 했던 것이었다.

여기에서 큰 교훈을 얻었다. 만일 하나님이 우리에게 어떤 것을 주시면, 혹 그것이 처음에는 너무 작아서 무엇인지 알아보기조차 힘들지라도, 하나님이 시키시는 대로 행하고 하나님의 뜻을 막지 않으면 그것은 우리에게 큰 기회를 열어 줄 것이다.

"혹 내가 하는 일이 처음에는 가치 없어 보이고 또 좋아 보이지 않을 수도 있단다. 마치 보푸라기처럼 말이야. 내가 일하는 방식을 알게 되면 모든 것이 달라 보일 것이다. 나는 세상에서 가장 작고 볼품없는 것을 선택하여 가장 놀라운 기적을 만들어 내는 하나님이란다."

　1994년 '토론토 블레싱'이 시작되었을 때, 사람들이 얼마나 많이 염려했는지를 기억하는가? 사람들은 그곳에 모인 이들이 이성을 잃을까 봐 걱정했다. 어쩌면 자신들이 가장 귀하게 여겨 왔던 전통(대부분 사람이 만들어 놓은 전통)이 무너질까 봐 두려워했는지도 모른다. 때때로 우리는 하나님이 시작하신 일을 실 보푸라기로 간주하곤 한다. 전혀 가치 없는 일처럼 여긴다. 사실, '기쁨'과 '웃음'의 가치를 제대로 아는 사람은 많지 않다. 하지만 하나님의 계획(보푸라기)을 인정하고 그 가치를 높이 산다면, 그것은 무한 가치를 지닌 놀라운 기적으로 변화될 것이다.

병 속에 담긴 우주

　하나님이 나를 또 다른 장소로 옮기셨다. 내가 주변을 둘러보는 동안 하나님은 내게 "네가 원하는 곳은 어디든 갈 수 있다"라고 말씀하셨다. 그런데 어떤 기둥 위에 매우 흥미롭게 보이는 병 하나가 놓인 것을 보게 되었다. 커다란 조롱박 모양이었고, 약 30센티미터 정도의 높이에 반투명한 유리, 아름다운 청색, 녹색이 어우러진 유리병이었다. 그것을 집어 올리려고 했지만 너무도 무거웠다.

　"아버지, 너무 무거워서 들 수 없어요!" 아버지께 말씀드렸다.

　"아니, 넌 할 수 있단다."

　하지만 병은 미동조차 하지 않았다. 아무리 애를 써도 꿈쩍도 하지 않았다.

다시 한 번 하나님을 바라보며 병을 들어 올릴 수 없다고 말씀드렸다. 그러자 하나님은 이렇게 대답해 주셨다.

"할 수 있단다. 믿기만 하렴."

나는 잠시 생각했다. 그리고 스스로에게 말했다. '좋아. 이번엔 깃털처럼 가볍다고 생각해 보는 거야.' 다시 한 번 손을 뻗어 병을 집었다. 그런데 이번에는 공중으로 둥둥 뜨는 것이 아닌가? 그래서 깃털처럼 가볍게 들 수 있었다.

병뚜껑은 신기하게 생겼다. 뚜껑만큼은 어렵지 않게 열 수 있을 것 같았다. 손으로 돌려 보니 잘 돌아갔다. 마치 병따개로 열 듯이 쉽게 연 것 같았다. 물론 병따개 없이 병뚜껑을 열었다. 그런데 어찌 된 일인지 뚜껑이 유리병에 달라붙는 것이었다. 자석에 철가루가 달라붙듯이 말이다. 너무 신기했다. 나는 병뚜껑을 보면서 잠시 시간을 보냈다. '어떻게 뚜껑이 병에 달라붙어 있지?'

그리고 잠시 후, 참으로 놀라운 광경이 펼쳐졌다. 그 병 안에는 우주 전체가 들어 있었다. 그림도 아니고, 미니어처도 아닌, 실제 우주가 그 안에 들어 있었던 것이다. 병 속에서 은하계는 아주 천천히 회전했다. 정말 놀라운 것은 병 속의 세계가 병 밖의 세계보다 넓었다는 것이다! 병 속의 세계는 끝없이 팽창하는 것 같았다. 유리병 속 세계의 용적이 얼마나 크기에 이럴까! 그러나 병 밖의 세계를 보니 이 세계의 용적이 너무 작아서 담아낼 수 있는 것이 거의 없는 것처럼 보일 뿐이었다. 이 모든 광경이 나를 어리둥절하게 만들었다.

'혹시 하나님이 온 우주를 저 병 속에 담으신 건 아닐까? 그렇다면 나도 저 병 속에 있는 것일까?' 이러한 생각이 들어 하나님께 다가가 그 병을 가리키며 여쭤 보았다.

"혹시 저 안에 사람들이 있나요?"

어린 자녀가 엉뚱한 질문을 할 때, 장난스럽게 대답하는 부모처럼 아버지 역시 장난기 어린 목소리로 답변해 주셨다.

"아니, 나는 내 백성을 병 속에 가두지 않는다."

"휴! 다행이에요."

하늘의 선반 위에 놓인 병 속에 내가 갇히지 않았다는 사실에 안도했다.

"혹시 저 병 안에 손가락을 넣어 봐도 되나요?"

"그건 안 돼."

병 속에 손가락을 넣을 경우 은하계에 어떤 변화(참사)가 일어날지 알게 된 것은 나중의 일이었다.

어쨌든 당시 내 마음속에는 요한복음 7장 24절 말씀이 떠올랐다.

"외모로 판단하지 말고 공의롭게 판단하라."

우리는 어떤 것도, 심지어 하찮은 병마저도 겉모습으로 판단해서는 안 된다.

내 정원을 색칠하라

하나님은 정원을 좋아하신다. 그래서 많은 정원을 만들어 놓으셨다. 또 그것을 우리에게 보여 주시기를 기뻐하신다. 실제로 하나님은 우리가 함께 볼 수 있는 정원을 창조하셨다. 에덴 정원(동산)을 만드시고 아담과 하와와 함께 그곳을 거닐었던 것처럼, 친밀함의 정원을 만드시고 우리와 함께 거닐기를 기대하신다. 그분과의 여정 중, 나는 수많은 정원을 보았다. 각각의 정원은 조금씩 달랐다. 그리고 각각의 장소에서 하나님에 대한 정보를 조금씩 깨닫게 되었다. 예를 들면 다음과 같다.

하루는 하나님이 나를 아름다운 정원으로 데려가셨다. 그곳에는 큰 연못으로 흘러 들어가는 아주 작고 귀여운 시내가 있었다. 흐르는 물이 바닥에 있는 돌멩이들과 부딪치는 소리마저 들릴 정도로, 그곳은 아주 고요하고 평온했다. 연못 주위로는 다양한 형태의 꽃이 만발해 있었다. 그런데 한 가지 이상한 점이 있었다. 다양한 형태의 꽃들이긴 하지만 그 모두가 라벤더 빛을 띠고 있었다. 그곳에 앉아 정원의 아름다움을 감상하는 동안 라벤더를 떠올려 보았다. 사실 나는 라벤더 색이 별로 마음에 들지 않았다. 물론 라벤더를 싫어하는 것은 아니다. 다만 개성 없는 색이라고 생각해 왔을 뿐이다.

'하나님은 이처럼 아름다운 정원에, 나를 위해 만드신 이 정원에, 무엇 때문에 라벤더 색을 칠하신 걸까? 내가 가장 좋아하는 색깔이 빨간색이라는 것을 아시면서….' 이런 생각을 하는 동안 하나님이 내게 다가오셔서 말씀하셨다.

"정원의 꽃들이 모두 빨간색이면 좋겠니?"

"그럼요!"

그러자 정원의 모든 꽃이 다양한 빛깔의 붉은 색상으로 변했다. 오, 세상에! 나는 그곳에 큰 화재가 일어난 줄 알았다. 물론 붉은 빛이 아름답긴 했지만 볼 때마다 섬뜩한 느낌이 들었다.

하나님이 다시 말씀하셨다.

"저 꽃들이 모두 노란색이면 어떻겠니?"

"좋을 것 같아요!"

그 순간 붉은 빛이 사라지고 대신 노란 빛이 정원을 물들였다. 오! 그 밝기가 말할 수 없을 정도로 성가셨다.

하나님이 다시 말씀하셨다. 이번에는 녹색이면 어떻겠느냐고 물으셨다. 녹색은 나름 괜찮았다. 하지만 라벤더 빛처럼 평온한 느낌을 가져다주지는 못했다. '라벤더가 낫겠군.' 이렇게 생각하는 동안 정원은 다시 라벤더 빛으로 변해 있었다. 나는 큰 소리로 웃었다. 비록 내가 가장 좋아하는 색은 빨간색이지만, 하나님은 내가 좀처럼 주목하지 않는 색깔이 내게 가장 큰 기쁨과 평안을 가져다줄 수 있다는 사실을 알려 주셨다. 그날 내가 배운 교훈은 이것이다. 무엇이 내게 가장 좋은지 아시는 분은 바로 하나님이시다!

나를 창조하신 분과 함께 앉다

어느 날, 또 다른 정원을 거닐고 있는데, 보좌 옆에 서 계신 하나님을 뵈었다. 전에도 그 보좌를 보긴 했지만 무슨 이유에선지 그때는 지금과 달리 보좌에 별로 관심을 기울이지 않았다. 하지만 다시 보니 그 보좌가 너무도 아름다운 것이 아닌가? 찬란한 금빛이었지만, 금으로 만든 것은 아니었다. 내가 알지 못하는 천상의 재질로 만들어진 것이 분명했다. 찬란한 빛 때문인지 빛으로 만들어진 것처럼 보이기까지 했다. 그때 하나님이 나를 부르셨다. 한 손으로 보좌를 가리키시며 이렇게 말씀하셨다. "여기 앉거라."

나는 하나님을 바라보며 말했다. "오, 아니에요. 거기에 앉을 수 없어요. 그건 하나님의 보좌잖아요."

하나님은 웃으시며 다시 한 번 앉을 것을 명령하셨다. 나는 보좌 앞에까지 걸어갔다. 그리고 두 손으로 팔걸이를 잡으려고 했다. 그런데 내 손에 아무것도 닿지 않았다. 마치 허공을 휘두르듯이 내 두 손은 보좌를 통과해 버렸다. 안개와 같다고나 할까? 그 보좌는 도무지 말로 형용할 수 없는 재질로 만들어진 것이 분명했다. 나는 곧바로 손을 뺐다. 그리고 아버지를 쳐다보았다. "여기 앉을 수 없어요. '쿵' 하고 바닥으로 떨어질 거예요." 하지만 하나님은 계속 미소를 지으시며 앉으라고 말씀하셨다.

아주 조심조심, 내 작은 무릎을 엉덩이 받침에 걸친 채 가까스로, 보좌 위로 기어올라 갔다. 언제든 떨어질 수 있다는 생각에 아주 천천히 움직였다. 등받이에 허리를 붙이고 두 다리를 쭉 뻗어 보았다. 보좌가 굉장히 컸기 때문에 그렇게 할 수 있었던 것이다. 이후 두 손을 허벅지에 올려놓았다. 그런데 내 손이 허벅지를 통과하더니 의자까지 통과하는 것이 아닌가? 놀란 마음에 얼른 손을 빼어 가슴에 포개었다.

이 환상을 보면서 내게 일어난 일에 도대체 어떤 교훈이 숨어 있는지 알 수 없었다. 다만 의자를 통과한 순간만큼은 내가 '영혼'의 상태였을 것이라고 생각될 뿐이었다. 그렇기 때문에 나는 '물질'이 되어 의자에 앉기도 하고 동시에 '비물질'이 되어 물질을 통과하기도 한 것 같았다. 그렇게 나는 내 나름대로 결론을 내렸다. 예수님이 부활하셨을 때를 생각해 보라. 예수님은 벽을 통과하기도 하셨지만, 동시에 그의 제자들은 그분을 손으로 만지고 느낄 수도 있었다. 오! 이것은 신비이다.

벽에 걸린 그림

나는 보좌에 앉아 있었다. 잠시 후 아버지께서는 흑요석처럼 생긴 벽을 가리키셨다. 그 벽이 내 앞을 가로막고 있었다. 손으로 만져 보니 부드럽지는 않았다. 그 벽에는 마치 다이아몬드 같은, 다양한 각면(깎은 면, 刻面)이 있었다. 그리고 각각의 각면은 저마다 다른 색상을 발하고 있었다. 그런데 어디에선가 갑자기 '딱' 하는 소리가 들렸다. 알고 보니 위쪽 오른편 구석에 위치한 두 개의 각면이 합쳐져 하나가 되는 소리였다. 이후 '딱' 하는 소리가 여러 차례 더 들리더니 결국 모든 각면이 하나로 합쳐지기 시작했다.

어떤 일이 벌어진 것인지 설명해 주시리라고 기대하면서 아버지의 얼굴을 바라보았다. 오! 독자들도 그분의 얼굴에 서린 그 기쁨을 두 눈으로 직접 봐야만 한다. 하나님은 작은 각면들이 하나로 합쳐지는 과정을 보시며 무척 즐거워하셨다. 나 역시 그 과정을 지켜보기로 했다. 물론 각면들이 합쳐지는 과정도 흥미로웠지만, 하나님이 기쁨을 표하시는 모습이 더욱 인상 깊었다. 엉덩이를 등받이 쪽으로 밀어, 조금 더 멀찍이서 하나님의 얼굴을 바라보았다. 그러자 아버지께서 내게 몸을 돌려 말씀하셨다.

"애야, 날 보지 말고 이 광경을 보거라."

나는 하나님이 말씀하신 대로 했다. 그런데 벽의 각면들이 하나로 합쳐지면서 어떤 그림이 완성되어 가는 것이었다.

어느덧 '딱' '딱' 하는 소리가 멈췄다. 모든 각면이 합쳐져서 하나의 그림을 완성한 것이다. 세상에! 나무, 식물, 연못, 개울 등 너무 아름다운 정원의 모습이 완성되었다. 숨이 멎을 만큼 웅장하고 아름다운 그림이었다. 나중에 깨달았지만, 하나님은 오직 '나'만을 위해 그 그림을 만드셨다. 그림이 완성되는 과정 중에 하나님이 보이신 기쁨의 얼굴은, 자녀를 위해 무언가를 해주는 부모의 얼굴이었다. 하나님은 나를 위해 이루신 일을 소개해 주실 때 무척 기뻐하셨다.

내가 그 그림의 광경을 들여다보며 감탄하는 동안 하나님은 내게 "저 안으로 들어가 보겠느냐?" 하고 물으셨다.

"네. 들어가고 싶어요!"

하나님은 내 손을 잡으셨다. 나는 하나님의 손을 잡은 채 보좌에서 내려와 그림 속으로 들어갔다. 보기에는 평면에 그려진 그림인 것 같았는데 그것은 실제 정원이었다. 하나님은 정원을 정말 사랑하시는 것 같다. 정원 속의 나무와 식물들은 정말 특이했다. 이 땅에서 볼 수 없었던 빛과 색을 발하고 있었다. 사실 그 정도의 아름다움은 인간의 머리로 이해하는 것 자체가 무리다.

연못 근처에 자리를 잡았다. 머리를 그분의 가슴에 기댄 채, 그분의 무릎 위에 앉았다. 마지막 만찬 석상에서 예수님의 품에 기대었던 요한의 모습이 떠올랐다. 어쨌든 그렇게 나는 그곳에서 안식했다. 하나님과 함께 시간을 보내는 것이 얼마나 즐거웠는지 모른다!

그때 갑자기 어떤 소리가 나서 깜짝 놀라 일어섰다. 하지만 아버지께서는 먼 곳을 응시하실 뿐, 그 소리에 개의치 않으셨다. 나는 다시 머리를 아버지의 품에 묻었다. 그런데 또 그 소리가 들려왔다. 다시 일어서서 아버지의 얼굴을 쳐다보았다. 이렇게 몇 번을 반복한 후에야 그 소리의 정체를 알게 되었다. 그것은 아버지께서 말씀하시는 음성이었다.

"아버지께서 말씀하고 계셨군요!"

"그래. 맞다. 나는 항상 말한단다." 아버지께서 말씀을 이으셨다.

"중요한 것은, 과연 네가 듣고 있느냐 하는 것이지."

CHAPTER 23

생수의 근원 안에서 두려움 이기기

✻ 성령께서 밧줄에 묶여 계셨던 그 작은 마을에 대해 생각해 보았다. 또 점점 크게 확장되었던 상자를 막으려던 내 행동에 대해서도 생각해 보았다. 때때로 우리는 하나님이 하시는 일을 통제하려는 성향을 보인다. 어느 날, 다음의 성경 구절을 읽는 동안 하나님은 이러한 성향에 대해 또 다른 교훈을 전해 주셨다.

> 내 백성이 두 가지 악을 행하였나니 곧 그들이 생수의 근원 되는 나를 버린 것과 스스로 웅덩이를 판 것인데 그것은 그 물을 가두지 못할 터진 웅덩이 들이니라(렘 2:13)

내가 이 구절을 읽은 직후였다. 주님이 내게 환상을 보여 주셨다.

환상 가운데 나는 큰 샘을 보았다. 그곳에서부터 물이 솟구쳐 큰 웅덩이를 채우고 있었는데 그 주변으로 몰려든 수많은 사람들이 물을 마시기도 하고 물장구를 치기도 하면서 즐거운 한때를 보내고 있었다. 그런데 물이 솟구치는 강도가 어떤 때는 강했고 또 어떤 때는 약했다. 가장 거세게 솟구칠 때는 물줄기가 웅덩이를 넘어서기까지 했다. 그리고 가장 약할 때에는 졸졸 흐를 정도의 물줄기만 솟구칠 뿐이었다. 하지만 물줄기가 강하든 약하든, 웅덩이에 물을 채우는 것은 매한가지였다.

그러나 사람들의 생각은 달랐다. 그들은 솟구치는 물줄기가 일정치 않다는 사실을 알게 된 후에 이렇게 말했다.

"우리 물탱크를 만듭시다. 물이 언제 그칠지 모르니 저장해 둘 필요가 있지 않겠습니까? 게다가 웅덩이 밖으로까지 솟구치는 물은 낭비 아닙니까? 그러니 물탱크를 만드는 게 좋을 것 같습니다."

많은 사람들이 동조했다. 그들은 샘으로부터 조금 떨어진 곳에 물탱크를 만들기 시작했다. 완성된 물탱크를 땅에 묻은 후 양동이를 들고 샘 웅덩이에 고인 물을 퍼서 물탱크로 옮겼다. 물탱크가 가득 채워지자 그들은 다시 일상으로 돌아갔다. 그들의 일상은 동일했다. 다만 변화가 있다면 물이 필요할 때마다 샘으로 가는 대신 물탱크로 향하는 것뿐이었다.

그런데 문제가 생겼다. 물탱크 표면에 균열이 생긴 것이다. 물론 아주 조그만 틈이어서 사람들은 수조 내 수위가 낮아지고 있다는 사실을 알지 못했다. 게다가 새로 이주해 온 사람들은 단 한 번도 물탱크가 가득 찬 상태를 본 적이 없었기 때문에 원래 그런 상태인 줄 알았다. 그렇게 오랜 시간이 흘렀다. 이제 물탱크는 바닥을 드러냈다. 물을 뜨기 위해 사람들은 바닥에 바짝 엎드려 있는 힘껏 팔을 뻗어야 했다. 오랫동안 고여 있었기에 물에서는 악취가 났다. 하지만 사람들은 물이 변질된 것조차 인식하지 못했다. 이 정도로 무감각한 사람들이다 보니 맨 처음 이 물을 어디서 끌어왔는지 기억할 리 만무했다. 하지만 그중 어떤 사람이 샘물을 기억해 냈다.

"맞아요. 샘이 있었어요. 샘이 있었잖아요?"

사람들이 모두 기뻐했다. 그들은 다시 샘이 있는 곳을 향해 달려갔다. 그렇게 먼 거리도 아니었는데 말이다.

여전히 샘에는 신선한 물이 솟고 있었다. 사람들은 그곳으로 달려가 물을 마시고, 물장구를 치면서 즐거운 시간을 보냈다. 그들은 다시금 생기를 얻었다. 하지만 그것도 잠시, 누군가가 이렇게 제안했다.

"물탱크를 만드는 게 어떨까요? 지금은 물이 풍족하지만 앞으로는…." 또다시 그 과정이 반복될 모양이었다.

예레미야 2장 13절 말씀과 내가 보았던 환상은, 부흥의 역사를 잘 보여 주는 것 같다. 물은 성령님의 일하심을 상징한다. 샘물에 대해 이렇다 저렇다 말하는 사람이 있었던 것처럼 성령님의 역사에 대해 여러 가지 말들이 오가곤 했다. 물이 넘쳐흐를 때 사람들은 그것을 '낭비'라고 했다. 넘쳐흐르는 물의 효과를 경험해 보지 못했기 때문일 것이다. 어떤 사람은 물이 넘치는 것을 가리켜 '불필요한 일'이라고 하고 또 어떤 사람은 '위험한 일'이라고 했다. 웅덩이 언저리는 넘쳐흐르는 물 때문에 진흙투성이다. 지저분한 게 당연하다. 어쩌면 과도하게 흐른 물이 웅덩이 주변에 있는 잡초들을 키우는 역할을 할지도 모른다.

하지만 한 가지 기억해야 할 사실이 있다. 강하게 때론 약하게, 원하는 강도로 샘물을 솟구치게 하시는 분은 하나님이시다. 그러므로 하나님의 역사를 성급하게 판단하는 우를 범해서는 안 된다. 혹 웅덩이 밖으로 넘쳐난 물은 땅속으로 스며들어 지하수가 될지도 모르는 일 아닌가? 후대의 누군가에게 귀한 수자원이 될 수도 있는데, 이를 가리켜 '낭비' '위험한 일' '필요 없는 일'이라고 치부할 수 있겠는가? 게다가 웅덩이 언저리의 지저분한 진흙덩이는 눈먼 사람의 눈을 열어 주는 연고로도 사용될 수 있다. 그리고 잡초라고 생각했는데, 그것이 아름다운 꽃을 틔울 수도 있지 않겠는가? 사실 나는 잡초라고 생각되던 식물에 정말 아름다운 꽃이 피는 경우를 많이 보았다. 반면에 아름다운 꽃을 피울 것이라고 기대했는데 잡초였던 경우도 많았다.

하나님은 모든 것을 아신다. 하나님은 자신이 원하는 것을 아시며, 그에 따라 강한 물줄기를 솟구치게도 하시고 약한 물줄기를 흐르게도 하신다. 하나님이 만드신 샘물은 순환되어 솟는 물이 아니다. 하나님의 샘에는 수원지로부터의 신선한 물이 계속해서 공급된다. 재활용되는 물이 아니기에 샘물은 항상 깨끗하고 신선하다. 웅덩이 역시 물을 저장하지 않고 계속 흘려보낸다. 물이 흐르지 않고 고이면 그 안에 융해되어 있던 산소가 날아가 버린다. 하나님의 숨이 사라져 버린다. 그러므로 신선하게 유지되려면 계속 '흘러가야' 한다.

물탱크를 만든 이유

사람들은 왜 물탱크를 만들었는가? 두려움 때문이다! "물이 멈추면 어쩌지?" 이것이 그들의 풀리지 않는 고민이었던 것이다. 두려움은 '신뢰할 만한 분'을 불신하도록 조장한다. 하나님이 예레미야를 통해 전하신 말씀을 주목해 보라. "이스라엘의 근원에서 나온 너희여 대회 중에 하나님 곧 주를 송축할지어다." 시편 68편 26절 역시 하나님의 근원 되심을 전한다. "이스라엘의 근원에서 나온 너희여 대회 중에 하나님 곧 주를 송축할지어다." 하나님은 근원이시며, 그 근원은 영원토록 우리 편이시다. 그런데 샘의 근원이신 하나님이 마를 수 있겠는가? 시편 37편 3절을 보라. "여호와를 의뢰하고 선을 행하라 땅에 머무는 동안 그의 성실을 먹을거리로 삼을지어다."

지금 일어나는 일이 이해되지 않거나 혹 미래에 안 좋은 일이 발생할 것이라는 불안감 때문에 하나님을 버리는 우를 범하지 말라. 하나님은 당신에게 필요한 '최선'을 알고 계신다. 이 사실을 믿으라! 물이 천천히 흐를 때, 우리 눈에는 마치 그 물이 고여 있는 것처럼 보인다. 이때, 우리는 우리의 믿음을 견고하게 다질 줄 알아야 한다. 하나님은 결코 우리를 떠나지 않겠다고 약속하셨다. 하나님의 샘은 멈추지 않으며 절대로 마르지 않을 것이다. 우리의 그릇은 결코 빈 채로 남지 않을 것이다. 천천히 흐르는 시기는 곧 넘치는 시기가 도래하기를 간절히, 더욱 간절히 사모하는 시간이다. 기다리는 법을 배우는 시간이다. 하나님은 유속이 빠르든 느리든 상관없이 우리가 하나님을 신뢰하기를, 아니 신뢰하는 법을 배우게 되기를 바라신다.

물탱크는 하나님의 역사를 통제하거나 한곳에 가두기 원하는 우리의 성향을 여실히 드러내 준다. 두려움을 향해 마음 문을 열 때, 조종(통제)의 영이 우리 안에 들어온다. 그러나 당신이 무엇을 통제하고자 한들 아무 소용이 없을 것이다. 통제는커녕 그대로 고여 썩기 시작할 것이다. 부패의 과정 역시 긴 시간이 걸리기도 하고 짧은 시간이 걸리기도 한다. 어쨌든 조종하는 영이 우리 안에 들어올 경우 우리가 하는 모든 일은 썩기 시작한다. 여기에 예외는 없다.

하나님을 신뢰하지 않으면 우리는 본성에 따라 스스로 모든 것을 자신의 방식대로 행하려고 할 것이다. 심지어 하나님이 우리에게 주신 것마저 통제하려고 할 텐데, 문제는 이 경우 성령의 역사를 소멸하게 된다는 것이다. 이러한 태도는 성령님을 근심하게 만든다. 왜냐하면 내가 자신의 방식대로 행동하면서 다음과 같은 메시지를 전달하는 것과 같기 때문이다. "저는 하나님을 믿지 않아요. 다만 하나님이 오셔서 복 주시는 것만 바랄 뿐입니다. 사실, 하나님이 오시지 않고 복만 내려 주시면 더 좋고요." 바라건대 독자들 가운데 이러한 사람은 단 한 명도 없기를 바란다! 도대체 하나님의 임재 말고 더 바랄 것이 무엇이겠는가?

예레미야의 말씀대로라면 샘을 버리고 물탱크를 주조한 일이 두 가지 악을 저지른 것과 같음을 알 수 있다. 이는 소소한 실수나 미약한 죄가 아니다. 말씀에 표현된 대로 '악'(evil)이다. 사실 '악'(evil)에 해당하는 히브리어는 다양한 의미를 내포하고 있는데 그중 한 가지 뜻은 '파괴'이다. 그렇다. 두려움과 조종(통제)은 하나님의 역사를 파멸시킨다.

CHAPTER 24

사람들을 천국으로 인도하다

✻ **새 학기가** 시작될 때마다 벧엘 초자연적 사역학교의 강사들은 내게 이런 부탁을 한다.

"학생들이 천국 경험을 해야 할 텐데, 어떻게 도와줘야 할까요?"

이 사역을 학기 초반에 하는 이유는 학생들의 마음이 열려 있기에 그들과 하나님의 관계를 다룰 수 있는 최상의 시기이기 때문이다.

사람들을 천국으로 인도하는 과정에서 가장 중요한 요소로 작용하는 것은 삼위 하나님과의 관계이다. 나는 육신의 아버지로부터 사랑을 받지 못했다. 아버지는 나를 어떻게 사랑해야 하는지 그 방법을 모르신 것 같다. 그리고 이러한 아버지와의 관계는 하나님을 바라보는 내 관점에 악영향을 미쳤다. 아버지로부터 사랑받은 경험이 없으니, 하나님이 나를 사랑하신다는 사실을 깨닫는 것이 결코 쉽지 않았다. 물론 성경에는 하나님의 사랑이 적혀 있다. 하지만 나를 향한 사랑을 심오한 방법으로 보여 주시기까지 나는 그분의 사랑을 알지 못했다.

새롭고 놀라운 방법으로 하나님을 만날 수 있도록 사람들을 인도하는 일은 정말 보람된 일이다. 게다가 내게 일어났던 일을 하나하나 떠올리면서 간증할 때면, 나는 다시금 하나님의 놀라운 사랑에 푹 빠져 버린다. 하나님이 우리 각 사람을 얼마나 깊이 사랑하시는지, 또한 자신을 계시하시는 하나님의 열정이 얼마나 뜨거운지 다시 한 번 깨닫게 된다. 강의할 때마다 나는 '아빠'를 사랑하는 어린 소녀의 기쁨을 만끽하게 된다. 간증을 나누며 강의실을 둘러보면 학생들 역시 동일한 경이감에 빠져 있는 것 같다.

"상상 속에서 일어난 일련의 사건처럼 들릴 수도 있을 겁니다."

학생들에게 나의 체험이 상상처럼 들릴 수 있음을 주지시킨다.

"하지만 이것은 상상이 아니라 성령님이 인도하시는 영혼의 활동입니다."

나는 학생들에게 긴장을 풀고 평안한 상태를 유지하라고 말한다. 왜냐하면 마음속 근심과 걱정, 긴장된 상태는 천국 체험을 방해하기 때문이다.

"이제 시작하겠습니다."

이쯤 되면 학생들의 기대감과 흥분 상태는 최고조에 이른다. 디즈니랜드에 가서 처음으로 기구를 타보는 어린아이의 심정이랄까?

과정

장애물을 뛰어넘고 하나님의 왕국으로 들어가는 방법을 아래에 설명해 두었다. 일단 그곳에 도착하면 사람들은 영혼의 눈을 들어 거룩한 사랑의 절대자이신 예수님을 바라보게 된다. 독자들도 지금 이 시간 함께 여행을 떠날 수 있기를 기대해 본다. 하나님이 당신과 함께 하실 것이다.

나는 수업을 할 때 먼저, 학생들에게 눈을 감으라고 한다. 그리고 특별한 지시가 있을 때까지 절대로 눈을 떠서는 안 된다고 말한다.

"예수님이 바로 앞에 계신 것처럼 생각하십시오. 예수님의 모습을 떠올려 보십시오. 물론 그 모습이 선명하지 않아도 됩니다. 제 경우도 마찬가지였습니다. 처음 예수님을 뵈었을 때 그 모습은 그림자 같았거든요."

이렇게 말하고 잠시 기다린다. 그리고 예수님의 모습을 떠올렸는지 물은 후, 떠올린 경우에는 손을 들어 달라고 한다. 언제나 그렇듯이, 그중에는 아무것도 보지 못하는(떠올리지 못하는) 사람이 가끔 있다. 하지만 모든 사람이 예수님의 모습을 떠올릴 때까지 기다려 줄 수는 없다. 대부분의 학생이 손을 들어 표한다면, 나머지 학생들에게는 하나님의 임재에 잠잠히 머물 것을 요청하고 다음 단계로 넘어간다.

"이제 예수님 앞으로 나아가십시오. 그리고 기다리세요."

"자, 예수님 앞으로 다가간 사람들은 손을 들어 주십시오."

학생들에게 다시 한 번 묻는다. 이 단계에서 하나님의 임재는 점점 더 강해진다. 하나님과의 만남에 대한 갈망이 크기 때문에 이미 어느 정도 천국의 분위기를 맛본 상태라고 할 수 있다.

"이제 주님이 무언가를 행하실 겁니다."

내가 하나님이 하시는 일의 진행 과정을 일일이 다 알고 이렇게 말하는가? 아니다. 나는 다만 하나님이 시키신 대로만 할 뿐이다. 학생들이 가진 모든 의문에 대해 내가 모두 답변할 수 있겠는가? 그 모든 '이유'와 '방법'을 내가 다 이해할 수 있겠는가? 오해하지 않기를 바란다. 나는 아버지의 사랑을 사람들에게 전해 주고자 하는 작은 아이일 뿐이다.

이 단계를 지날 때 흥미로운 일들이 시작된다. 예수님이 어떤 행동을 보이신 경우 손을 들어 달라고 말한 후, 나는 마이크를 들고 강단에서 내려와 손을 든 학생에게 다가간다. 그러면 학생들은 눈을 감은 상태로(집중이 흐트러지지 않도록) 자신이 본 것을 말한다.

"저를 안아 주셨어요."

"제게 입 맞춰 주십니다."

"저와 함께 춤을 추세요."

"제 머리에 손을 얹으셨어요."

대부분의 경우 학생들은 예수님의 '터치'(touch)를 언급한다. 사실, 예수님은 '터치'하는 것을 좋아하신다. 이 땅에서의 사랑도 '터치'를 통해 더욱 커진다. 누군가를 사랑하면 당연히 그와 함께 있고 싶고, 또 그를 터치하고 싶어지지 않겠는가? 예수님은 사람이 아니시니 다른 방법으로 사랑을 표현하실 것이라고 생각하는가?

"자, 이제 예수님이 여러분에게 무언가를 말씀하실 겁니다."

나는 이 말을 한 후, 잠시 기다린다.

"예수님이 무언가를 말씀하셨다고 확신하는 분은 손을 들어 주십시오."

나는 또다시 그들에게 마이크를 가져간다.

"얘야, 너를 사랑한다."

"네가 자랑스럽다."

"네게 보여 줄 놀라운 일들이 많단다."

"나는 네 삶에 대한 계획을 준비했다."

하나님은 모든 사람을 위해 정원을 만드셨다고 말씀하셨다. 공동구역이 아닌, 각 사람을 위한 특별 공간으로서의 정원을 만드신 것이다(어쩌면 공동구역으로서의 정원을 만들었을지도 모르지만). 나는 이러한 사실을 학생들에게 알리며 예수님께 정원에 데려가 달라고 부탁할 것을 권한다. 이따금 예수님은 그들을 다른 장소로 데리고 가기도 하지만, 대부분의 경우에는 정원으로 인도하신다.

학생들에게 잠시 시간을 주고, 그곳에서 예수님이 하시는 일들을 바라보게 한다. 이때도 마찬가지로 놀라운 일들이 일어난다. 예수님의 만지심을 느낄 때, 어떤 학생은 조용한 소리로 흐느낀다. 그리고 어떤 학생은 미소를 짓는다. 혹시라도 예수님의 터치가 사라질까 봐 미동도 하지 않은 채 가만히 앉아서 기다리는 학생도 있다. 하나님의 임재가 정말로 강렬하다. 나는 그분의 임재를 사랑한다. 그리고 우리의 마음을 어루만지시는 하나님의 손길을 참으로 기뻐한다.

모든 과정이 끝난 뒤, 나는 아무것도 보지 못한 학생들을 따로 만난다. 그들의 질문에 대답하기도 하고, 그들에게 묻기도 하며, 하나님의 사랑을 이야기한다. 그들이 주님을 만나기를 소망하는 것 이상으로 그들과의 만남을 바라시는 하나님의 갈망에 대해서도 언급한다. 언제나 그렇듯이, 이 과정을 따라오지 못하는 사람이 있다. 그러나 나는 모든 사람이 '볼 수' 있다고 생각한다. 다만 보는 방법을 아직 터득하지 못했을 뿐이다. 그렇기 때문에 나는 하나님이 이들을 도와주시기를 기도한다.

천상의 영역을 본다고 해서 그들 모두가 선견자(seer)나 선지자가 되는 것은 아니다. 이 점을 명확히 해두고 싶다. 위에 언급한 체험 방법은 우리 모두에게 적용된다. 그러나 이를 체험했다고 해서 위대한 선지자의 기능을 할 수 있는 것은 아니다. 이러한 체험의 목적은 '선지자 되기'가 아니라 온유한 사랑으로 우리를 안아 주시는 '삼위 하나님과의 만남'이다.

최근에 나는 우리 지교회(枝敎會)인 아틀란타 벧엘 교회의 사역학교에서 강의한 적이 있다(교회를 담임하고 있는 스티브 헤일과 린디 헤일 목사 내외는 이 교회를 개척하기 전에 벧엘 초자연적 사역학교를 수료했다). 그 교회에서 보낸 시간들은 놀라움 그 자체였다. 당신은 하나님의 임재가 너무나 강력한 나머지 아무것도 하지 않은 채 자리에 앉아 그 임재에 푹 잠겨 본 적이 있는가? 그때 내가 느꼈던 하나님의 임재는 '무거운 공기' 같았다. 그 무거운 공기에 '하나님의 평안, 사랑, 온유하심'이 가득 담겨 있었다.

강의 도중에 나는 킴벌리와 알베르토 리베라 임재 찬양 1집 수록곡인 '주의 얼굴을 보이소서'(Show Me Your Face)를 반복해서 틀었다. 혹시 어떤 찬양이 당신의 영혼을 감동시킬 만한 찬양인지 알고 있는가?

그렇다면 하나님의 임재 안으로 들어갈 최상의 조건이 마련된 셈이다. 그 찬양을 들을 때 당신의 마음은 하나님께 예배(키스) 드릴 마음으로 준비되기 때문이다. 그리고 하나님의 입 맞춤을 기다리면 된다. 위의 방법대로 학생들을 인도했을 때, 그 결과는 참으로 놀라웠다. 특히 체구가 장대한 남자들의 감은 두 눈 사이로 눈물이 주르륵 흘러내리는 것을 볼 때는 한없이 기쁘다. 그들이 조용한 음성으로 몇몇 단어를 중얼거리는 모습도 잊을 수 없다. 그것은 아마도 하나님과 대화를 나누기 때문일 것이다. 나는 하나님의 임재를 사모한다. 또 다른 사람들이 하나님의 임재 안으로 들어가 하나님으로부터 터치받는 것 또한 사모한다.

세 개의 하늘

내 동료 사역자들이 인도하는 '여성을 위한 집회'에 방문한 적이 있다. 집회가 끝난 후 일주일 정도가 지났을 때, 그중 한 친구가 내게 이메일을 보내 왔다. 집회 중 성도 한 명이 삼층천의 체험과는 다른, 특이한 체험을 했다는 내용이었다. 친구는 이를 어떻게 받아들여야 할지 몰라 내게 이메일을 보낸 것이다.

우리는 흔히 '세 개의 하늘' 혹은 '세 개의 천상 영역'(realm)이 있다고 말한다. 나는 이 영역들에 대한 베니 존슨의 설명을 좋아한다. 그녀는 자신의 책 《중보자, 하늘을 만나다》(The Happy Intercessor)에서 다음과 같이 말했다.

성경에는 세 개의 영역(천상)이 등장한다. '영역'이라는 단어는 '원천' 혹은 '각각의 면'이라는 뜻을 내포하고 있다. 성경은 천상에 첫째, 둘째, 셋째 영역이 존재하고 있음을 명시한다. 신명기 10장 14절을 보라. "하늘과 모든 하늘의 하늘과 땅과 그 위의 만물은 본래 네 하나님 여호와께 속한 것이로되." 《새 표준 미국 성경 사전》(New American Standard Exhaustive Concordance of the Bible)에는 '하늘'이라는 단어가 '점성가, 나침반, 지구, 하늘, 여러 하늘들, 가장 높은 하늘, 태초에, 하나님이 땅과 하늘과 가장 높은 하늘들을 창조하시다' 등의 단어 및 문장 등으로 설명되어 있다. 성경은 여러 차원의 하늘(영역)이 존재함을 이야기한다.

천상의 첫째 영역은 우리가 직접 볼 수 있는 가시적인 공간이다. 바꿔 말하면 물리적인 공간인데, "처음 하늘과 처음 땅이 없어졌고 바다도 다시 있지 않더라"(계 21:1)는 구절이 이를 잘 설명해 주고 있다. 구체적으로는 우리의 육체와 가정, 우리나라와 도시가 자리하는 공간을 가리킨다.

천상의 둘째 영역 곧 이층천은 천사와 마귀의 영역이다. 이곳에서 두 세력 간의 전쟁이 진행된다. 요한계시록 14장 6절에 기록된 '공중'(mid-heaven)과 같다. "또 보니 다른 천사가 공중에 날아가는데 땅에 거주하는 자들 곧 모든 민족과 종족과 방언과 백성에게 전할 영원한 복음을 가졌더라"(계 14:6). 다니엘서에도 공중(이층천)은 천사와 마귀의 영역으로 설명되어 있다. 이처럼 천상의 둘째 영역은 영적 전쟁터이며, 하나님을 반대하는 세력이 출범한 곳이기도 하다.

마지막으로 천상의 셋째 영역이 있다. 이곳은 하나님의 영광으로 가득한 공간이며 아름다움의 근원지이다. 사도 바울은 이 영역을 가리켜 '낙원'이라고 불렀다. 바로 이곳에서 우리는 천국의 원대한 계획들을 볼 수 있다. "내가 그리스도 안에 있는 한 사람을 아노니 그는 십사 년 전에 셋째 하늘에 이끌려 간 자라(그가 몸 안에 있었는지 몸 밖에 있었는지 나는 모르거니와 하나님은 아시느니라)"(고후 12:2). 이후 사도 바울은 4절에서 이렇게 말한다. "그가 낙원으로 이끌려 가서 말로 표현할 수 없는 말을 들었으니…"(고후 12:4).1)

윗글에 의하면 두 번째 영역 혹은 이층천을 방문하는 것은 기분 좋은 경험이 아닐 수도 있겠다. 물론 우리 중에는 환상 중에 이층천을 본 사람도, 또 삼층천 방문과 비슷한 체험을 한 사람도 있을 것이다. 과거에 환각제(LSD)를 복용하곤 했던 사람이 내게 이런 말을 해주었다. "환각제를 복용하면 하나님이 결코 허락하시지 않을 법한 것들을 보게 됩니다." 그는 크리스천이 아니었는데도 환각제의 위험성을 영적으로 해석했으니 나름대로 훌륭하고 대언적인 통찰력을 지녔다고 하겠다.

이 사람의 말처럼 놀라운 체험을 했다고 해서 그 모든 것이 하나님으로부터 온 것일 수는 없다. 그러나 당신이 하나님을 갈망하며, 진심으로 하나님을 찾는다면, 하나님이 당신을 놀라운 체험, 올바른 체험으로 인도하실 것이다. 그렇다면 이층천을 체험하더라도 두려워할 필요도 없고, 기분 나빠 할 이유도 없다. 이처럼 하나님에 대한 갈망은 우리의 체험을 지켜 주는 첫째 안전장치이다. 뿐만 아니라 시간을 드려 하나님의 말씀을 연구하고 묵상한다면 당신의 체험이 하나님의 뜻에 맞는지 반대되는지를 쉽게 분별할 수 있을 것이다. 이처럼 말씀은 우리의 체험을 지켜 주는 두 번째 안전장치이다. 놀라운 체험을 앞

세워 우리를 미혹하는 원수로부터 우리를 보호해 줄 마지막 안전장치는 바로 '교회'이다. 성도들과 올바른 관계를 맺고 그리스도의 몸 안에 연결되어 있다면 미혹으로부터 보호받을 수 있을 것이다.

도구

내가 처음 예언을 접한 것은 은사주의 운동이 한창이었을 때였다. 당시 하나님의 강력한 역사도 있었지만 하나님으로부터 온 것이라고 할 수 없는 가짜 예언들, 논란의 소지가 다분한 가짜 은사들도 많았다. 물론 방언의 남용과 오용 사례는 말할 수 없이 많았다. 사실, 성령의 은사는 하나님 나라를 효과적으로 세울 수 있도록 하나님이 우리에게 선사하신 도구이다. 천상의 체험 역시 하나님 나라를 위해 우리에게 주신 도구이다. 천상의 체험을 통해 우리는 하나님이 누구이신지 알 수 있고, 어떤 일을 하시는지 엿볼 수 있으며, 하나님 나라를 세우는 전략도 배울 수 있다. "나라가 임하시오며 뜻이 하늘에서 이루어진 것같이 땅에서도 이루어지이다"(마 6:10).

그런데 도구는 특별한 목적을 위해 사용되도록 제작된다. 나무를 자르는 일에 망치라는 도구를 사용할 사람은 아무도 없다. 당신은 분명 톱을 선택할 것이다. 그러므로 사람들에게 성령의 은사를 가르치기 위해서는 먼저 우리가 이루어야 할 목적이 무엇인지, 그리고 목적 완수에 합당한 도구가 무엇인지에 대해 가르쳐야 한다. 도구의 올바른 사용법도 알려 줘야 한다. 더 이상 망치를 들고 나무를 자르려고 하는 일은 없어야 할 것이다. 나무가 잘리지 않는다고 망치를 던져 버리는 일도 없어야 한다.

하나님과 함께 보내는 시간 역시 하나님 나라를 세우는 도구이다. 그러므로 이제 시간에 대해서도 언급하겠다. 항상 양이 질을 보장해 주는 것은 아니다. 이 말을 오해하지 않기를 바란다! 나는 지금 하나님과 많은 시간을 보낼 필요가 없다고 말한 것이 아니다. 비록 적은 시간이라도 하나님과 함께하면 매우 소중한 시간이 된다는 것을 말하고자 하는 것이다. 때때로 너무나 바쁜 일상 때문에 하나님과의 교제 시간을 할애하기가 어렵다. 이럴 때 우리는 다음과 같이 생각한다. "주님과 많은 시간을 보내지 못하면 아무 의미가 없는데…."

내 아이들 존과 대니 이야기를 하고자 한다. 이 이야기를 통해 아무리 크고 어려운 일도 작게 조각내면 쉽게 이룰 수 있다는 사실을 깨닫게 될 것이다. 존과 대니가 각각 열 살, 열두 살 정도 되었을 때였다. 당시 우리는 나무로 불을 때는 집에서 살았다. 그 집에서 살던 어느 해, 여름이 시작되기 전 우리는 세 묶음의 장작을 미리 준비해 둔 적이 있었다. 굉장히 많은 양이었다. 가로 1.5미터, 세로 1.5미터, 높이 2.5미터의 공간에 장작을 가득 채워 넣었다고 생각해 보라. 이것이 한 묶음이다. 그리고 이렇게 세 묶음이나 되었으니, 실로 많은 양이 아닌가? 그 많은 장작이 우리 집 앞마당에 배달되었다.

남편은 아이들에게 그 모든 장작을 헛간으로 옮기라고 명령했다. 아이들이 입을 삐죽이며 불평하는 것은 당연지사였다. "우리는 방학 내내 놀지도 못할 거야. 도대체 이 많은 걸 언제 다 옮기란 말이야?"

아이들은 계속해서 볼멘소리를 했다. "얘들아, 걱정할 것 없단다." 나는 아이들에게 다가가 말했다.

"매일 아침마다 장작 다섯 개씩만 헛간으로 옮겨라. 그건 할 수 있겠니?"

갑자기 아이들의 눈에 생기가 돌기 시작했다. 아이들 생각에도 하루에 장작 다섯 개를 옮기는 것은 그다지 어려운 일이 아니었기 때문이다.

바로 다음 날 아침, 나는 부엌 창문으로 아이들의 모습을 보았다. 아이들은 각각 장작 다섯 개씩을 들고 헛간으로 가서 그곳에 쌓아 두었다.

"다섯 개는 너무 적은데요. 좀 더 옮길 수 있을 것 같아요."

헛간에서 돌아온 아이들은 작업량이 적다며 장작을 더 옮기겠다고 말했다. 그래서 아이들은 더 많은 장작을 옮겼다. 그날 오후 늦게까지도 몇 번 더 장작을 옮겼다. 그렇게 한 주가 지났다. 그리고 주말이 되었다. 아이들 생각에 여름 내내 해도 끝날 것 같지 않은 일이 한 주 만에 끝나 버렸다. 단지 큰 덩어리를 작게 쪼갰을 뿐인데 불가능해 보이던 일이 완수된 것이다.

우리 앞에 큰 산이 놓이면 우리는 쉽게 좌절한다. 그러나 큰 산을 작게 쪼개고 나누면, 상황은 달라진다. 그렇게 작게 분할된 조각을 보면 시도하기조차 버거웠던 마음에서 해방될 수 있다. 사실, 바쁜 세상에서 하나님과 함께 시간을 보내는 것이 쉬운 일은 아니다. 아이가 어려서 자신을 돌아볼 시간조차 없는 이 땅의 수많은 엄마들, 직장을 다니며 가사 일을 모두 감당해야 하는 여성들, 본업은 물론 부업에도 종사해야만 하는 가장들의 마음을 이해한다. 그러나 바쁘다고 해서 가장 아름다우신 하나님과 보내는 시간을 놓칠 수는 없지 않은가?

시간을 쪼개 보라. 처음에는 부담 없이 몇 분 정도를 할애하는 것으로 시작하라. 눈을 감고 마음을 하나님께로 집중하라. 그리고 가볍게 인사드리라. "안녕하세요, 하나님?" 이렇게 한 번 연습해 보는 것도 좋다. 이후로 그분과 보내는 시간이 점점 길어질 것이다. 왜냐하면 하나님의 임재 안에 평안이 있기 때문이다. 그 안에 기쁨과 사랑, 용납하심이 있기 때문이다.

"고작 한 시간도 못 채우다니 실망이다!" 하나님은 이렇게 말씀하지 않으신다. 그럼 한 시간이면 충분한가? 물론 충분할 수도 있으나, 그렇다고 해서 꼬박 한 시간을 채워야 한다는 부담은 갖지 말라. 하루에 장작 다섯 개씩 옮기는 태도면 된다. 지금 당장 실천에 옮길 수 있다.

CHAPTER 25

삼층천 체험과
크리스탈의 천국 여행

※ 1998년 12월, 예언의 은사를 가진 한 남자가 벤엘교회를 방문했다. 그가 리더 회의에 참석했을 때, 빌 존슨 목사는 그에게 리더들을 위해 기도해 줄 것을 부탁했다. 그는 각각의 리더에게 예언기도를 해주었다. 당시 나는 회의록을 기록하고 있었다. 그가 모든 사람을 위해 기도를 해준 뒤, 나에게 다음과 같은 예언기도를 해주었다.

성령께서 말씀하셨습니다. "내가 너를 위해 만회의 기회를 예비해 두었노라." 지금까지 당신은 "과연 내가 천상의 경험을 할 수 있을까? 나는 못하겠지"라고 생각해 왔습니다. 그러나 주님이 말씀하십니다. "네가 간구하지 않았느냐? 네가 원한다고 말하지 않았느냐? 왜 내가 네 간구를 거절할 것이라고 생각하느냐? 무엇 때문에 내가 네 기도를 거절할 것이라고 생각하느냐?"

사실 나는 천상(삼층천)의 체험을 하게 해달라고 30년 동안 기도해 왔다. 그런 내게 이분이 하나님의 응답하심에 대한 예언기도를 준 것이다. 나는 숨이 멎는 것 같았다.

다음 날 밤, 나는 하나님 아버지와 함께 시간을 보냈다. 여느 때와 다르지 않았다. 그런데 갑자기, 하나님이 이렇게 물으셨다.

"세 번째 하늘로 가기를 원하느냐?"

"네!"

나는 흥분한 목소리로 대답했다. 하나님이 내 손을 잡아 주셨다. 그렇게 우리는 여행길에 올랐다.

"드디어 삼층천을 방문하는구나!"

잠시 후, 내 눈앞에 아름다운 정원이 펼쳐졌다. 그런데 전혀 낯설지가 않았다. 환상 중에 항상 보았던, 그 첫 번째 정원이었다. 약간 혼란스러웠다. '이상하다. 이건 세 번째 하늘이 아니잖아?' 나는 뒤로 돌아 아버지께 말씀드렸다.

"여기는 예전에도 와 본 곳인데요?"

"나도 안다."

하나님은 이렇게 대답하신 후 큰 소리로 웃기 시작하셨다. 그때서야 나는 지금까지의 일을 깨닫게 되었다. 그동안 내가 봐 왔던 환상이 바로 삼층천의 체험이었던 것이다. 내가 경험한 것이 그토록 오랫동안 기도해 온 천상의 영역인 줄도 모르고, 나는 계속해서 그곳을 방문했던 것이다.

크리스탈 이야기

일전에 어떤 남자가 내게 쪽지 하나를 건네며 이렇게 부탁했다. "다음에 천상의 영역을 방문하시거든 하나님께 전해 주세요." 나는 그 쪽지를 펴서 읽어 보았다. 그 내용은 다음과 같았다.

> 친애하는 아버지께!
> 아버지, 저는 돈이 필요해요.
> - 당신의 사랑하는 아들 올림

나는 크게 한 번 웃은 후, 그 쪽지를 보이지 않는 곳에 두었다. 그리고 그 일에 대해서는 까맣게 잊어버렸다. 그러나 하나님은 잊지 않으신 모양이다. 이후, 내가 하나님을 만났을 때 하나님이 내게 쪽지를 달라고 하셨다. "어서 내게 쪽지를 주렴." 나는 어안이 벙벙했다. '무슨 쪽지를 말씀하시는 걸까?' 그때 내가 손에 쪽지를 하나 들고 있는 것을 알게 되었다. 그래서 하나님께 전해 드렸다. 하나님은 그것을 펴서 읽으시더니 머리를 뒤로 젖히신 채, 큰 소리로 웃으셨다. "난 이 아이가 참 좋단다. 날 웃게 만든다니까!"

하나님이 그러한 내용에 웃으셨다는 사실 자체도 놀랍지만, 그보다 더 놀라운 일이 일어났다. 그 다음 주, 누군가 그에게 천 달러를 준 것이다. 이후 그 이야기는 소문처럼 퍼져 나갔다. 그리고 어느 날, 내 친한 친구 크리스탈이 쪽지 하나를 들고 나를 찾아왔다. 크리스탈에게는 두 아이가 있었는데 수년 전 교통사고로 그 두 아이를 모두 잃었다. 나는 크리스탈의 쪽지를 받아 곧바로 핸드백에 넣었다. 그리고 그 날 밤 늦게서야 그것을 읽어 보았다. 사실, 장난스런 쪽지이겠거니 생각하며 펴 보았는데, 그 내용을 읽고 난 후에는 마음이 아파왔다.

> 사랑하는 아버지께!
> 제 아이들을 보고 싶어요.

그날 밤, 나는 주님을 만났다. "예수님, 크리스탈에게 뭐라고 말해 줘야 하나요?" 예수님은 잔잔한 미소를 머금으실 뿐 아무런 말씀도 하지 않으셨다. 그런데 내 시야 언저리에 무언가가 움직이는 것이 포착되었다. 고개를 돌렸다. 두 명의 어린아이가 내게 천천히 걸어오는 것이 아닌가? 나는 놀랍고 당황스러워서 뒷걸음질을 쳤다.

"이럴 수 없어! 무언가 잘못된 일이 일어나고 있어!"

사령(死靈)과의 접촉이나 초혼(招魂)을 금하는 신명기 18장 11-12절 말씀이 떠올랐다. 물론 나는 그들을 초청하지 않았다. 그렇다 해도 지금 나는 그들의 모습을 보고 있지 않은가? 그렇다면 하나님의 명령을 어기는 것일 텐데…. 예수님이 고민하며 두려워하는 나를 두 팔로 붙드셨다. 이후 천천히 자신의 품에 안아 주셨다.

아이들은 천국에 대해 이야기하기 시작했다. 얼마나 멋지고 또 얼마나 재미있는 곳인지 쉴 새 없이 이야기했다. 한 아이가 내 손바닥 위에 금색 보석함을 올려놓았다. 그것은 순금으로 제작되었고, 표면에는 특정한 무늬가 새겨져 있었다. 아이는 보석함을 들고 있는 내 손을 살포시 접어 그것을 꼭 쥐도록 만들었다.

"엄마한테 전해 주세요. 엄마의 보석함이에요."

그리고 환상이 끝났다.

나는 절대 이 이야기를 크리스탈에게 하지 않겠다고 다짐했다. 내가 그녀 대신 아이들을 만났다는 말에 크리스탈은 상처받을 게 분명했기 때문이다. 하지만 궁금한 점이 있었다. '도대체 그 보석함은 어떤 의미를 담고 있을까?' 하지만 그녀에게 물어볼 마음은 없었다.

다음 날, 나는 여느 때처럼 출근하여 일하고 있었다. 크리스탈이 잠시 사무실에 들렀다. 크리스탈의 얼굴을 보며 반갑게 인사하려는 순간 주님이 말씀하셨다.

"어제 일을 말해 주렴."

"주님, 안 돼요. 그럴 수 없어요."

나는 즉시 대꾸했다. '어머나! 이 이야기가 크리스탈의 마음에 얼마나 큰 상처를 남길지 하나님은 모르시는 것 아냐?' 그러나 주님은 다시 한 번 재촉하셨다. 약간의 갈등과 고민 끝에 이야기하기로 마음먹었다. 이미 예상했듯이, 크리스탈과 나는 함께 눈물을 흥건하게 적셨다. 크리스탈은 무언가를 확인하려는 듯이, 그 금색 보석함의 생김새에 대해 내게 묻기만 할 뿐, 어떠한 설명도 해주지 않았다.

그녀를 데려오라

그날 오후, 하나님이 말씀하셨다.

"크리스탈을 내게로 데려오너라."

"네? 제가 어떻게 데려갑니까? 어떻게 데려가는지 모르는데요?"

이번에는 하나님이 거듭해서 재촉하시지는 않았다. 내가 하나님의 명령을 확실히 들었다는 것을 아셨기 때문이다. 어쩔 수 없이 크리스탈이 일하는 곳으로 가서 내가 들은 하나님의 말씀을 전해 주었다.

텅 빈 사무실에는 크리스탈과 나, 단 둘뿐이었다. 나는 기도하기 시작했다.

"하나님, 어떻게 하면 됩니까?"

나는 그저 크리스탈의 손을 붙잡고 있는 방법 외에 별 다른 도리가 없었다. 하지만 크리스탈의 손을 잡은 순간 내 눈에 무언가가 보이기 시작했다.

"크리스탈, 너도 지금 보고 있니?"

그러나 크리스탈에게는 아무것도 보이지 않았다.

"주디! 너는 나를 잘 알잖아. 나는 꿈도 잘 꾸지 않고, 환상 같은 것도 본 적이 없어. 상상도 잘 못해."

"그렇구나…." 이렇게 대답은 했지만 막막했다. 결국 나는 내 눈에 보이는 것을 그대로 말해 줘야 했다. 환상 속에서 크리스탈과 나는 아주 어린아이의 모습이었다. 나는 우리의 모습, 입고 있는 옷 등을 묘사해 주었다. 천상의 영역으로 들어갔을 때 예쁜 꽃들과 멋진 갈대로 가득한 아름다운 정원이 나타났다. 정원 한가운데에는 정교하게 세공된 금속 탁자와 의자가 놓여 있었고, 그 위에는 차 주전자와 찻잔이 마련되어 있었다. 예수님이 크리스탈을 탁자로 데려가셔서 함께 차를 마시며 담소를 나누셨다.

다음 날 아침, 크리스탈은 서판 하나를 들고 나를 찾아왔다. 서판의 윗부분은 딱딱해서 종이를 올려놓고 글을 쓰기에 좋았고, 서판의 아랫부분은 부드러운 쿠션 재질로 되어 있어서 무릎 위에 올려놓기가 편했다. 사실 매일 아침마다 크리스탈은 자기 집 다락방에 올라가, 앉은 자세로 말씀을 묵상하고 그 서판 위에 말씀을 묵상한 내용을 적곤 했다. 그날 아침 크리스탈은 바로 그 서판을 들고 나를 찾아온 것이다. 서판의 딱딱한 윗부분에는 예쁜 꽃들과 멋들어진 갈대로 가득한 아름다운 정원 그림이 인쇄되어 있었다. 게다가 그림 속 정원 한가운데에는 정교하게 세공된 금속 탁자와 의자가 있었고, 탁자 위에는 다기(茶器)가 놓여 있었다. 내가 환상 속에서 보았던 모습 그대로였다! 내가 믿기로(해석하기로) 하나님은 매일 아침 묵상 시간마다 크리스탈을 만나 주셨고, 그 사실을 환상으로써 확인시켜 주신 것이다.

그리고 2주가 지났다. 크리스탈이 내 사무실에 찾아와 무언가를 보여 주었다. 그녀의 손에는 표면에 무늬가 새겨진 금색 보석함이 들려져 있었다. 그녀의 아들이 교통사고로 죽기 일주일 전, 자신에게 크리스마스 선물로 준 것이란다.

크리스탈은 몇 달 전 이 보석함을 잃어버렸다. 이것을 찾느라 집안 구석구석을 살펴보았지만, 끝내 찾지 못했다. 그런데 내가 크리스탈에게 이 보석함 이야기를 한 것이다. 환상 속에서 보석함을 전달해 달라는 아이의 부탁을 듣고 그 이야기를 크리스탈에게 말한 바로 그날, 그녀는 자동차를 청소하다가 우연히 운전석 바닥 매트가 불룩 튀어나와 있는 것을 보게 되었다. 바로 거기에 이 보석함이 있었던 것이다!

"주디! 네 이야기를 듣자마자 이것을 다시 찾게 될 것이라고 생각했어."

하나님은 정말 좋은 분이시다.

이후로 나는 이와 같은 천상 방문을 가리켜 '천국 여행'이라고 부르기 시작했다. 크리스탈과 함께했던 천상 방문 이후, 수많은 사람들이 그와 같은 체험을 원한다며 도움을 요청해 왔다. 물론 '천국 여행'이라는 표현이 정확하지 않을 수도 있으나, 이곳의 많은 사람들은 누군가를 인도하여 천상을 체험케 하는 과정을 가리켜 '천국 여행'이라고 부르기 시작했다.

CHAPTER 26

더 많은 사람들의 천국 여행기

✻ **사람들에게** 나의 영적 여정에 대해 소개하고 또 그들이 천국 체험을 하도록 도와주면서 그들에게 다양한 간증을 듣게 되었다. 이제 그들에게 허락을 받은 간증을 이 지면에 소개하려고 한다.

이안 킬패트릭은 'BeenUP2'라는 웹사이트의 운영자이다(www.beenup2.com). 이 사이트는 사진 및 동영상과 함께 짤막한 글을 게시하고 친구와 가족들이 그에 대해 함께 이야기를 나눌 수 있는 온라인 공간이다. 이안은 크리스천이고 그의 아버지는 크리스천 음악가인데, 우리는 몇 년 전에 만난 적이 있다. 어느 날 이안과 나는 이 사이트의 온라인상에서 대화를 나누었는데 그가 천국 여행에 대해 내게 물었다. 나는 벧엘학교에서 강의한 DVD를 그에게 보내 주었다. 그리고 이안으로부터 다음과 같은 간증을 듣게 되었다.

그 놀라운 체험을 통해 하나님을 얼마나 쉽게 만날 수 있는지 다시 한 번 깨닫게 되었습니다. 사실, 하나님을 만나는 것은 일도 아니었어요. 오! 내가 이런 만남을 얼마나 고대했었는지 몰라요! 하나님과의 만남을 통해 삶의 돌파구가 생겼습니다. 이제는 정기적으로 하나님을 만나면서 그분을 새롭게 알아 가고 있어요.

주님께 감사드린다. 이것이 바로 내가 원하는 '만남' 이다. 그렇다. 하나님과의 만남은 정말, 일도 아니다. 모든 사람이 이렇게 친밀한 만남을 가질 필요가 있다. 나 역시 이러한 만남을 사모한다.

내가 가장 좋아하는 간증 가운데 하나는 워싱턴 출신의 여성이 전해 준 이야기이다. 당시 그녀는 눈물을 펑펑 쏟으며 자신의 체험을 이야기해 주었다.

이 여성은 내가 가르쳐 준 대로 따라하며 기도했다. 처음에는 아무것도 기대하지 않았으나 결국에는 '천국 여행' 을 하게 되었다. 예수님과 만나는 동안 그녀의 옷은 하얗게, 세상에서 가장 하얀 옷으로 변했다. 머리 모양도 아름답게 변했다. 매우 희고 아름다운 드레스를 입은 채 그녀는 주님과 시간을 보냈다. 예수님과 함께 춤을 추고 또 그 자리에 앉아서 담소를 나눴다.

시시한 이야기처럼 들리는가? 그녀에게는 일생일대의 사건, 기념비적인 사건이 되었다. 자신의 얼룩진 과거 때문에 그동안 그녀는 스스로를 '더러운 사람' 이라고 생각해 왔다. 물론 성경 말씀을 읽었기 때문에, 그녀는 자신이 주의 보혈로 깨끗케 되었음을 지식적으로 알고 있기는 했다. 하지만 그 사실을 믿지는 못했다. 그렇게 오랜 시간이 지났다. 그리고 바로 그날, 그토록 기다렸던 예수님과의 만남이 성사된 것이다. 예수님은 그녀가 눈과 같이 희게, 깨끗하게 씻겨졌다는 사실을 '확인' 시켜 주셨다. 이 사건 후 그녀와 하나님의 관계는 완전히 180도 변화되었다. 천국 체험은 절대로 사소한 사건이 아니다.

라타니의 이야기

조지아주에서 여러 사람들이 모여 기도모임을 하고 있었다. 당시 각 사람은 하나님께 무언가를 요구하는 기도가 아니라 조용히 하나님의 음성을 듣는, 그리고 그분의 임재에 천천히 젖어 들어가는 '젖는 기도'(soaking prayer)를 드리고 있있다. 이때 일어난 기적 가운데 마음이 치유된 이야기 하나를 아래에 소개한다.

대다수의 사람들은 예수님과의 만남에 대해 상상만 할 뿐 어떤 일이 일어날지 잘 모를 것입니다. 하지만 저는 세 번째 하늘을 체험했기에 예수님과의 만남이 어떤지 알고 있습니다. 당시 저는 예수님의 발 앞에 엎드려 있었습니다. 이러한 제게 예수님이 말씀하셨습니다. "사랑하는 이여, 나를 바라보아라." 하지만 저는 제가 주님의 얼굴을 볼 만한 자격이 있다고 생각하지 못했습니다. 다만 저를 향해 뻗으신 주님의 손에 입을 맞출 뿐, 아무것도 할 수 없었습니다. 그러나 주님은 당신의 두 손으로 제 얼굴을 들어 올리셨습니다. 그때 저는 가장 놀라운 사랑을 느꼈습니다. 말로는 표현할 수 없는 그런 사랑을 느꼈습니다.

다음 날, 저는 다시 주님을 만났습니다. 그날도 젖는 기도를 하면서 제 뺨에 닿는 예수님의 따뜻한 손길을 느낄 수 있었습니다. 그때 '내가 지금 천국에 있구나' 하고 생각했습니다. 이번에는 예수님의 손을 붙잡았어요. 주님은 저를 위해 지으신 정원으로 데려가 주셨습니다. '도대체 어떤 정원일까?' 하고 기대하는 마음으로 주님을 따라갔습니다. 최대한 상상할 수 있는, 가장 아름다운 색상의 정원일 것이라고 기대했습니다.

한참을 걸었더니 눈앞에 평지가 펼쳐졌습니다. 저를 위한 정원이었습니다. 하지만 제가 기대했던 모습과 달랐습니다. 그 정원은 진흙만 가득한 텃밭처럼 보였습니다. 아름다운 꽃도, 멋진 폭포도 없었습니다. 너무도 혼란스러웠습니다. 그래서 주님께 여쭈었습니다. "이것이 저를 위한 정원인가요? 왜 진흙 텃밭을 주셨어요? 주님, 저를 사랑하시잖아요? 주님은 이것보다는 더 좋은 곳을 저에게 주실 수 있잖아요."

예수님이 대답하셨습니다. "물론, 나는 너를 사랑한단다." 그러고는 잔잔한 미소를 지으셨습니다.

바로 그 순간 저는 제가 서 있는 곳이 어딘지 알게 되었습니다. 제 어린 시절 추억의 장소, 친할머니 댁 앞 작은 공터였습니다. 그곳에서 저는 아빠와 함께 마음껏 뛰놀았습니다. 그곳은 진흙 천지였어요. 우리가 너무 많이 뛰어다녀서 풀이 자라지 못했죠.

"왜 이곳으로 데려오셨어요? 주님, 여기는 제 정원이 아니잖아요?"

"이곳에서 너는 네 아빠와 함께 뛰어놀며 아빠의 사랑을 체험했단다. 안타깝게도 그것이 마지막이었지? 그러나 사실 네 아빠는 지금도 그때처럼 너를 사랑한단다. 네가 네 아빠의 사랑을 못 느끼지만, 여전히 네 아빠는 최선을 다해 너를 사랑한단다."

주님의 말씀이 제 마음을 깊이 어루만져 주었습니다. 그리고 이 사실이 제 마음 깊은 상처를 치료해 주었습니다.

물론 제가 기대했던 모습의 정원은 아니었지만, 이 세상에서 가장 아름다운 정원이었습니다. 그곳에서 치유를 받았으니까요! 천국을 체험하는 동안 저와 하나님 아버지의 관계는 놀라울 정도로 빠르게 진전되었습니다. 그리고 아빠와의 관계도 변화되었어요. 마음의 상처가 치유되었을 때, 저는 용서할 수 있는 힘을 얻었습니다. 제가 아빠를 용서했을 때 천국이 아빠의 마음을 사로잡았습니다. 돌아가시기 삼 일 전, 아빠는 예수님을 영접하셨어요. 오! 기적의 하나님을 찬양합니다.

정말 놀라운 이야기가 아닌가? 하나님과의 만남이 어긋난 관계를 회복시켜 주었다. 하나님은 강제로 "용서하라!" "관계를 회복하라!" 명령하시지 않았다. 그분의 방법은 '친절'이고, '사랑'이다. 하나님은 사랑이시다. 사랑은 우리가 맺어야 할 성령의 열매가 아닌가? 혹, 하나님이 친절하지 않으신 분이면서 우리에게는 친절한 사람이 되라고 명령할 분이라고 생각하고 있는 것은 아닌가? 이제 라타니가 페이스북에 남긴 글을 읽어 보라.

> TGIF - Thank God I'm Forgiven! 저는 망가졌으나, 주님의 사랑은 저의 망가짐을 넘어섭니다. 주님이 저를 사랑하신 것은 제가 올바로 행동할 때가 아니었습니다. 그분은 언제나 제게 사랑한다고 말씀하시며 또

그 말씀 그대로 사랑해 주셨습니다. 그러니 저는 저의 전 존재로 하나님을 찬양할 수밖에 없어요!

(역자 주: 원래 TGIF는 Thank God It's Friday의 이니셜로 주말 휴일을 앞둔 금요일에 "오늘만 일하면 내일부턴 휴일이다. 하나님! 감사합니다. 금요일이에요!"라는 표현이다. 그런데 라타니는 TGIF의 IF를 I'm Forgiven으로 바꿔서 "하나님! 감사합니다. 저는 용서받았어요!"라고 표현했다. 일종의 언어유희이다.)

지젤 이야기

이 이야기는 벧엘 초자연적 사역학교 1학년에 재학 중인 지젤의 간증이다.

많은 사람들이 하나님을 체험하고 또 그 멋진 경험을 이야기하는 이곳, 벧엘학교는 참으로 놀라운 곳입니다. 세상에 이런 곳이 또 어디 있을까요? 남편과 저는 주말 내내 힘든 일을 겪었기 때문에 '천국 여행' 강의에 대한 제 기대는 최고조에 이르렀습니다. 저는 남편에게도 수업에 참여할 것을 권했습니다. 당시 그는 벧엘 초자연적 사역학교 학생이 아니었습니다. 하지만 지난 가을 주디 프랭클린이 사역했던 남성 그룹의 일원이었죠. 남편은 그 남성 그룹 모임에서 큰 은혜를 받았기 때문에, 기대하는 마음으로 천국 여행 강의에 참석했습니다.

강의를 들을 때 주님은 저의 모습을 비춰 주셨습니다. 저는 제 마음속 '사랑 저장 탱크'가 텅 비어 있음을 보게 되었습니다. '이런 것을 보게 될 줄이야!' 제가 기대한 것과는 전혀 다른 결과였지요.

잔잔한 예배 음악이 흐르기 시작했습니다. 그리고 저는 예수님을 만났습니다. 평상시 그분을 만나곤 했던 정원 테이블에서 말이죠. 저는 주님 곁에 앉아서 제 마음을 낱낱이 토로했습니다. 제 마음속에 있는 좌절감, 상처 그리고 최근에 일어난 모든 일에 대해 말씀드렸어요. 주님은 저를 바라보시며 주의를 기울이고 제 이야기를 들어주셨습니다.

이후 주님은 제 손을 잡고 이렇게 말씀하셨습니다. "얘야, 네게 보여 줄 것이 있단다." 우리는 정원을 가로질러 달렸습니다. 전에 주님이 제게 보여 주셨던 모든 것이 '휙휙' 지나갔습니다. 빠른 속도로 달렸지만 주님은 제 손을 놓지 않으셨습니다. 이윽고 주님이 저를 위해 준비해 두신 것들이 눈앞에 나타났습니다. 붉은 꽃들로 가득한 들판이었습니다. 첫눈에, 그것은 빨간 튤립이 만발한, 끝없는 꽃밭임을 알게 되었습니다. 일반적으로 카탈로그 표지에 그런 풍경이 많이 등장하죠. 하지만 가까이 다가서자 붉은 튤립처럼 보였던 것은 다름 아닌 심장이었습니다. "이 모든 심장은 다 너를 위한 나의 마음이란다." 주님이 말씀하셨습니다. "오직 나만이 네 마음을 가득 채워 줄 수 있단다."

사실 저는 주님의 사랑만이 만족시켜 줄 영역을 다른 사람에게 부탁했습니다. 그들에게서 만족을 얻고자 했던 것입니다. 주님은 심장 꽃을 한아름 꺾으신 후 한 송이 한 송이를 제게 던지셨습니다. 마치 장난치시듯 말이죠. 그런데 그 꽃들이 제 사랑 저장 탱크를 채우는 것이 아닙니까? 결국 제 마음은 사랑으로 가득 차올랐습니다. 사랑의 근원이신 주님을 만난 것이죠. 심장 꽃밭은 끝이 없었습니다. 예수님은 끊임없이 꽃을 꺾어서 제게 던지셨습니다. "이 모든 것이 다 네 것이다. 부족하다면 더 주겠다." 주님이 말씀하셨습니다.

정말 놀라운 일이었습니다. 그동안 제가 놓치고 있었던 부분을 주님이 다시금 깨닫게 해주셨습니다. 아, 이 말씀을 못 드릴 뻔 했네요. 주님은 참으로 아름다운 미소를 지으셨어요!

한동안, 아마 3-4년 정도 저는 공허한 마음을 안고 살았던 것 같습니다. 그 원인조차 몰랐는데, 주님과의 만남을 통해 그 원인을 알게 되었고, 문제도 해결받게 되었습니다. 예수님이 당신의 사랑으로 제 마음을 채워 주셨거든요. 그것은 오직 주님만이 하실 수 있는 일이었습니다.

지난 2년 동안, 심각한 질병으로 고생하는 가족들을 돌봐야 했습니다. 직업이 간호사였기 때문에 그 일을 수행할 능력은 충분했지요. 하지만 그들에게 쏟은 만큼 '채움' 받지 못했던 것이 문제였습니다. 그러나 천국에서 주님과 만난 그 순간 저는 제게 필요한 모든 것, 아니 그 이상을 채움 받았습니다. 주님은 언제든 달려가서 채움 받을 수 있는 곳을 알려 주셨습니다. 그곳은 바로 주님, 그분의 품입니다. 주님의 사랑은 끝이 없습니다.

코니 이야기

어린 시절, 아버지는 저를 인정해 주지 않았습니다. 성장한 후로도 달라진 것은 없었어요. 그래서 그런지 저는 아버지와의 관계, 하나님과의 관계를 철저하게 구분해 왔습니다. 가족이 함께 모일 때면 항상 긴장해야 했습니다. 하지만 아버지가 싫지는 않았습니다. 반대로 아버지로부터 인정받기 위해 부단히 노력해 왔습니다. 아버지는 제가 구원받은 사실을 인정하지 않으셨습니다. 인정받고 싶은 마음에 저는 제가 구원받은 사람이라는 사실을 아버지게 알려 드리고 싶었습니다. 그런 강박관념을 불쌍하게 여기셨는지 한 번은 기도 중에 하나님이 이런 확신을 주셨습니다. "네 아빠가 천국에 오면 내가 그에게 말해 주겠다. 네가 정말 구원받았다는 사실을 말이다." 저는 해방감을 느끼며 새롭게 신앙생활을 할 수 있었습니다.

그러던 어느 날, 주디 프랭클린의 수업에 참여하여 젖는 기도를 배웠습니다. 젖는 기도는 제 신앙생활의 새로운 '열린 문'이었습니다. 이후 천국 여행을 주제로 강의한 그녀의 DVD도 보게 되었습니다.

찬양 음악을 틀어 놓고 주님 앞에 누웠습니다. 저는 아빠 생각을 하지 않았습니다. 다만 주님께 가까이 다가갔습니다. 그런데 놀라운 일이 생겼습니다! 예수님 곁에 우리 아빠가 서 계신 것이 아닙니까? 아빠는 꽤 어려 보였습니다. 그리고 환하게 웃는 얼굴이었습니다. '그래, 저 모습이 바로 아빠가 원했던 자기 자신의 모습이겠지!' 하고 생각했습니다. 행복한 모습, 나를 사랑하는 눈빛…. 제가 원했던 것 이상으로 아빠 역시 그렇게 되기를 원하셨던 것입니다. 서로 대화하지는 않았지만, 저는 알았습니다.

그동안 '아빠'를 생각하면 화가 난 모습으로 멀찍이 서 계신 아빠의 이미지만 떠올랐었습니다. 하지만 마음으로는 활짝 웃는 얼굴의 사랑스런 아빠의 모습을 떠올리고 싶었습니다. 바로 그날 이후, 저는 아빠의 이미지를 바꿀 수 있게 되었습니다.

사실을 말씀드리자면, 혹은 예수님이 말씀해 주신 바를 전해 드리자면, 하나님 아버지는 이 땅의 아빠와 연관된 문제들, 상처들을 고치기 원하십니다. 정말로 간절히 원하십니다. 이 땅의 자녀들이 육신의 아버지를 통해 하나님 아버지의 모습을 보게 되기를 소망하십니다.

물론 하나님은 이 땅의 아버지와는 다르십니다. 아무리 이 땅의 아버지가 훌륭하다고 해도 최고의 아버지는 아닙니다. 하나님만이 최고의 아버지이시니까요.

마일스 이야기

혹시 놀라운 체험은 어른들의 전유물이라고 생각하는가? 그렇다면 여기, 아주 특별한 치유를 경험한 아이가 있으니 그 이야기를 들어 보라. 당시 나는 앨라배마에서 집회를 인도하고 있었다. 특히 토요일 저녁 집회에서는 천국 여행을 강의, 실습하였는데 마일스라는 아홉 살배기 아이도 그곳에 있었다.

집회가 끝난 후의 사건이지만 마일스는 천국 여행을 했고, 자신의 체험을 교인들 앞에서 간증했다고 한다. 때때로 나는 어린아이들에게 임하는 기름부음에 깜짝 놀라곤 한다. 마일스는 하나님으로부터의 놀라운 기름부음을 체험했다. 아래는 마일스가 다니는 교회의 목회자 레스 틸(Les Teel) 목사님이 전해 준 이야기이다.

우리 교회에서는 주일학교 예배 중 아이들이 주님 앞에 누워 '젖는 기도'를 드립니다. 지난 주말 동안 집회에 참석했던 아홉 살배기 아이가 있었는데, 주일 아침에 젖는 기도를 드리던 중 천국 체험을 했답니다. 그곳에서 아이는 예수님을 만났는데 예수님이 이 아이에게 피자 한 조각을 건네주시며 이렇게 말씀하셨다고 합니다.

"자, 이것을 먹어라."

아이는 예수님께 대답했습니다.

"주님, 저는 피자를 먹지 못해요. 알레르기가 있거든요. 아시잖아요?"

사실, 이 아이는 제가 아는 사람 중에서 알레르기 증상이 가장 심한 환자입니다. 아이는 유제품, 유가공품, 토마토 소스, 오렌지주스, 땅콩, 해산물 등 이루 다 말할 수 없이 많은 음식물에 고도의 알레르기 반응을 보입니다. 위에 열거한 음식을 섭취할 경우 1-2분 안에 목구멍과 기도가 막힌다고 하니 얼마나 위험한지요. 이 때문에 아이의 엄마가 아이를 업고 응급실로 뛰어간 횟수는 셀 수 없이 많습니다. 어디를 가든 아이와 동행할 때마다 그녀는 항상 휴대용 에피(에피네프린) 주사 펜을 들고 다니지요. 이 아이의 식단은 항상 맛없는 음식들로 즐비합니다.

그런데 주님이 아이에게 말씀하셨습니다.

"네가 나를 믿는다면 이 피자 한 조각을 먹을 수 있지 않겠니? 내가 네 모든 알레르기 질환을 치유해 주겠다."

그래서 아이는 피자를 받아먹었답니다. 그리고 환상은 거기서 멈췄지요. 주일학교 예배가 끝난 후, 아이는 엄마에게 이 사건을 이야기했습니다.

"저에게 피자 한 조각을 먹으라고 하셨어요. 그러면 제 모든 알레르기 병을 고쳐 주신댔어요."

이제부터 제가 깜짝 놀란 이야기가 시작됩니다. 아이의 엄마는 아들의 체험을 존중해 주었습니다. 그리고 아이가 체험했던 그 사건을 진지하게 받아들였지요. 그날 오후 엄마는 믿음을 선택합니다. 아이에게 아이스크림 셔벗(달콤하게 만든 과일 주스나 다른 음료를 얼린 것) 한 통, 즉 유유와 오렌지주스 덩

어리를 먹였습니다(절대로 먹여서는 안 되는 두 가지 금기 식품을 한꺼번에 먹인 셈이지요). 아이는 아이스크림 한 통을 다 먹었습니다.

그런데 알레르기 반응은 일어나지 않았습니다.

"오 놀라운 하나님! 하나님께 큰 영광의 찬양을 드립니다!" 정말 이렇게 외치고 싶은 심정입니다. 저는 그 모자의 믿음에 깜짝 놀랐습니다. 수차례나 아이의 목숨을 앗아갈 뻔 했던 음식을 또다시 먹이는 데엔 큰 용기가 필요했을 것입니다. 사실 그녀가 아이에게 아이스크림을 먹이기 전, 제게 상담을 요청하지 않아서 얼마나 다행인지요! 만약 제게 전화라도 했다면, 제가 그들의 기쁨을 완전히 망쳐 놓았을지도 모릅니다. 환상 중 천국에 갔더니 예수님이 피자 한 조각을 주시며 이것을 먹으면 네 알레르기 질환을 고쳐 주시겠다고 말씀하셨다는 것을, 그것도 아홉 살짜리 아이가 말했는데 도대체 누가 그 이야기를 믿겠습니까?

저는 즉시 주디 프랭클린에게 전화했습니다. 이 아이의 경우처럼, 혹시 천국 방문을 통해 육체의 질병이 치유된 사례가 있는지 묻기 위해서였습니다. "아니요. 아직까지는 없습니다." 그녀가 대답했습니다. 하나님은 정말 선하신 분이시며 어떤 일을 하실지 우리로서는 도무지 예측할 수 없는 놀라운 분입니다. 결국 주디의 사역을 통해 우리는 전례 없는 치유의 새로운 차원을 경험하게 되었습니다. 하나님은 정말 놀라운 분이십니다.

제프 이야기

천국을 체험하는 동안 하나님은 마일스의 질병을 치유해 주셨다.

오! 하나님이 이러한 치유를 또다시 보여 주실까?

제프는 우리 교회에 다니는 멋진 남성이며 빌 존슨 목사님의 친구이기도 하다. 안타깝게도 그는 암환자였다. 성도들은 매일같이 그를 위해 기도했다. 지금 제프는 하늘나라에 있다. 물론 세상을 떠났기에 패잔병처럼 보일지 모르나 원수는 결국 그를 넘어뜨리지 못했다. 제프는 강한 군사였다. 싸움에서 승리한 것은 원수가 아니라 제프였다.

그의 아내 셜리는 제프의 투병 이야기를 적어 친구에게 편지를 보냈다. 최근에 셜리의 친구가 그 편지를 한 번 읽어 보라며 내게 건네주었다. 편지를 읽은 후 나는 그녀에게 말했다. "하염없이 눈물이 흘러서 읽기가 힘들었어요."

당시 나는 제프가 체험했던 일련의 사건들이 그 자신과 가족들에게 어떤 영향을 미쳤는지 알지 못했다. 그러나 지금 이 편지를 읽은 후 너무 큰 감동을 받게 되었다.

"혹시 이 내용을 제 책에 게재해도 될까요?"

나는 셜리에게 부탁했고, 셜리는 흔쾌히 허락해 주었다. 아래는 그 편지 내용을 간략하게 요약한 것이다.

빌 존슨 목사님은 매일 치유 사역 팀과 여러 리더들을 우리 집으로 보내 주셨습니다. 그들은 제프를 위해 매일같이 몇 시간 동안 기도해 주었습니다. 어느 날 빌 존슨 목사님은 주디 프랭클린을 보내 주셨습니다.

저는 주디 프랭클린이 우리 집에 오기 전까지 그녀에게 어떤 은사가 있는지 알지 못했습니다. 그런데 주디가 우리 집에 와서는 대뜸 이렇게 말하는 것이었어요.

"빌 존슨 목사님이 저에게 제프를 천국에 데려다 주라고 하셨어요."

(물론 그것은 잠깐의 방문을 의미했습니다. "반드시 이 땅으로 다시 돌아와야 해"라며 빌은 제프에게 농담까지 했답니다.)

그러나 제프는 주디에게 단도직입적으로 말했습니다. 자신은 천성적으로 그리고 직업적으로 비판적일 수밖에 없다고 말입니다. "저는 냉소적이고 이성적인 사고를 하는 사람입니다." 주디의 체험을 의심하지 않는다고 하더라도 최면과 같은 치료 방법의 허와 실에 대해 잘 알고 있었기 때문에 자신은 절대 천국 방문 같은 것을 경험할 수 없을 거라고 장담했습니다. 참고로 한때 제프는 교도소 죄수들을 위한 긴장완화 최면 치유 프로그램을 연구했습니다. 그는 특히 십대 범죄자들, 아이들 그리고 노인 죄수들을 사랑했습니다.

"물론 당신이 하라는 대로 하겠습니다만, 만일 무언가 꾸며낸 느낌이 들면 곧바로 멈추라고 하겠습니다." 제프가 말했습니다.

"좋아요." 주디가 대답했습니다. 그리고 주디는 나에게도 권했습니다.

"남편과 함께 참여하시겠습니까?"

하지만 저는 옆에서 지켜보며 어떤 일이 일어났는지 나중에 남편에게 설명해 주겠다고 말했습니다. 어쩌면 제 마음 깊은 곳에도 이러한 일에 대한 회의가 다소 일었나 봅니다. 어쨌든 확실한 사실은 저보다 제프가 더욱 회의적인 사람이었다는 것이지요. 그이는 분석하고 비판하는 성향이 짙었기 때문에 그이에게 천국 방문 같은 일은 성사될 리 없었지요.

주디는 제프와 함께 기도하기 시작했습니다. 함께 온 사역 팀들도 기도했습니다. 이후 주디는 "이제 눈을 감으세요"라고 제프에게 말했습니다. 그녀의 행동은 심리학자들 혹은 심리치료가들이 최면술이나 긴장완화 치료를 위해

시도하는 이미지 연상 안내(guided imagery)와 비슷해 보였습니다. '이런 방법은 제프에게 안 통할 텐데…' 하고 생각했습니다. 주디는 나지막한 목소리로 천천히 말했습니다. 천국의 모습을 말로 형용하면서 그곳에서 자기 자신의 모습을 찾도록 제프를 유도했습니다. 하지만 제프는 계속해서 중단시켰습니다.

"미안합니다만 지금 저는 당신이 말하는 그대로를 상상하고 있어요. 이거 너무 작위적이잖아요? 이런 것은 내키지 않는다고요!"

"아, 괜찮습니다." 주디는 침착하게 말했다.

"괜찮아요. 걱정하지 마시고 천상의 영역에 있는 당신의 모습을 계속 그려 보세요."

남편은 적어도 열두 번 정도 주디의 말을 끊었습니다. 제 마음도 점점 불안해졌지요. '이러다가 남편이 화를 못 참고 크게 터뜨리는 건 아닐까? 남편의 실망이 대단할 텐데…' 라는 생각이 들었습니다. 잭, 당신도 우리 남편 잘 알잖아요? 작위적인 행위를 무척 싫어하잖아요? 그이는 심지어 팬터마임 게임도 싫어하고, 안 그런데 그런 '척' 하는 것도 혐오한답니다. 그런데 왜 갑자기 이런 말을 하냐고요? 일단 이 사실부터 주지시킨 후에 다음 이야기를 해야 하니까요.

그렇게 흐름을 방해하면서 15분, 20분 정도가 흘렀을까요? 어쩌면 30분 정도 지났는지 모릅니다. 무언가 변화가 생겼어요. 저는 제프의 얼굴을 뚫어지게 쳐다보았습니다. 행복한 표정을 짓더군요. 무언가를 본 것 같았어요. 주디가 데려온 사역팀원 중 한 명이 조용하게 물었습니다.

"혹시 정원에 놓인 벤치가 보이십니까?"

대답은 안 했지만 제프의 얼굴 표정이 다 말해 주더군요. 그이는 고개를 끄덕이며 한쪽으로 얼굴을 돌렸습니다. 그의 표정이 제게는 이렇게 말하는 것처럼 보였습니다. "그곳에 벤치가 있는 걸 당신이 어떻게 알았죠?" 주디는 제프에게 벤치에 앉으라고 말했습니다. 그이의 몸은 '여기'에 있는데 정신과 마음은 '그곳'에 있다는 것이 확실하게 느껴졌어요. 그 순간 성령의 임재가 강력하게 느껴졌답니다. 저는 모든 것을 기억하고 싶었어요. 소름까지 돋았는데, 돋은 소름 위에 또 다른 소름이 돋을 정도였답니다.

제프가 대답했어요. "네, 저는 지금 정원에 놓인 벤치 위에 앉았습니다." 그러고는 가장 아름다운 미소를 지었습니다.

"예수님이 보이시나요?" 주디가 물었습니다(순간, 내 호흡은 멎었습니다).

제프는 잠시 머뭇거리다가, 아주 맛있는 음식을 먹을 때처럼 다시금 미소를 지었습니다. 그리고 그의 미소는 거기서 멈췄습니다.

갑자기 그의 감은 눈에 눈물이 촉촉이 젖어들었습니다.

"네. 제 곁에 계세요."

다시 한 번, 성령의 강력한 임재가 그 방 전체를 휘감았습니다. 그 방 안에 있던 사람들 역시 제프가 보는 것을 동일하게 보고 있었습니다. 그들 모두가 정원을 보았고, 벤치를 보았으며, 예수님을 보았답니다. '나도 그곳에 갔으면 좋으련만…' 그러나 제프가 환상에서 깨었을 때, 이 모든 것을 생생하게 전해 줄 훌륭한 리포터로 남고 싶었습니다.

"예수님께 당신의 암 질병에 대해 여쭤 보세요." 주디가 말했습니다.

이에 제프는 큰 소리로 물었습니다.

"예수님, 암에 대해 말씀해 주세요."

순간 제프의 얼굴이 굳어지더군요. 제프는 이맛살을 찌푸린 채 말했습니다.

"주님, 제 마음에 커다란 갈고리가 있습니다. 그 갈고리는 어릴 때부터 제 마음에 들어와 있었어요. 마음에 큰 상처를 받은 후부터였어요."

(저는 그 상처가 무엇인지 압니다. 제프가 어린 아기였을 때 그 부모님이 이혼하셨지요. 그이의 계부는 소문난 불한당이었는데, 그의 어머니는 자기 아들이 남편에게 매 맞는 것을 말리지 못할 정도로 나약한 사람이었어요. 친부는 그를 버렸고요.)

제프의 눈에서 눈물이 흘러내렸습니다. 제 뺨에도 눈물이 흘렀고요.

"그 갈고리를 제거해 달라고 예수님께 말씀드리세요." 주디가 말했습니다.

제프는 잠시 머뭇거렸습니다. 그리고 다양한 표정이 그의 얼굴에 나타났습니다. 한참 후, 제프가 말했습니다.

"예수님이 마음 한쪽 끝을 잘라내시더니 그 갈고리를 빼내 주셨어요."

제프가 또다시 입을 열어 말하더군요.

"어… 이럴 수가! 제 마음 전체가 갈고리로 덮여 있어요."

"놀라지 말고, 예수님께 그 모든 고리를 제거해 달라고 말씀드리세요."

제프와 주디의 대화가 계속되었습니다. 예수님이 고리를 제거하시는 동안 제프의 얼굴은 점점 밝아졌습니다.

이후 누군가가(저는 그것이 주디였는지 사역 팀원이었는지 기억나지 않습니다만) 제프에게 물었습니다.

"예수님이 당신을 위해 무언가를 하셨지요?"

그이는 다시 고개를 끄덕였습니다. 그들 역시 제프가 보는 것을 보고 있던 것 같았습니다.

"네. 예수님이 선물을 들고 계세요."

누군가가 말했습니다.

"열어 보세요. 당신을 위한 선물이에요."

그런데 여기에서 분명히 짚고 넘어가야 할 점이 있어요. 제프는 무심코 사람들의 말에 따라 행동하는 게 아니었어요. 저는 제 눈을 의심해야 했죠. 제프는 리본을 푸는 손동작을 했어요. 팬터마임 같은 것도 싫어하는 그 사람이 말이에요. 리본을 풀고 상자 덮개를 열었습니다(그의 손동작을 보면 그것은 작은 정사각형 상자였어요). 제프는 놀랐다는 표정을 하며 살짝 웃었습니다.

우리 모두는 그에게 물었지요.

"안에 뭐가 들어 있어요?"

저는 아마 보석이나 무언가 귀중한 물건이 있을 거라고 생각했습니다. 그런데 제프가 이렇게 말하는 것이 아니겠어요?

"하하. 거대한 마시멜로입니다. 예수님도 이 마시멜로를 좋아하신대요. 달콤하고 부드럽고, 촉감이 끝내 주는데요. 하하하." (잭, 잘 아시겠지만 제프가 가장 좋아하는 음식 두 가지는 팝콘과 마시멜로예요.)

제프는 예수님과 오랜 시간을 보냈어요. 이후 주디는 남편을 다시 데려왔지요. 그녀가 어떻게 했는지는 기억나지 않아요. 다만 마지막 순간, 저 역시 남편이 갔던 정원 그 한쪽 끝에 있었다는 것만 기억날 뿐입니다.

이 사건 후, 제프는 극적으로 변화된 모습을 보였어요. 전에 알던 제프가 아니었지요. 주님을 향한 순결한 사랑으로 살아가는 사람이 되었어요. 아이들과 저 역시 모두 놀랐습니다. 그저 짧은 만남이었을 뿐인데…. 천국에서 주님을 만나서 마음의 모든 갈고리를 제거받고, 변화되다니 주님께 너무 감사드립니다.

현재 제프는 매 순간 주님의 아름다움을 목도하고 있다. '구름같이 둘러싼 허다한 예수의 증인' 무리에 속하여 이 땅의 성도들을 격려하고 있을 것이다(히 12:1 참조).

하나님은 선하신 분이다. 하지만 '선하신 분'이라는 표현도 그분을 형용하기에는 적합하지 않다. 이 땅의 언어로 어떻게 그분의 지대한 선과 아름다움을 제대로 담아낼 수 있겠는가?

할렐루야 여호와께 감사하라
그는 선하시며 그 인자하심이 영원함이로다(시 106:1)

리지 이야기

여섯 살 된 아들을 둔 엄마(리지)로부터 놀라운 간증을 들었다. 그녀는 중증 자폐를 앓는 자기 아들 소년에게 '천국 여행'을 경험시켜 주었다. 아이의 엄마는 아들을 위해 수년 동안 기도했다. 그러자 주님이 그녀에게 구체적인 기도 지침을 주셨다고 한다.

그러던 어느 날, 주님이 조던을 천국으로 데려오라고 말씀하셨다. 처음으로 천국을 방문했을 때 아이는 반짝이는 불빛 구름이 자신을 감싸는 것을 보았다고 했다. 두 번째로 천국을 방문했을 때, 아이는 별들과 행성, 그리고 아름다운 나무들이 가득한 공간을 보았다고 했다. 이후 천국 여행은 아이의 '자장가'를 대신해 주었다. 잠들기 바로 전, 아이의 엄마는 조던을 천국으로 데려갔고 아이는 천국을 방문한 뒤 자신이 목격한 것을 엄마에게 이야기해 주었다.

어느 날 밤, 예수님이 리지에게 조던을 보좌의 방으로 데려오라고 말씀하셨다. 보좌의 방에서 아이는 하나님을 보았는데, 하나님이 흔들의자에 앉아 계셨다고 말했다.

"달려가서 아버지의 무릎에 앉으렴."

엄마가 아이에게 말했다. 아이는 달려가서 아버지의 무릎에 앉았다. 아버지께서는 아이를 두 팔로 안아 주시며 노래를 불러 주셨다.

"나는 널 사랑한다. 나는 널 사랑한다."

아이는 그때, 녹색 엑스레이 광선 같은 것이 자신에게 다가오는 것을 보았다. 아버지의 입에서 나오는 광선 같았다고 말했다(녹색은 새 생명, 새로운 시작을 상징한다).

그 이후로, 조던의 상태는 급격하게 좋아졌다. 말수도 많아졌고, 사람들과의 교류도 잦아지면서 활동도 하게 되었다. 그리고 상대방과 시선을 맞추며 대화하기 시작했다.

그의 엄마가 말했다.

"만일 자폐증의 치유법이 천국에 가서 하늘 아버지의 노래를 듣는 것이라면, 우리는 반드시 그곳에 갔다 와야 할 것입니다."

CHAPTER 27

하나님을 하나님 되게 하라

_베니 존슨

　＊이 책을 읽은 독자들 중 어떤 사람은 주디의 삶에 공감하면서 이렇게 말할지도 모르겠다. "그래, 바로 내가 원하던 거야!" 또 어떤 사람은 전혀 공감하지 않을 수도 있다. 여기에서 내가 말하고자 하는 바는 우리 모두에게는 하나님과의 만남이 필요하다는 것이다. 부디 우리 모두가 천상의 체험을 통해 상처 입은 마음을 치유받고 하나님과 마주앉아 사랑을 나누며 회복되기를 바란다. 정말 우리 모두가 기쁘게 하나님께 나아가기를 소망한다.

　이 책을 읽는 동안 당신은 주디에게 특별한 은사가 있음을 알게 되었을 것이다. 사람들을 도와 아버지를 만나게 하는 일은 정말 놀랍지 않은가?

　삼위 하나님을 사랑하고 함께 교통하는 것은 우리 모든 사람의 마음속 깊은 갈망이다.

하나님께 내어 드리라

　수년 전, 나 역시 삼위 하나님과의 교통을 체험했다. 그 후로 내 삶은 완전히 변화되었다. 당시 내가 배운 교훈은 우리와의 만남을 하나님이 갈망하신다는 것이다. 게다가 이러한 만남은 일생에 단 한 번만 일어나는 사건이 아니라는 것이다. 우리 주변에서는 이러한 말이 돌곤 했다. "저 사람은 오직 천상의 것에 집중하기 때문에 이 땅에서의 삶은 형편없다네." 하지만 이러한 말은 사실이 아니다. 다음과 같이 수정해야 옳을 것이다. "저 사람은 오직 천상의 것에 집중하기 때문에 이 땅에서도 훌륭하게 살아간다네." 물론 가장 적합한 표현이라고 할 수는 없지만 독자들은 내가 전달하려는 바를 이해했을 것이다.

　하나님은 우리에게 많은 것을 가르쳐 주시고자 한다. 그분이 사용하시는 교수방법 중 하나가 바로 '천국 체험'이다.

　예전에 주디와 내가 조지아 주에서 여성도를 대상으로 컨퍼런스를 한 적이 있다. 주디의 강연 차례가 되었다. 강연 전에 그녀는 내게 이렇게 말했다.

　"저는 제 삶을 잠시 나눈 후, 컨퍼런스에 참가한 사람들을 모두 천국으로 데려갈 겁니다."

　물론 나는 이미 천상을 경험해 보았으나 주디가 인도하는 모임에서 체험하게 된다니 색다른 경험이 될 것 같아서 몹시 기대하였다. 물론 주 강사였기 때문에 그냥 자리에 앉아 관망할 수도 있었다. 하지만 나는 전심으로 참여하여 최대한 많은 것을 배우기로 마음먹었다. 강의 말미에 주디는 참가자 전원에게 편한 자세로 바닥에 누울 것을 권했다.

"눈을 감고 예수님이 우리에게 다가오시는 모습을 그려 보세요."

주디가 말했다. 나는 그 즉시 예수님을 보게 되었다. 내 거룩한 상상이 정말로 살아 움직이는 것 아닌가? 주디는 예수님이 하시는 말씀을 귀담아 들어보라고 말했다. 예수님은 내게 사랑한다고 말씀하셨다. 이후로 주디의 말은 잘 들리지 않았다. 기억나는 것은 거기까지였다. 천국에서 나는, 오직 주님께만 집중했기 때문이다.

바울이 말했다.

> 내가 그리스도 안에 있는 한 사람을 아노니 그는 십사 년 전에 셋째 하늘에 이끌려 간 자라 (그가 몸 안에 있었는지 몸 밖에 있었는지 나는 모르거니와 하나님은 아시느니라) (고후 12:2)

고개를 숙여 내가 입은 옷을 보았다. 길게 늘어진, 아름다운 흰색 드레스였다. 고개를 들어 주님을 바라보았다. 주님은 나를 두 팔로 번쩍 들어 올리시더니 그 자리에서 빙그르르 돌았다. 이후 주님과 나는 어떤 오두막을 향해 걸어갔다. 그 오두막 근처에 다다랐을 때 주님은 나를 자리에 앉히셨다. 순간 나는 그것이 나를 위해 지어진 오두막임을 알았다. 무척 기뻤다. 정말 행복했다. 마치 지상에서의 모든 시간이 종료되고 천국에서의 '영원'이 시작되는 것만 같았다. 나는 이 아름답고 고풍스러운 영국식 조그만 오두막을 바라보았다. 내 왼편으로는 영국 스타일의 정원이 있었고, 오른편에는 풀밭이 펼쳐져 있었다. 오두막 뒤편의 초원에서 아이들이 뛰어노는 소리가 들려왔다. 처음 만난 아이는 큰 손녀 케네디였다. 아이는 나를 보자마자 큰 소리로 다른 아이들에게 말했다. "얘들아, 할머니가 오셨다. 우리 모두 할머니랑 놀자!" 아이는 다시 오두막 뒤편으로 뛰어갔다.

이 모든 일이 진행되는 동안 나는 울고 있었다(사실 '운다' 라는 표현으로는 내 모습을 제대로 묘사하지 못한다. 한없이 부드러웠기 때문이다). 보다 정확하게 표현하자면 나는 눈이 튀어나올 정도로 울고 있었다. 하지만 슬퍼서가 아니라 참된 기쁨과 행복감 때문이었다. 나는 감성이 풍부한 사람이다. 그래서인지 오두막, 정원, 손자손녀들 등 모든 것이 마음에 쉽게 다가왔다. 감정, 분위기, 느낌은 내가 삶에서 소중하게 여기는 것들인데, 이 모든 것을 만족시키는 곳에서 주님을 만난 것이다! 당신에게 제일 어울리는 곳에서 하나님이 당신을 만나 주신다는 사실이 놀랍지 않은가?

이후 나는 오른쪽으로 몸을 돌려 뒤편을 바라보았다. 친할머니가 거기에 서 계셨다. 할머니는 수많은 아이들과 함께 그곳에 계셨다. 그분은 아주 오래전에 예수님을 믿기 시작하셨다. 내가 태어나기 전부터 교회에서 주일학교 교사로 봉사하셨던 것 같다. 할머니는 참으로 놀라운 주님의 일꾼이었다.

할머니가 주일학교 교사직을 내려놓으시던 날이었다. 교회 목사님은 할머니를 단상으로 부르셨고, 몇몇 리더들은 그간의 봉사와 수고를 기리며 할머니의 은퇴를 축하해 주었다. 하지만 그렇게 온 교회 앞에서 축하받는 순간, 할머니는 심장마비로 쓰러지셨다. 그리고 5일 후에 주님 품에 안기셨다.

천국에서 할머니를 만났을 때, 할머니 곁에는 수많은 아이들이 있었다. 그들의 모습을 보게 된 것이 내게는 큰 도전이 되었다. 이 땅에 살아 있는 동안 하나님을 위해 하셨던 그 일을 천국에서도 동일하게 하고 계셨으니 말이다. 이 땅에서 할머니는 아이들을 좋아하셨다. 천국에서도 할머니는 사랑으로 아이들을 품고 계셨다.

다시 몸을 돌려 왼쪽을 바라보았다. 그곳에는 외할머니가 계셨다. 외할머니는 목회자 사모로서 수년 동안 교회를 섬겼다. 지금은 목회자와 사모를 존경하는 분위기가 형성되었지만, 그 당시에는 그렇지 않았다. 외할머니는 남편과 교회로부터 큰 상처를 받으셨다. 결국 외할아버지와 이혼했고, 수년 동안 상처를 안은 채 살아가야 했다. 결국 마음속 상처는 외할머니의 건강에도 악영향을 미쳤다. 물론 나에게는 외할머니와의 좋은 추억도 많았다.

그중, 외할머니의 웃음이 압권이다. 나는 그 웃음을 잊을 수 없다. 외할머니는 몸집이 크셨다. 한 번 웃음이 터지면 고개를 뒤로 젖히고 입을 크게 벌리신 채 웃으셨기 때문에 목젖이 다 보일 정도였다. 외할머니가 행복해하시는 모습을 볼 때 나 역시 행복했다. 다시 외할머니를 만났던 천국에서도 나는 고개를 뒤로 젖힌 채 큰 소리로 웃으시는 모습을 볼 수 있었다. 그 모습에 나 역시 미소를 지었다. 하나님이 외할머니의 모든 상처를 치유해 주신 것 같았다. 다시금 예전의 행복한 외할머니의 모습이었기 때문이다.

이후 내 관심은 다시 오두막으로 쏠렸다. 그때, 시아버지께서 나보다 앞서 걸으시다가 나를 바라보고 멈추시며 이렇게 말씀하셨다.

"애야, 너는 내 아들에게 훌륭한 아내란다."

그것이 시아버지께서 내게 해주신 말 전부였다. 그것이면 충분했다. 이 일련의 경험 중 나는 내가 느꼈던 감정을 제대로 정리할 수 없었다. 내게는 친숙한 감정이었지만 정확하게 한마디로 정의할 수는 없었다. 다만 나는 바닥에 누워 휴식을 취하고 있을 뿐이었다. 그런데 갑자기 한 단어가 떠올랐다. "평안!" 그렇다. 이 감정은 평안이었다. 하지만 이전에 느꼈던 평안과는 사뭇 달랐다. 이것은 완전한 평안이었다. 완전한 평안! 전에는 이러한 평안을 느껴 보지 못했다. 이처럼 완벽한 평안을 말이다. 이 평안이 나를, 창조의 원상태로 회복시켜 놓았다. 나는 이 평안으로부터 단 한 발자국도 옮기기 싫었다. 머릿속에는 아무런 생각도, 잡념도 없었다. 당신은 내가 어떠한 잡념에 대해 말하고 있는지 아는가? 생각을 분산시키는 잡념, 너무 많은 생각을 떠올리게 만드는 잡념…. 그러나 평안이 닿자 내 머릿속 전쟁은 끝났다! 나는 완전한 평안 가운데 누워 휴식을 취하고 있었다. 그 자리를 떠나고 싶지 않았다. 이 장소를 벗어날 경우 평안도 함께 사라질 것만 같았기 때문이었다.

그때, 주디의 목소리가 들려왔다.

"네, 여기에서 멈추죠."

내 안에서 커다란 절규가 울려났다.

"안 돼! 안 돼! 안 돼! 떠나고 싶지 않단 말야!"

물론 다시금 일상으로 돌아가야 한다는 것을 안다. 그러나 삼위 하나님과의 만남은 우리의 삶에 큰 전환점이 된다. 천국 체험을 한 후 이전과 다르게 말하고 이전과 다르게 행동한다는 사실이 매우 놀랍지 않은가? 몸을 일으켜 자세를 가다듬고 정신을 추스르는 동안 최근 남편이 내게 가르쳐 주었던 교훈 하나가 떠올랐다.

"만일 하나님이 자신의 포도원으로 당신을 초대하셔서 선물을 주신다면, 그것은 항상 당신의 것입니다. 언제 어디서든, 당신은 그 선물을 사용할 수 있습니다."

그날, 나는 평안을 선물로 받았다. 그리고 나는 이 평안이 항상 내 분깃이 된다는 사실을 알았다. 물론 지금 내 머리는 여전히 여러 가지 생각으로 복잡하다. 하지만 나는 그 평안을 내 머리에 적용하려고 노력한다.

천상의 체험에 대해 가르칠 기회가 있었다. 강연을 한 후에 나는 참가자들에게 자신의 경험을 이야기하도록 권했다.

교회에서 열린 청소년 컨퍼런스 때의 일이다. 강의를 마친 후 청소년들에게 이렇게 말했다.

"이제 여러분은 하나님의 임재에 잠길 것입니다. 여러분 중 다수는 천국을 체험하게 될 것입니다."

순서가 끝난 후 간증하기 원하는 사람이 있는지 물어보았다. 한 아이가 손을 번쩍 들고 말했다.

"제가 세 살 되던 해에 부모님이 돌아가셨습니다. 그런데 방금 하늘에 올라가서 부모님을 뵈었습니다."

그 장소에 있던 청소년 사역자도 간증했다. 그는 하나님이 이 세상을 창조하던 때로 가 보았는데 하나님의 말씀대로 사물들이 창조되는 것을 목격했다고 했다. 그는 그 모든 색상과 그 모든 만물의 피조 과정이 참으로 놀라웠다고 말했다.

많은 경우 하나님과 만날 때 사람들이 치유되는 것을 보게 된다. 어떤 여성은 하나님이 자신을 사랑한다고 말하며 치유해 주셨다고 이야기했다. 그녀가 천국 체험을 마치고 바닥에서 일어났을 때, 그녀의 몸은 완전히 치유되었다.

이쯤에서 경고의 말을 전하겠다. 하나님과 만날 때, 결코 하나님을 조종하려고 하지 말라. 어떤 사람은 하나님을 만나서 요구 조건을 말했다고 간증한다. "이것 해주세요. 저것 해주세요." 하지만 이처럼 하나님보다 높은 위치에 선 줄로 착각하고 하나님께 명령하는 것은 어리석은 행동이다. 또 한 가지 당부할 말은 죽은 사람이나 천사를 불러내지 않도록 주의하라는 것이다. 죽은 사람을 불러내는 것은 사령술(死靈術, 혹은 강신술)이다. 성경은 이를 주술로 규정하고 금지한다.

사무엘상 28장을 보면 사울이 이러한 일을 도모했을 때 그에게 어떤 일이 일어났는지 알게 된다.

> 그때에 블레셋 사람들이 이스라엘과 싸우려고 군대를 모집한지라 아기스가 다윗에게 이르되 너는 밝히 알라 너와 네 사람들이 나와 함께 나가서 군대에 참가할 것이니라 다윗이 아기스에게 이르되 그러면 당신의 종이 행할 바를 아시리이다 하니 아기스가 다윗에게 이르되 그러면 내가 너를 영원히 내 머리 지키는 자를 삼으리라 하니라 사무엘이 죽었으므로 온 이스라엘이 그를 두고 슬피 울며 그의 고향 라마에 장사하였고 사울은 신접한 자와 박수를 그 땅에서 쫓아내었더라 블레셋 사람들이 모여 수넴에 이르러 진 치매 사울이 온 이스라엘을 모아 길보아에 진 쳤더니 사울이 블레셋 사람들의 군대를 보고 두려워서 그의 마음이 크게 떨린지라 사울이 여호와께 묻자오되

여호와께서 꿈으로도, 우림으로도, 선지자로도 그에게 대답하지 아니하시므로 사울이 그의 신하들에게 이르되 나를 위하여 신접한 여인을 찾으라 내가 그리로 가서 그에게 물으리라 하니 그의 신하들이 그에게 이르되 보소서 엔돌에 신접한 여인이 있나이다 사울이 다른 옷을 입어 변장하고 두 사람과 함께 갈새 그들이 밤에 그 여인에게 이르러서는 사울이 이르되 청하노니 나를 위하여 신접한 술법으로 내가 네게 말하는 사람을 불러올리라 하니 여인이 그에게 이르되 네가 사울이 행한 일 곧 그가 신접한 자와 박수를 이 땅에서 멸절시켰음을 아나니 네가 어찌하여 내 생명에 올무를 놓아 나를 죽게 하려느냐 하는지라 사울이 여호와의 이름으로 그에게 맹세하여 이르되 여호와께서 살아 계심을 두고 맹세하노니 네가 이 일로는 벌을 당하지 아니하리라 하니 여인이 이르되 내가 누구를 네게로 불러올리랴 하니 사울이 이르되 사무엘을 불러올리라 하는지라 여인이 사무엘을 보고 큰 소리로 외치며 사울에게 말하여 이르되 당신이 어찌하여 나를 속이셨나이까 당신이 사울이시니이다 왕이 그에게 이르되 두려워하지 말라 네가 무엇을 보았느냐 하니 여인이 사울에게 이르되 내가 영이 땅에서 올라오는 것을 보았나이다 하는지라 사울이 그에게 이르되 그의 모양이 어떠하냐 하니 그가 이르되 한 노인이 올라오는데 그가 겉옷을 입었나이다 하더라 사울이 그가 사무엘인 줄 알고 그의 얼굴을 땅에 대고 절하니라 사무엘이 사울에게 이르되 네가 어찌하여 나를 불러올려서 나를 성가시게 하느냐 하니 사울이 대답하되 나는 심히 다급하니이다 블레셋 사람들은 나를 향하여 군대를 일으켰고 하나님은 나를 떠나서 다시는 선지자로도, 꿈으로도 내게 대답하지 아니하시기로 내가 행할 일을 알아보려고 당신을 불러올렸나이다 하더라(삼상 28:1-15)

그 결과는 문자 그대로 사울에게 '치명적'이었다. 자신뿐만 아니라 그의 자손들까지 영향을 받았다. 사무엘은 "이스라엘이 블레셋의 손에 넘어갈 것이다. 다음 날 전투에서 사울과 그 아들은 죽음을 당할 것이다"라고 말했다. 사령을 불러내는 일은 절대로 해서는 안 되는 일이다. 이것은 하나님이 강력하게 금하신 일이기도 하다.

하지만 나는 이와 반대되는 일이 일어날 수도 있으리라고 생각한다. 시아버지께서 소천하신 후, 여러 해가 지났을 때였다. 교회 여성도 가운데 한 명이 어느 주일 아침에 겪은 일이었다. 그녀는 예배가 시작되기 전 교회 출입문으로 사람들이 들어오는 것을 멍하니 지켜보고 있었다. 그렇게 멍하니 서 있다가 화들짝 놀랐다. 자신의 시아버지가 교회 안으로 들어오는 모습을 보았기 때문이었다. 하지만 그녀는 빌의 아버지의 영혼을 부르지도 않았고, 또 이러한 일이 일어나리라고 예상하지도 못했다. 이것은 내 생각인데, 우리가 초자연적인 역사에 대해 전무하거나 기대하는 마음이 없을 때, 하나님이 눈에 보이는 세계와 보이지 않는 세계의 벽을 허무시는 것 같다. 그때에야 비로소 천상에서 일어나는 일을 조금 엿보게 되는 것 아닐까?

하지만 우리가 이러한 일을 일으키려고 노력해서는 안 된다. 오히려 관심조차 가져서도 안 된다. 물론 이러한 일이 일어나면 흥미진진하겠지만, 하나님이 그어 놓으신 경계선을 넘어 자유분방하게 행동하는 일은 없어야 한다.

천상의 체험을 주제로 한 성경 이야기 중 내가 가장 좋아하는 대목은 예수님의 제자였던 요한의 간증문이다. 요한계시록 4장에서 요한은 자신이 본 것을 이야기했다.

> 이 일 후에 내가 보니 하늘에 열린 문이 있는데 내가 들은 바 처음에 내게 말하던 나팔 소리 같은 그 음성이 이르되 이리로 올라오라 이후에 마땅히 일어날 일들을 내가 네게 보이리라 하시더라 내가 곧 성령에 감동되었더니 보라 하늘에 보좌를 베풀었고 그 보좌 위에 앉으신 이가 있는데 앉으신 이의 모양이 벽옥과 홍보석 같고 또 무지개가 있어 보좌에 둘렸는데 그 모양이 녹보석 같더라(계 4:1-3)

이는 요한이 체험한 수많은 사건 가운데 하나일 뿐이다. 그의 기록을 읽으면 다음의 사실을 알게 된다. 하나님은 우리를 천국으로 부르시어 그 영광스런 비밀을 알려 주기를 원하신다.

천국이 이 땅에 내려오기를, 수많은 사람들이 기도해 왔다. 나는 하나님이 우리의 기도에 응답하시고 또 장막을 걷어 우리를 만나 주실 것을 믿는다. 성 패트릭의 말처럼 보이는 세계와 보이지 않는 세계의 경계선이 얇아지고 있다.

"아버지의 나라가 오게 하시며 아버지의 뜻이 하늘에서와 같이 땅에서도 이루어지게 하소서!" 이렇게 기도할 때마다 기억하기 바란다. 하나님은 끝없는 사랑으로 우리를 사랑하시기 때문에 이 기도에 응답하실 것이다. 하나님은 당신의 모든 자녀가 이 사랑을 체험하여 예수 그리스도의 형상대로 변화되기를 소망하신다.

닫는 글

나는 천국 체험을 하는 도중에 환상이 멈출까 봐 염려한 적도 있었다. 하지만 환상은 계속되었다. 매번 보여지는 환상이 달랐고, 내가 배워야 할 교훈은 더더욱 어려웠다. 하나님이 내게 가르쳐 주시고자 하는 교훈을 완전히 소화할 때까지 나는 한곳에 머물러 있어야만 했다.

여기에서 내가 배운 일련의 교훈은 이것이다.

- 하나님은 우리 각 사람의 다양한 성품과 개성을 기뻐하신다.
- 우리 모두는 서로 다른 목소리와 어조를 갖고 있다. 또 서로 다른 노래를 좋아한다.
- 아버지와 아들과 성령의 임재를 어떻게 동시에 인식할 수 있는지 이해하게 되었다.
- 숲 위에서 사는 법도 배웠다.
- 밝은 빛의 수영장으로 뛰어들었을 때 내 몸이 마치 초콜릿으로 코팅된 아이스크림과 같다는 것도 알게 되었다.

마지막으로, 독자들을 위해 기도하는 마음으로 에베소서 말씀을 나누며 이 책을 마친다.

그의 영광의 풍성함을 따라 그의 성령으로 말미암아 너희 속사람을 능력으로 강건하게 하시오며 믿음으로 말미암아 그리스도께서 너희 마음에 계시게 하시옵고 너희가 사랑 가운데서 뿌리가 박히고 터가 굳어져서 능히 모든 성도와 함께 지식에 넘치는 그리스도의 사랑을 알고 그 너비와 길이와 높이와 깊이가 어떠함을 깨달아 하나님의 모든 충만하신 것으로 너희에게 충만하게 하시기를 구하노라(엡 3:16-19)

| 미주

CHAPTER 1

1. '병 든.' 《스트롱 헬라어 사전》*(Strong's Concordance Greek Lexicon)*, 772번. http://www.eliyah.com/lexicon.html. 2010년 검색

2. Brown, Driver, Briggs and Gesenius, 'Shabar를 위한 히브리어 사전' (Hebrew Lexicon entry for Shabar). 《KJV 구약성경 히브리어 사전》*(The KJV Old Testament Hebrew Lexicon)*. http://www.biblestudytools.com/lexicons/hebrew/kjv/shabar.html. 2010년 검색

CHAPTER 4

1. '인내.' 《마이크로소프트 워드 사전》 참조. 2008년 판. v.12.2.4

CHAPTER 5

1. 짐 골, 《네 안의 선견자를 발견하라》*(Discovering the Seer in You)* 13페이지에서 발췌, Destiny Image 출판 2007년

2. 짐 골, 《네 안의 선견자를 발견하라》*(Discovering the Seer in You)* 13페이지에서 발췌, Destiny Image 출판 2007년

CHAPTER 11

1. 'wonder.' 《마이크로소프트 워드 사전》. 2008. 버전 12.2.4

CHAPTER 17

1. 'staff.' 《마이크로소프트 워드 사전》. 2008년 Mac 버전

CHAPTER 24

1. 베니 존슨, 《중보자, 하늘을 만나다》*(The Happy Intercessor)*, 스텝스톤 출판

순전한 나드 도서안내   02-574-6702

No.	도서명	저자	정가
1	강력한 능력전도의 비결	체 안	11,000
2	존 비비어의 승리(광야에서의 승리 개정)	존 비비어	12,000
3	교회, 그 연합의 비밀	프랜시스 프랜지팬	10,000
4	교회를 뒤흔드는 악령을 대적하라	프랜시스 프랜지팬	5,000
5	교회를 어지럽히는 힘담의 악령을 추방하라	프랜시스 프랜지팬	5,000
6	그리스도인의 삶의 비결(개정판)	진 에드워드	9,000
7	기름부으심	스미스 위글스워스	8,000
8	꿈을 통해 말씀하시는 하나님	헤피만 리플	10,000
9	존 비비어의 친밀감(날마다 하나님께로 더 가까이 개정)	존 비비어	14,000
10	내 백성을 자유케 하라	허철	10,000
11	내게 신선한 기름을 부으셨나이다	허철	9,000
12	내어드림	페늘롱	7,000
13	다가온 예언의 혁명	짐 골	13,000
14	다가올 전환	래리 랜돌프	9,000
15	당신도 예언할 수 있다	스티브 탐슨	12,000
16	당신은 예수님의 재림에 준비가 되어 있습니까?	메릴린 히키	13,000
17	당신은 치유받기 원하는가	체 안	8,000
18	당신의 기도에 영적 권위가 있습니까?	바바라 윈트로블	9,000
19	더 넓게 더 깊게	메릴린 앤드레스	13,000
20	동성애 치유될 수 있는가?	프랜시스 맥너트	7,000
21	두려움을 조장하는 악령을 물리치라	드니스 프랜지팬	5,000
22	마지막 시대에 악을 정복하는 법(개정판)	릭 조이너	9,000
23	마켓플레이스 크리스천(개정판)	로버트 프레이저	9,000
24	존 비비어의 축복의 통로(무시되어 온 축복의 통로 개정)	존 비비어	8,000
25	믿음으로 질병을 치유하라(개정판)	T.L. 오스본	20,000
26	부서트리고 무너트리는 기름 부으심	바바라 J. 요더	8,000
27	부자 하나님의 부자 자녀들	T.D 제이크	8,000
28	사도적 사역	릭 조이너	12,000
29	사랑하는 자가 병들었나이다	허 철	8,000
30	사사기	잔느 귀용	7,000
31	사업을 위한 기름 부으심(개정판)	에드 실보소	10,000
32	상한 마음을 치유하는 기도	마크 버클러	15,000
33	상한 영의 치유1	존 & 폴라 샌드포드	17,000
34	상한 영의 치유2	존 & 폴라 샌드포드	13,000
35	성령님을 아는 놀라운 지식	허 철	10,000
36	세계를 변화시키는 능력	릭 조이너	10,000
37	속사람의 변화 1	존 & 폴라 샌드포드	11,000
38	속사람의 변화 2	존 & 폴라 샌드포드	13,000
39	신부의 중보기도	게리 윈스	11,000
40	십자가의 왕도	페늘롱	8,000
41	아가서	잔느 귀용	11,000
42	악의 속박으로부터의 자유	릭 조이너	9,000
43	어머니의 소명	리사 하텔	12,000
44	여정의 시작	릭 조이너	13,000
45	영광스러운 교회에 보내는 메시지 1	릭 조이너	10,000
46	영광스러운 교회에 보내는 메시지 2	릭 조이너	10,000
47	영분별	프랜시스 프랜지팬	3,500
48	영으로 대화하시는 하나님	래리 랜돌프	8,000
49	영적 전투의 세 영역(개정판)	프랜시스 프랜지팬	11,000
50	예레미야	잔느 귀용	6,000
51	예수 그리스도와의 친밀함	잔느 귀용	7,000
52	예수님 마음찾기	페늘롱	8,000
53	예수님을 닮은 삶의 능력(개정판)	프랜시스 프랜지팬	12,000
54	예수님을 향한 열정(개정판)	마이크 비클	12,000
55	잔느 귀용의 요한계시록(요한계시록 개정)	잔느 귀용	13,000
56	인간의 7가지 갈망하는 마음	마이크 비클	11,000
57	저주에서 축복으로	데릭 프린스	6,000

No.	도서명	저자	정가
58	주님! 내 눈을 열어주소서	게리 오츠	8,000
59	주님, 내 마음을 열어주소서	캐티 오츠/로버트 폴 램	9,000
60	지구상에서 가장 강력한 기도	피터 호로빈	7,500
61	지금은 싸워야 할 때	프랜시스 프랜지팬	8,000
62	천국경제의 열쇠	샨 볼츠	8,000
63	천국방문(개정판)	애나 로운튜리	11,000
64	축사사역과 내적치유의 이해 가이드	존 & 마크 샌드포드	18,000
65	출애굽기	잔느 귀용	10,000
66	하나님과 동행하는 사람들(개정판)	샨 볼츠	9,000
67	하나님과 사람에게 더욱 사랑스러운 자	듀안 벤더 클릭	10,000
68	하나님과의 연합	잔느 귀용	7,000
69	하나님으로부터 오는 능력	찰스 피니	9,000
70	하나님을 연인으로 사랑하는 즐거움	마이크 비클	13,000
71	하나님의 마음에 합한 사람	마이크 비클	13,000
72	하나님의 심정 묵상집	페늘롱	8,500
73	하나님의 아름다움을 바라보는 축복	허 철	10,000
74	하나님의 요새(개정판)	프랜시스 프랜지팬	9,000
75	하나님의 음성을 듣는 방법(개정판)	마크 & 패티 버클러	15,000
76	하나님의 장군의 일기(개정판)	잔 G. 레이크	6,000
77	항상 배가하는 믿음(개정판)	스미스 위글스워스	13,000
78	항상 부족함이 없으리로다	하이디 베이커	8,000
79	혼동으로부터의 자유	릭 조이너	5,000
80	혼의 묶임을 파쇄하라	빌 & 수 뱅크스	10,000
81	존 비비어의 회개(화 있을진저 외식하는 서기관과 바리새인들 개정)	존 비비어	11,000
82	횃불과 검	릭 조이너	8,000
83	21C 어린이 사역의 재정립	베키 피셔	13,000
84	금식이 주는 축복	마이크 비클&다나 캔들러	12,000
85	승리하는 삶	릭 조이너	12,000
86	부활	벤 R. 피터스	8,000
87	거절의 상처를 치유하시는 하나님	데릭 프린스	6,000
88	그리스도의 제사장적 신부	애나 로운튜리	13,000
89	존 비비어의 분별력(마귀의 출입구를 차단하라 개정)	존 비비어	13,000
90	통제 불능의 상황에서도 난 즐겁기만 하다	리사 비비어	12,000
91	어린이와 십대를 위한 축사사역	빌 뱅크스	11,000
92	알려지지 않은 신약성경 교회 이야기	프랭크 바이올라	12,000
93	빛은 어둠 속에 있다	패트리샤 킹	10,000
94	가족을 위한 영적 능력	베벌리 라헤이	12,000
95	목적으로 나아가는 길	드보라 조이너 존슨	8,000
96	컴 투 파파	게리 윈스	13,000
97	러쉬 아워	슈프레자 싯홀	9,000
98	그리스도 안에 거하는 삶	앤드류 머레이	10,000
99	지도자의 넘어짐과 회복	웨이드 굿데일	12,000
100	하나님의 일곱 영	키이스 밀러	13,000
101	너희 지체를 의의 병기로 하나님께 드리라	허 철	8,000
102	신부	론다 캘혼	15,000
103	추수의 비전	릭 조이너	8,000
104	하나님이 이 땅 위를 걸으셨을 때	릭 조이너	9,000
105	하나님의 집	프랜시스 프랜지팬	11,000
106	도시를 변화시키는 전략적 중보기도	밥 하트리	8,000
107	왕의 자녀의 초자연적인 삶	빌 존슨 & 크리스 밸러턴	13,000
108	초자연적 능력의 회전하는 그림자	줄리아 로렌 & 빌 존슨 & 마헤쉬 차브다	13,000
109	언약기도의 능력	프랜시스 프랜지팬	8,000
110	꿈의 언어	짐 골 & 미쉘 앤 골	13,000
111	믿음으로 산 증인들	허 철	12,000
112	욥기	잔느 귀용	13,000
113	포로들을 해방시키라	앨리스 스미스	13,000
114	나라를 변화시킨 비전: 윌리엄 테넌트의 영적인 유산	존 한센	8,000

PURE NARD BOOKS

No.	도서명	저자	정가
115	세상을 다스리는 권세의 회복	레베카 그린우드	10,000
116	예언적 계약, 잇사갈의 명령	오비 팍스 해리	13,000
117	창세기 주석	잔느 귀용	12,000
118	하나님의 강	더치 쉬츠	13,000
119	당신의 운명을 장악하라	알렌 키란	13,000
120	용서를 선택하기	존 로렌 & 폴라 샌드포드 & 리 바우컨	11,000
121	자살	로렌 타운젠드	10,000
122	레위기/민수기/신명기 주석	잔느 귀용	12,000
123	그리스도인의 영적혁명	패트리샤 킹	11,000
124	초자연적 중보기도	레이첼 힉슨	13,000
125	꿈과 환상들	조 이보지	12,000
126	나는 하나님의 음성을 듣는다	킴 클레멘트	11,000
127	엘리야의 임무	존 & 폴라 샌드포드	13,000
128	하나님의 초자연적인 능력	바비 코너	11,000
129	거룩과 진리와 하나님의 임재	프랜시스 프랜지팬	9,000
130	사랑하는 하나님	마이크 비클	15,000
131	천사와의 만남	짐 골 & 미쉘 앤 골	12,000
132	과거로부터의 자유	존 & 폴라 샌드포드	13,000
133	일곱 교회 이기는 자에게 주시는 축복	허 철	9,000
134	은밀한 처소	데일 파이프	13,000
135	일곱 산에 관한 예언(개정판)	조니 앤로우	13,000
136	일터에 영광이 회복되다	리차드 플레밍	12,000
137	악의 삼겹줄을 파쇄하라	샌디 프리드	11,000
138	초자연적 경험의 신비	짐 골 & 줄리아 로렌	13,000
139	웃겨야 살아난다	피터 와그너	8,000
140	폭풍의 전사	마헤쉬 & 보니 차브다	13,000
141	천국 보좌로부터 온 전략	샌디 프리드	11,000
142	영향력	윌리엄 L. 포드 3세	11,000
143	속죄	데릭 프린스	13,000
144	신의 성품에 참예하는 자	허 철	8,000
145	예언, 꿈, 그리고 전도	덕 애디슨	13,000
146	아가페, 사랑의 길	밥 멈포드	13,000
147	불타오르는 사랑	스티브 해리슨	12,000
148	그 이상을 갈망하라!	랜디 클락	13,000
149	순결	크리스 밸러턴	11,000
150	능력, 성결, 그리고 전도	랜디 클락	13,000
151	종교의 영	토미 템라이트	11,000
152	예기치 못한 사랑	스티브 J. 힐	10,000
153	모르드개의 통곡	로버트 스텐스	13,500
154	예언사전	폴라 A. 프라이스	28,000
155	1세기 교회사	릭 조이너	12,000
156	예수님의 얼굴	데이비드 E. 테일러	13,000
157	토기장이 하나님	마크 핸비	8,000
158	존중의 문화	대니 실크	12,000
159	제발 좀 성장하라!	데이비드 레이븐힐	11,000
160	정치의 영	파이살 말릭	12,000
161	이기는 자의 기름 부으심	바바라 J. 요더	12,000
162	치유 사역 훈련 지침서	랜디 클락	12,000
163	헤븐	데이비드 E. 테일러	13,000
164	더 크라이	키스 허드슨	11,000
165	천국 여행	리타 베넷	14,000
166	파수 기도의 숨은 능력	마헤쉬 & 보니 차브다	13,000
167	지저스 컬처	배닝 립스처	12,000
168	넘치는 기름 부음	허 철	10,000
169	거룩한 대면	그래함 쿡	23,000
170	선지자 학교	조나단 웰튼	12,000
171	믿음을 넘어선 기적	데이브 헤스	10,000

No.	도서명	저자	정가
172	꿈 상징 사전	조 이보지	8,000
173	삶을 변화시키는 성령의 권능	스티븐 브룩스	11,000
174	거룩한 기름 부으심	스티븐 브룩스	10,000
175	잔 G. 레이크의 치유	잔 G. 레이크	13,000
176	영적 전쟁의 일곱 영	제임스 A. 더함	13,000
177	영적 전쟁의 승리	제임스 A. 더함	13,000
178	기적의 방을 만들라	마헤쉬 & 보니 차브다	12,000
179	개인적 예언자	미키 로빈슨	13,000
180	어둠의 영을 축사하라	침 골	13,000
181	보좌를 향하여	폴 빌하이머	10,000
182	적그리스도의 영을 정복하라	샌디 프리드	13,000
183	성령님 알기	마헤쉬 & 보니 차브다	12,000
184	십자가의 권능	마헤쉬 & 보니 차브다	13,000
185	성령이 이끄시는 성공	대니 존슨	13,000
186	축복의 능력	케리 카크우드	13,000
187	하나님의 호흡	래리 랜돌프	11,000
188	아름다운 상처	룩 홀터	11,000
189	하나님의 길	덕 애디슨	13,000